基于创新视角下人力资源管理的多维探索

傅 航 著

北京工业大学出版社

图书在版编目（CIP）数据

基于创新视角下人力资源管理的多维探索 / 傅航著
. — 北京 ： 北京工业大学出版社，2020.7（2021.8 重印）
ISBN 978-7-5639-7563-1

Ⅰ . ①基… Ⅱ . ①傅… Ⅲ . ①人力资源管理－研究
Ⅳ . ① F243

中国版本图书馆 CIP 数据核字（2020）第 168533 号

基于创新视角下人力资源管理的多维探索

JIYU CHUANGXIN SHIJIAO XIA RENLI ZIYUAN GUANLI DE DUOWEI TANSUO

著　　者： 傅　航
责任编辑： 邓梅菡
封面设计： 点墨轩阁
出版发行： 北京工业大学出版社
　　　　　　（北京市朝阳区平乐园 100 号　邮编：100124）
　　　　　　010-67391722（传真）　bgdcbs@sina.com
经销单位： 全国各地新华书店
承印单位： 三河市明华印务有限公司
开　　本： 710 毫米 ×1000 毫米　1/16
印　　张： 15
字　　数： 300 千字
版　　次： 2020 年 7 月第 1 版
印　　次： 2021 年 8 月第 2 次印刷
标准书号： ISBN 978-7-5639-7563-1
定　　价： 58.00 元

前　言

　　人类发展面对的根本性矛盾是来自人们自身欲望与能力之间的差距，解决这一矛盾的唯一可行办法在人类自身。人力资源是生产力中最具活性和最具决定性的因素。只有通过科学的、人本主义的管理方法进行人力资源管理，不断激发人的潜能、激发人的活力，才能够更有效率地推动社会经济的发展。

　　企业要在全球化的竞争中赢得主动，就必须注重学习和研究国内外管理的新思维和趋势，结合自身的发展需要，树立新的管理理念，不断提高现代化管理水平，并在实务中不断丰富与完善经典的人力资源管理理论。为迎接创新的挑战，基于创新目的或以创新理论为导向的人力资源管理是我们借助国内外思维，提炼业界实践的应对之策与破冰之举。如果能够把创新导向的人力资源管理研究作为优化企业管理的突破口，将对企业的发展有很大的影响，而且可以丰富既有的、经典的思想。

　　本书从创新的角度切入，探索人力资源管理对其的支持，旨在寻求创新视角下人力资源管理理论及其实践的提升。其在理论上可用来丰富人力资源管理理论的思想，为创新导向的人力资源管理研究探索前路；在实践上将会助推企业的创新进程与促进人力资源管理，鼓励企业对研究成果加以运用。本书共八章，阐述了创新与人力资源管理、人力资源规划、人力资源员工招聘、人力资源绩效管理、人力资源组织结构、人力资源薪酬保障、人力资源培训开发、人力资源管理创新探索等内容。

　　笔者在写作和修改过程中，查阅和引用了书籍以及期刊等相关资料，在此谨向本书所引用资料的作者表示诚挚的感谢。由于笔者水平有限，书中难免存在不足，恳请读者朋友批评指正。

目　录

第一章 创新与人力资源管理

第一节 人力资源管理的基本概念

一、人力资源的概念与特征

资源泛指社会财富的源泉，是能给人带来新的使用价值和价值的客观存在物。在管理中，"人、财、物"中的"人"即人力资源。现代管理科学普遍认为，经营好企业需要四大资源：人力资源、经济资源、物质资源、信息资源。而在这四大资源中，人力资源是最重要的资源。它是生产活动中最活跃的因素，被经济学家称为第一资源。

（一）人力资源的概念

人力资源的观点起源于 20 世纪 60 年代。人力资源是与自然资源或物质资源相对的概念，是指一定范围内人口总体所具有的劳动能力的总和，是指一定范围内具有为社会创造物质和精神财富、从事体力劳动和智力劳动的人们的总称。

对这一概念进行进一步解释如下。

①人力资源是以人为载体的资源，是指具有智力劳动能力或体力劳动能力的人们的总和。

②人力资源是指一个国家或地区有劳动能力的人口总和。

③人力资源与其他资源一样也具有物质性、可用性、有限性、归属性。

④人力资源既包括拥有成员数量的多少，也包括拥有成员的质量高低。它是存在于人体中以体能、知识、技能、能力、个性行为等特征为具体表现的经济资源。

（二）人力资源的特征

1. 开发对象的能动性

人力资源在经济活动中是居于主导地位的能动性资源，这与自然资源在开发过程中的被动地位截然相反。劳动者总是有目的、有计划地运用自己的劳动能力，能主动调节与外部的关系，具有目的性、主观能动性和社会意识性。劳动者按照在劳动过程开始之前已确定的目的，积极、主动、创造性地进行活动。能动性也是人力资源创造性的体现。

2. 生产过程的时代性

人是构成人类社会活动的基本前提。不同的时代对人才需求的特点不同，在其形成的过程中会受到外界环境的影响，从而造就不同时代特点的人力资源。例如，战争年代需要大量的军事人才，而和平年代需要各种类型的经济建设和社会发展方面的人才。

3. 使用过程的时效性

人力资源的形成、开发、使用都具有时间方面的制约性。作为人力资源，人能够从事劳动的自然时间又被限定在其生命周期的中间一段，不同的年龄阶段，劳动能力各不相同。无论哪类人，都有其最佳年龄阶段和才能发挥的最佳期。所以开发和利用人力资源要讲究及时性，以免造成浪费。

4. 开发过程的持续性

物质资源一次开发形成最终产品后，一般不需要持续开发。人力资源则不同，需要多次开发，多次使用。知识经济时代，科技发展日新月异，知识更新速度非常快，人力资源一次获取的知识总量不能够维持整个使用过程，需要不断地积累经验，通过不断学习，更新自己的知识，提高技能，增强自我能力。这就要求人力资源的开发与管理要注重终身教育，加强后期培训与开发，不断提高其知识水平。因此，人力资源开发必须持续进行。

5. 闲置过程的消耗性

人力资源具有两重性，它既是价值的创造者，又是资源的消耗者。人力资源需要维持生命必不可少的消耗，同时又具有使用过程的时效性。资源闲置，无论是对组织还是对个体都是一种浪费。

6. 组织过程的社会性

人力资源活动是在特定社会组织中的群体活动。在现代社会中，在高度社会化大生产的条件下，个体要通过一定的群体来发挥作用，合理的群体组织结构有助于个体的成长及高效地发挥作用，不合理的群体组织结构则会对个体构成压力。人力资源的形成、使用与开发受到社会因素的影响，包括历史、文化、教育等多方面。这就给人力资源管理提出了要求：既要注重人与人、人与团体、人与社会的关系协调，又要注重组织中团队建设的重要性。

二、人力资源管理的概念与特点

（一）人力资源管理的概念

人力资源管理是对人力资源的获取、使用、保持、开发、评价与激励等方面进行的全过程管理活动，通过协调人与事的关系，处理人与人的矛盾，充分发挥人的潜能，使人尽其才、物尽其用、人事相宜，从而促使人力资源价值的充分发挥，以实现组织的目标和个人的需要。对于概念的进一步理解如下。

①人力资源管理包括对人力资源进行量的管理和质的管理两方面：一方面，通过获取与整合，满足组织对人员数量的要求；另一方面，通过对人的思想、心理和行为进行有效管理，充分发挥人的主观能动性，以达到组织目标。

②人力资源管理要做到人事相宜。即根据人力和物力及其变化，对人力资源进行招聘、培训、组织和协调，使两者经常保持最佳比例和有机结合，使人和物都发挥出最佳效益。

③人力资源管理的基本职能包括获取、整合、激励、调控和开发，通过这一过程完成求才、用才、育才、激才、护才、留才的整个管理过程，这也是人力资源管理的六大基本任务。

（二）人力资源管理的特点

人力资源管理是一门科学，它具有以下特点。

1. 人力资源管理是一门综合性的科学

人力资源管理的主要目的是指导管理实践活动。而当代的人力资源管理活动影响因素较多，内容复杂，仅掌握一门知识是不够的。它综合了经济学、社会学、人类学、心理学、统计学、管理学等多个学科，涉及经济、政治、文化、组织、心理、生理、民族、地缘等多种因素。只有综合性的人力资源管理措施才能实现一个企业或组织健康、持久的发展。

2. 人力资源管理是一门实践性很强的科学

人力资源管理是通过对众多的管理实践活动进行深入的分析、探讨、总结，并在此基础之上形成理论的科学，而产生的理论直接为管理实践活动提供指导，并且接受实践的检验。

3. 人力资源管理是具有社会性的科学

人力资源管理是一门具有社会性的科学，其内容和特点受文化、历史、制度、民族等社会因素的影响。所以，对人力资源进行管理，必须考虑到人力资源所处的社会环境。不同社会环境中的人力资源管理活动有着不同的规律，形成的管理理论也有其自身的特殊性。

4. 人力资源管理是具有发展性的科学

人力资源管理正处于不断发展完善的过程当中，有些内容还要进行修改，还需要一个不断深入的认识过程，使之能够更有效地指导实践。人力资源管理的发展到目前为止经历了手工制作、科学管理、人际关系运动、行为科学和学习型组织这五个阶段。

三、人力资源管理的基本职能

人力资源管理的基本职能有以下几个方面。

（一）获取

人力资源管理根据组织目标确定所需的人员条件，通过规划、招聘、考试、测评、选拔，获取组织所需的人力资源。获取是人力资源管理工作的第一步，是后面四种职能得以实现的基础，主要包括人力资源规划、职务分析、员工招聘和录用。

（二）整合

整合是使被招收的员工了解企业的宗旨和价值观，使之内化为他们自己的价值观。通过企业文化、信息沟通、人际关系和谐、矛盾冲突的化解等有效整合，使企业内部的个体目标、行为、态度趋向企业的要求和理念，使之形成高度的合作和协调，发挥集体优势，提高企业的生产力和效益。

（三）激励

激励是指给予为组织做出贡献的员工奖酬的过程，是人力资源管理的核心。根据对员工工作绩效进行考评的结果，公平地向员工提供与他们各自的贡献相称的合理的工资、奖励和福利。设置这项基本职能的根本目的在于增强员工的满意感，提高其劳动积极性和劳动生产率，进而提高组织的绩效。

（四）调控

调控是对员工实施合理、公平的动态管理的过程，是人力资源管理的控制与调整职能，它包括以下几点。

①科学、合理的员工绩效考评与素质评估。

②以考绩与评估结果为依据，对员工采用动态管理，如晋升、调动、奖惩、离退、解雇等。

（五）开发

开发是人力资源开发与管理的重要职能。人力资源开发是指对组织内员工素质与技能的培养与提高，是提高员工能力的重要手段。它包括组织和个人开发计划的制订、新员工的工作引导和业务培训、员工职业生涯的设计、继续教育、员工的有效使用及工作丰富化等。

四、人力资源管理的目标与意义

（一）人力资源管理的目标

人力资源管理目标是指企业人力资源管理需要完成的职责和需要达到的绩效。人力资源管理既要考虑组织目标的实现，又要考虑员工个人的发展，强调在实现组织目标的同时实现个人的全面发展。

1. 改善工作生活质量，满足员工需要

工作生活质量可以被描述为一系列的组织条件和员工工作后产生的安全感、满意度及自我成就感的综合，它描述了工作的客观态度和员工的主观需求。良好的工作生活质量能够使工作中的员工产生生理和心理健康的感觉，从而有效地提高工作效率。

2. 提高劳动生产率，获得理想的经济效益

劳动生产率、工作生活质量和企业经济效益三者之间存在着密切的联系。从人力资源管理的角度讲，提高劳动生产率是让人们更加高效而不是更加辛苦地工作。人力资源管理能够有效地提高和改善员工的生活质量，为员工提供一个良好的工作环境，以此降低员工流动率。通过培训等方法，实现人力资源的精干和高效，提高潜在的劳动生产率，从而获得理想的经济效益。

3. 培养全面发展的人才，获取竞争优势

随着经济全球化和知识经济时代的到来，人力资源日益成为企业竞争优势

的基础，大家都把培养高素质的、全面发展的人才当作首要任务。通过对人力资源的教育与培训、文化塑造，可以有效地提高人力资源核心能力的价值，获取竞争优势。

（二）人力资源管理的意义

随着知识经济时代的到来，人在组织发展和提高竞争力方面的作用也越来越重要，因而人力资源管理的意义就凸显出来，具体表现如下。

1. 有利于促进生产经营的顺利进行

企业拥有三大资源，即人力资源、物质资源和财力资源，而物质资源和财力资源的利用是通过与人力资源的结合实现的，因此人力资源是企业劳动生产力的重要组成部分。只有通过合理组织劳动力，不断协调劳动对象之间的关系，才能充分利用现有的生产资料和劳动力资源，使它们在生产经营过程中最大限度地发挥其作用，形成最优的配置，保证生产经营活动顺利地进行。

2. 有利于调动企业员工的积极性，提高劳动生产率

企业必须善于处理好物质奖励、行为激励及思想教育工作三方面的关系，使企业员工始终保持旺盛的工作热情，充分发挥自己的专长，努力学习技术和钻研业务，不断改进工作，从而达到提高劳动生产率的目的。

3. 有利于减少不必要的劳动耗费

经济效益是指经济活动中的成本与收益的比较。减少劳动耗费的过程，就是提高经济效益的过程。所以，合理组织劳动力，科学配置人力资源，可以促使企业以最小的劳动耗费取得最大的经济成果。

4. 有利于企业实现科学管理

科学而规范的企业管理制度是现代企业良性运转的重要保证，而人力资源管理又是企业管理中最为关键的部分。如果一个企业缺乏优秀的管理者和优秀的员工，企业即使拥有再先进的设备和技术，也无法发挥效果。因此，通过有效的人力资源管理，加强对企业人力资源的开发和利用，做好员工的培训教育工作，是企业实现科学管理和现代管理的重要环节。

5. 有利于建立和加强企业文化建设

企业文化是企业发展的凝聚剂和催化剂，对员工具有导向、凝聚和激励作用。优秀的企业文化可以增进企业员工的团结和友爱，减少教育和培训经费，降低管理成本和运营风险，并最终使企业获得巨额利润。

五、现代人力资源管理与传统人事管理的区别

现代人力资源管理是由传统的人事管理发展进化而来的，但前者较后者的范围更广、内容更多、层次更高。其具体区别如下。

（一）产生的时代背景不同

人事管理起源于第一次世界大战期间，是随着社会工业化的出现与发展起来的。而人力资源管理是在社会工业化迅猛发展，科学技术高度发达，人文精神日益高涨，竞争与合作不断加强，特别是社会经济有了质的飞跃的历史条件下产生和发展起来的。

（二）对人的认识不同

传统人事管理将人视为等同于物质资源的成本，将人的劳动看作一种在组织生产过程中的消耗，把人当作一种工具，注重的是投入使用和控制。即人事管理主要关注如何降低人力成本、如何正确地选拔人、如何提高人员的使用效率和生产效率、如何避免人力成本的增加。

而人力资源管理把人视为组织的第一资源，将人看作"资本"。这种资本通过有效的管理和开发可以创造更高的价值，它能够为组织带来长期的利益。因此，现代人力资源管理更注重对人力的保护和开发。

（三）基本职能不同

传统人事管理基本上属于行政事务性的工作，其职能是具体的、技术性的事务管理职能，活动范围有限，主要由人事部门职工执行，很少涉及企业高层战略决策。而人力资源管理的职能具有较强的系统性、战略性和时间的长远性。为实现组织的目标，建立一个人力资源规划、开发、利用与管理的系统，可以提高组织的竞争能力。因而，现代人力资源管理与传统人事管理的最根本区别在于，现代人力资源管理具有主动性、战略性、整体性和未来性，更适合当今全球经济一体化的组织管理模式与发展趋势。

第二节　人力资源管理的发展趋势

一、人力资源管理理论的发展阶段

人力资源管理是生产力发展到一定阶段的产物，随着生产力的发展和员工

素质的提高，人力资源管理的理念和模式不断地被调整，以适应新的管理环境的需求。人力资源管理理论经历了从无到有、由简单到成熟的不断发展和完善的过程。其形成和发展过程可以划分为以下五个阶段。

1. 手工制作阶段

这一阶段是人力资源管理萌芽的阶段，生产的形式主要以手工作坊为主。为了保证工人具有合格的技能，工场主对工人技能的培训是以组织的方式进行的。这些手工业行会由一些经验丰富的师傅把持，每一个申请加入的人都需要经过一个做学徒工的时期。由于此时的管理主要是经验式管理，因而各种管理理论只是初步提出，尚未形成系统化。

2. 科学管理阶段

随着欧洲工业革命的爆发，大机器生产方式成为主流。农村人口大量涌入城市，雇佣劳动产生，雇佣劳动部门也随之产生。工业革命的一个显著的特征即机械设备的发展，用机器取代人力和寻求更高效的工作方法，成为当时管理的首要问题。工业革命促使劳动专业化水平及生产效率的提高，这就需要有专职的部门对员工进行管理和培训，管理人员随之产生，同时人们开始了对人力资源管理的研究。

美国著名管理学家、经济学家，被后世称为"科学管理之父"的弗雷德里克·泰勒在其著作《科学管理原理》中阐述了以效率为核心的劳动力管理，认为对员工的管理不应完全偏重于消极的防范与监督，而应通过选用、培训、考核、物质刺激等方式来调动和发挥其积极性，提高劳动生产率。

这一时期人力资源管理的特点：把人视为"经济人"，把金钱作为衡量一切的标准，仅强调物质因素对员工积极性的影响，人力资源管理主要是雇佣关系，工人处于被动执行和接受指挥的地位；以工作定额、工作方法和工作环境标准化为主的管理方式，则开始对劳动效果进行科学合理的计算；根据标准化的方法，有目的地对员工实施培训，根据员工的特点分配适当的工作；明确划分了管理职能和作业职能，劳动人事管理部门随之出现。

3. 人际关系运动阶段

霍桑试验拉开了人际关系运动的大幕。1924—1932年，在美国芝加哥西方电气公司霍桑工厂进行了著名的霍桑试验。这一试验的最初目的是根据科学管理原理，探讨生产环境对劳动生产率的影响。试验结果出乎研究者预料，不论照明强度提高还是降低，产量都增加了，试验者对这一结果无法找到合理的解释。于是，1927年开始，从哈佛商学院请来了梅奥教授和他的同事加入试验中。

又经过了福利试验、访谈试验、群体试验和态度试验，到 20 世纪 30 年代初，得到的研究结果表明，生产率直接与员工士气有关，而员工士气的高低取决于主管人员对工作群体的重视程度、非强制性地改善生产率的方法和工人参与变革的程度。

霍桑试验的结果启发人们进一步研究与工作有关的社会因素的作用。首先，肯定人是"社会人"，而不是"经济人"，即人是复杂社会系统的成员，人除了物质需求外，还有社会、心理等方面的需求。另外，在管理形式上，企业中除了正式组织外还存在非正式组织，管理者要重视非正式组织的作用。

4. 行为科学阶段

20 世纪 50 年代，人际关系学说进一步发展成行为科学理论。行为科学是所有以行为作为研究对象的科学的总称，包括心理学、社会学、社会心理学、人类学、政治学等。它重视对个体心理和行为、群体心理和行为的研究和应用，侧重于对人的需要和动机的研究，这都与人力资源管理有着直接的关系，从而也为人力资源管理奠定了理论基础。

5. 学习型组织阶段

所谓学习型组织是指具有持续不断学习、适应外界变化和变革能力的组织。在一个学习型组织中，人们都可以抛开他们原有的思考方式，能够彼此开诚布公地去理解组织真正的运作方式，去构建一个大家都能一致同意的计划或者愿景，然后一起同心协力实现这个目标。"以人为本"的管理理念得到了进一步发展。

二、人力资源管理面临的挑战

在科技和信息高度发达的知识经济时代，面对汹涌而来的新世纪大潮，企业面临前所未有的严峻挑战，人力资源管理只有适应不断发展的新形势，顺应历史潮流，才能在激烈的竞争中立于不败之地。人力资源管理作为获取竞争优势的重要工具，面临着前所未有的挑战。

1. 全球化的挑战

随着世界经济一体化的步伐加快，知识经济和信息经济时代的到来，市场环境变化快速，只有那些思维敏捷、竞争力强的企业才能在风云变幻的市场中立于不败之地。而人力资源管理是企业管理的重要组成部分，同样面临着来自外部环境的各种挑战。其具体表现在生产要素在全球范围内加速流动，国家之间的经济关联性和依存性不断增强。人力资源管理的内容和方法在经济一体化进程中面临不同的政治体制、法律规范和风俗习惯的冲击。

2. 技术进步的挑战

面对激烈竞争的市场，组织必然要不断提高劳动生产率，提高产品质量，改善服务。而技术的进步可以使企业更有竞争力，同时改变了工作的性质。于是，新技术便应运而生。网络技术的发展改变了人们的工作和生活方式，被广泛应用于人力资源管理的各个领域。这些新技术的出现，必然会给人力资源管理带来新的挑战，同时带来了生机和活力。组织只有很好地利用这些新技术，才能在竞争激烈的当今社会立于不败之地。

3. 管理模式创新的挑战

传统的人力资源管理大体上可以分为以美国为代表的西方模式和以日本为代表的东方模式两大类。西方模式的特点是注重外部劳动力市场、人员流动性大、对抗性的劳资关系、薪资报酬较刚性等；而东方模式注重内部招聘和提拔、员工教育培养、团队参与管理、工资弹性等。在历史上，两种模式都被证明是有效的，但都存在一定的缺陷。知识经济时代，人力资源管理模式将是人本管理模式、团队管理模式、文化管理模式、以知识管理为中心的企业管理模式等几种管理模式的交融与创新，它要求管理要以人为中心，人处于一种主动的地位，要尽可能地开发人的潜力，知识管理和企业文化在人力资源管理中被提到新的高度。组织既要做好适应全球经济竞争加剧的准备，又要真正认识到人才才是企业最重要的战略资源，利用企业文化来感染员工、凝聚员工，塑造新的、更具竞争能力的员工队伍。发挥团队优势，以知识管理为中心，来适应知识经济时代下人力资源管理模式创新的挑战。

4. 组织结构变革的挑战

传统的层级化、组织化结构以直线制为代表的纵向一体化模式，强调命令与控制，员工清楚自己的工作在整个组织中的作用和地位，晋升路线明显，组织中的报告关系清楚，有利于协调员工的工作以实现组织的目标。但是，公司越大就会造成越多的职能层级，过多的层级把不同阶层的雇员分割开来，并造成诸如机构臃肿、官僚作风、效率低下等弊端。明确的层级划分损害了员工的积极性和创造性，决策过程的烦琐阻碍了竞争优势的发挥。

在知识经济时代下，企业的组织结构呈现扁平化、网络化、柔性化。这种组织结构提高了员工的通用性和灵活性。组织根据各自员工的专长组成各种工作小组，以完成特定的任务，而不再是对员工的具体任务有明确规定的传统的金字塔式的结构，这使得主要承担上下之间信息沟通的中间管理层失去了应有的作用而遭到大幅精减，员工的晋升路线也不再局限于垂直晋升，广泛的是水平的晋升。例如，角色互换。这些变化相应地对人力资源管理提出了新的要求，管理者需要从战略高度重视人力资源的开发与管理，以确保员工拥有知识、技能和经验的优势，确保人员配置实现优化组合。组织结构的变革将是今后一段时间企业面临的重要问题。

三、人力资源管理发展的新趋势

随着企业管理的逐渐发展，企业越来越重视"人"的作用，逐渐提高了人力资源是企业最重要的资源这一认识。因此，人力资源管理成为现代企业与发展中一项极为重要的核心技能，人力资源的价值成为企业核心竞争力衡量的关键性标志之一。随着经济全球化的发展，人力资源管理受到了重大的影响和挑战，如信息网络化的力量、知识与创新的力量、顾客的力量、投资者的力量、组织的速度与变革的力量等。21世纪人力资源管理既有着工业文明时代的深刻烙印，又反映着新经济时代游戏规则的基本要求，从而呈现出新的发展趋势。

1. 人力资源战略地位日益加强

新形势下，人力资源管理要为企业战略目标的实现承担责任。人力资源管理在组织中的战略地位上升，并在组织上得到保证，如很多企业成立人力资源委员会，使高层管理者关注并参与企业人力资源管理活动。人力资源管理不仅是人力资源职能部门的责任，更是全体管理者的责任。企业高层管理者必须承担对企业的人力资源管理责任，关注人力资源的各种政策。

2. 以人为本，"能本管理"

随着知识经济和信息时代的到来，工业时代基于"经济人"假设的人力资源管理工具越来越不适应管理实践的发展，人力资源管理趋向于以"社会人""复杂人"为假设的人本管理。人本管理要求管理者注重人的因素，树立人高于一切的管理理念，并在其管理实践过程中形成一种崭新的管理思想，就是以人的知识、智力、技能和实践创新能力为核心内容的"能本管理"。"能本管理"是一种以能力为本的管理，是人本管理发展的新阶段。"能本管理"的本质就是尊重人性的特征和规律，开发人力，从而尽可能发挥人的能力，以实现社会、组织和个人的目标。

3. 着眼于激活员工的创造性

创新是企业的生命和活力，更是企业生存和发展的决定性因素，知识经济时代的核心特征是涌现大批持续创新的人才。因此，企业人力资源管理的重点就是要激发人的活力、挖掘人的潜力、激活人的创造力，通过引导员工了解企业发展目标，围绕具体项目，赋予他们一定的处置权和决策权，并完善相关的薪酬晋升和约束机制，鼓励员工参与企业管理和创新，给予他们足够的信任，使其感到自己对企业的影响力，从而释放人力资源的创造潜能，为企业发展开辟永不枯竭的动力源泉。

4. 人力资本特性突出

人力资本是指企业员工所拥有的知识、技能、经验和劳动熟练程度等。在当今知识经济时代，知识、技术和信息已成为企业的关键资源，而人是创造知识和应用知识的主体。因此，人力资本成为企业最关键的资源，也是人力资源转变为人才优势的重要条件。现代人力资源管理的目标指向人的发展，就是要为员工创造良好的工作环境，帮助或引导员工成为自我管理的人，在特定的工作岗位上创造性地工作，在达到企业功利性目标的同时，实现员工全面的自我发展。应该注意的是，人力资本不仅是一种资本，也是一种实际的投资行为，因而人力资本的投入是要求有一定的收益相匹配的。

5. 人力资源管理全球化、信息化

随着世界各国经济交往和贸易的发展，全球经济日益成为一个不可分割的整体，这种经济变化趋势已彻底改变了竞争的边界。国际竞争的深化必然推动企业在全球内的资源配置，更包括人力资源的全球配置。管理人力资源的难度、培训的难度、不同文化的冲突、跨文化管理，都将成为企业人力资源管理的重要课题。此外，知识经济也是一种信息经济、网络经济，人力资源也将逐步融入信息时代，呈现出鲜明的信息化和网络化特征。

企业要想使自己的人力资源管理顺应时代发展的潮流，就应该牢牢把握住人力资源管理发展的新趋势。与时俱进，不断创新，在符合人力资源管理发展方向的前提下，结合自己企业的特点，制定出切实可行的人力资源管理政策，为企业保驾护航，伴企业一路前行。

第三节　人力资源管理创新的管理理念研究

随着企业内外环境变得日益不确定，管理创新（如改变管理工作本质的新管理流程、管理实践和结构）逐渐成为企业赢得竞争优势的重要源泉之一。人力资源管理创新带来的竞争优势是不易模仿的，人力资源管理创新应逐渐成为管理创新领域的重要主题。尤其进入全球化时代，创新是人力资源管理能力建设的战略工具，甚至可以说，新的人力资源管理实践是促进公司产生创新的决定性创新。然而，随着中国经济社会加速转型，人力资源管理逐渐成为企业管理危机的高发领域，引发管理者重新审视企业的管理问题。人力资源管理概念起源于 20 世纪六七十年代的美国，后逐渐被全球各国接受和采纳，并分化为美国人力资源管理模式、欧洲人力资源管理模式和亚洲人力资源管理模式等。不同模式下的人力资源管理形式虽有一些相似点，但仍存在大量的差异之处，所以，中国的人力资源管理并不能完全照搬西方的人力资源管理实践，仍需坚持创新。

当前，中国企业正面临着许多人力资源管理领域的挑战，从职业群体的不断变化，如新生代员工主动性明显增强，表现出不同于父辈的利益诉求点，到需要应付不断出现的新法规及利益相关者积极介入企业管理实践带来的复杂性。因此，人力资源管理创新正成为中国企业转型过程中的一个新课题。但是，管理实践中的人力资源管理长期以来因为管理官僚、不愿变革和不能为企业增值而被广为批判。并且，鲜有研究详尽阐释人力资源管理职能的创新。现有研究文献主要关注产品和工艺等方面的技术创新，忽视了非技术创新，尤其是对人力资源领域的创新研究非常欠缺。人力资源管理创新的前因后果不同于技术创新，技术创新的方法并不能解释人力资源管理创新的复杂性。因此，需要更多质性研究的理论诠释和更多规范性研究的实证检验以指导人力资源管理创新领域丰富和复杂的实践活动。下面着重从"是什么""受哪些因素影响""如何实施"三个呈现逻辑递进关系的主题诠释企业人力资源管理创新，为成功实施人力资源管理创新提供必要的理论指导。

一、"人力资源管理创新是什么"的审视

自从科学管理被提出以来，人力资源管理的理论和实践发生了很大演化，尤其在最近 20 多年里，人力资源管理的职能和形式经历了明显的变化，从传统人力资源管理向战略人力资源管理、绿色人力资源管理进行多元化转变。人

力资源管理的演变从某种意义上来讲就是一个不断创新的过程，那么，关于人力资源管理创新的研究，自然逐渐进入学术研究的视野。

人力资源管理创新是管理创新概念在人力资源管理领域的延伸和发展。人力资源管理创新的定义也存在狭义和广义视角之分。人力资源管理创新最初由科塞克（Kossek）在1987年提出，被定义如下：为影响员工态度和行为而设计，并被组织成员感觉为新的程序、政策或实务。此种界定从狭义的角度来加以解释，人力资源创新是人力资源实践的变化或导入，这些人力资源管理实践相对于特定采用企业来说是崭新的，并能够为某特定企业创造价值。当然，狭义的定义能够区分人力资源管理创新和组织变革。所有的创新均隐含着变革，但并非所有的变革都涉及创新。当组织变革旨在改变组织内的社交系统时，人力资源管理创新是组织变革的目标；如果人力资源管理创新影响了员工的行为和态度，则组织变革就发生了。另外，从人力资源管理演变来看，既存在人力资源管理模式的根本性变革，也存在人力资源管理实践的渐进、微小的弱变化。因此，广义上的人力资源管理创新不仅对于特定组织是崭新的，而且对于人力资源管理领域来说也是全新的。

管理是实践性很强的知行合一活动，管理创新包括理念创新和实践创新。对于人力资源管理领域来说，规划的人力资源管理可能远远不同于实施的人力资源管理。因此，人力资源管理创新不再仅仅停留在理念、模式、方法、工具等转换阶段，而且需要在实践中实施和应用。例如，传统人事管理由于过时而被"把人放在战略决策中心地位"的人力资源管理所取代。但是，涌现的人力资源管理并没有明晰管理实践的特殊形式，仅是揭示了人力资源管理中重要的道德问题。因此，人力资源管理常被批评为"披着羊皮的狼"。人力资源管理创新实践被认为是社会认知理论的折射，被界定为恰当地、坚定地运用人力资源管理创新。人力资源管理创新实践的三个维度包括：创新人力资源管理实践的导入程度、创新人力资源管理实践对组织目标实现的重要性及满意度、组织承诺的重要性，其中创新人力资源管理实践导入程度是影响组织承诺的重要因素。后来，人力资源管理创新实践被细化为既有区别又相互联系的四个维度，即人力资源管理创新的采纳数量、采纳速度、采纳创新的激进程度，人力资源部门对创新的态度，强调实践创新意愿和行为的重要性。

总体而言，人力资源管理创新既构成人力资源管理的重要内容，又成为人力资源管理的重要推动力量。人力资源管理能否持续创新决定了一个企业在人力资源管理领域是引领者还是模仿跟随者。其中，人力资源领导者将裁员和重组、再造、员工参与计划、团队工作再设计结合起来；人力资源落后者倾向于资助学校以建立伙伴关系、为员工提供灵活工作安排，开展多元化培训和指导人计划；人力资源跟随者由于受到短期压力、冷漠的中层管理人员和其他变革障碍的限制，被动等候其他公司的人力资源管理创新并模仿，无须承担创新的高昂成本但能够享受创新带来的超额收益。成功的人力资源管理创新是组织成功的重要决定因素，尤其是人力资源管理引领者能够赢得非常好的声誉，对企业核心竞争力的培育有至关重要的作用。

二、人力资源管理创新影响因素的诠释

现实生活中忽视人力资源管理创新的企业或者人力资源管理创新失败比比皆是，所以探究影响人力资源管理创新的因素是理论界和实业界人士共同关注的焦点问题之一。四种理论方法能够被用来解释组织采纳或拒绝新人力资源管理实践的原因，其中经济法认为，组织采纳人力资源实践是基于有助于提高组织的经济收益；比对法把企业采纳人力资源实践归因于这些实践是否能够与战略目标匹配；决策法借助管理判断的约束合理模型，将采纳人力资源管理实践视为是否源于理性的管理决策；扩散法把采纳或拒绝决策归因于鼓励模仿的制度压力。归纳起来，这四种方法背后隐含着影响人力资源管理创新的内部因素和外部因素，二者相互影响，相互制约，最终决定人力资源管理创新的广度和深度。

（一）内部因素

人力资源管理理念和实践方式的变革创新不会自然而然地产生。从企业组织自身的角度来说，组织内部因素包括人力资源管理相关人员、组织结构与资源、组织文化等。大型组织各群体对人力资源管理创新（如质量圈、柔性实践、柔性福利、公开招聘、现金奖励和健身计划）的接受程度，取决于群体在人力资源管理创新实践方面的经历、层级、资历等背景因素。其中，公司拥有人力资源管理创新的成功经历影响公司各群体接受新的创新可能性。人力资源管理相关人员素质的优劣直接影响着企业人力资源管理创新能力的高低，关系到创新的速度、质量和效果。其中，人力资源专业人员的专业专长和变革管理的胜任力与直线经理和员工感知的人力资源管理有效性是紧密相关的；总经理在塑造独特的人力资源管理系统中提供人力资源管理的正统性、领导和资源方面，以及培育团体一致性和高层管理团队对人力资源角色达成共识上发挥重要作用；高级经理需要在不同管理层级之间解释一致的人力资源管理使命，为低层次管理者提供正式的和非正式的人力资源战略实施的方向、支持和授权。这些

人力资源管理相关人员的个人特性与品质影响企业对人力资源管理创新的信念（知觉有用性与知觉易用性）。其中，知觉有用性进一步影响企业对人力资源管理创新的态度（创新偏好和创新意向），知觉易用性影响创新偏好。

结构性组织特征（如规模和财产）可能与人力资源管理创新相关。具体来说，组织规模与人力资源管理创新呈现较强的线性关系，但只对计算型人力资源管理实践（旨在人力资源的有效利用）的创新有很大影响。因为人力资源管理创新涉及组织内社会系统的变革，所以这些创新的采纳和扩散归因于组织内部的社交过程。从而，强势文化企业比弱势文化组织更能因为不同的原因而实施人力资源管理创新。相关研究表明，正式化、集权化和人力资源部门氛围等企业内部文化的具体表现对人力资源管理创新的影响呈弱线性关系。

（二）外部因素

管理创新是公司内部环境和外部搜寻新知识的结果，需要在内部环境和外部搜寻知识之间保持平衡。外部因素有某种不确定性，增加了人力资源管理创新的难度。其中，面对复杂和多变环境，竞争压力迫使企业主动诊断人力资源问题，采用创新的人力资源管理实践。尤其是知识密集型产业，形成了多层次、多专业、多学历的员工多元化格局，必将对人力资源管理创新提出较高要求。例如，产业嵌入对计算型人力资源管理实践和合作型人力资源管理实践（旨在促进雇员和雇主的目标实现）的应用有非常强的影响。工会、技术变革和劳动力市场状况能够区分不同产业领域的人力资源管理创新，具体来说，公司的外部美誉度与人力资源管理创新呈现非线性关系。其主要原因在于，健康的企业不仅需要在目标客户中拥有较好的品牌美誉度，更需要在现有员工和潜在员工中创建优秀的雇主品牌。组织为了在所在环境中表现出更加合规和塑造美誉度，经常采取人力资源管理创新。此外，劳动力可用性和公众监督与人力资源管理创新也呈现较强的线性关系。当然，工会对人力资源管理创新是支持还是反对，取决于工会认为创新是对自身权力基础和制度保障的威胁还是能够提升自身地位或影响力的机会。

总而言之，任何组织的人力资源管理系统如生物机体一样，随着外部环境和内部环境的变化都需要不断调整和变革。因此，随着组织环境的发展变化、信息技术的日新月异、管理思想新时代的到来，企业的人力资源管理实践也发生了巨大的变化，新的人力资源管理政策和措施不断涌现，丰富了人力资源管理的内涵和功能。

三、不同主导逻辑下的人力资源管理理念演变

人力资源管理的逻辑起点是为了解决该领域问题而采取的各项人力资源管理措施。人力资源管理政策的形成过程包括人力资源管理理念、政策方案提出、政策选择、政策执行阶段，这也构成人力资源管理创新范畴。因此，逻辑起点（人力资源管理理念）是人力资源管理创新必须面对的重要问题。逻辑起点选择的正确与否，直接决定人力资源管理实践的内在严密性。尤其人力资源管理理念的创新占据相当重要的位置，往往带来人力资源管理系统的重大突破。理念起源于两个前提——事实前提和价值前提，其中事实前提表示对世界描述性的看法；价值前提指对某些目标和行为的愿望性看法。组织管理背景下理念由一系列集成的假设和信念构成。创建组织的那些人（所有者）、管理组织的那些人（管理者，尤其是关键决策者）的假设与信念成为定义组织远景的基础，这些假设和信念有时是决策者意向的外化，有时可能是决策者意向的内化。具体到人力资源管理领域来说，人力资源理念围绕管理者对人的信念和假设，涉及人的本质、需要、价值观和工作方法。这些信念和假设决定应该怎样对待人。纵观中西方人力资源管理理论，关于人力资源管理逻辑的观点主要有企业主导逻辑论、员工主导逻辑论和利益相关者主导逻辑论，即以企业为中心、以员工为中心和以利益相关者为中心的三种人力资源管理理念，体现了人力资源管理领域的重大创新突破。

（一）企业主导逻辑人力资源管理理念

根据企业资源观，企业可以被视为独有并难以模仿的资源和能力的集合体，如果企业拥有这些与众不同的关键资源，就有可能赚取超额收益。鉴于人力资源是企业的核心资源之一，企业的资源观会进一步影响人力资源管理领域。对待人有三种方法：商品法、机器法和人性化方法，其中在商品法中，人被当作商品一样能够以某个价格进行买卖；在机器法中，人被视为机器的零部件，能够像其他部件一样被装备。这两种方法是以"经济人"人性假设为前提，形成了以企业为中心的人力资源管理理念。岗位职责的完成或组织目标的实现是以企业为中心的人力资源管理创新的逻辑出发点和归宿点。因此，以企业为中心的人力资源管理政策往往只体现企业单方面的意图，系统地对人力资源各种部署和活动进行计划和管理，强调让员工遵循企业规章制度并完成工作任务，体现为控制型人力资源管理。其中，具体实践形式或工具有绩效工资、高绩效工作系统、最佳人力资源管理实践、人力资源外包和电子化人力资源管理等。

从科学管理到战略人力资源管理，人力资源管理的关注点相应地从内部效率转移至企业战略，但均是基于以企业为中心的人力资源管理理念。在支持企业战略上，以企业为中心的人力资源管理能够被动或主动为战略价值做出贡献。其中，运营被动响应式人力资源管理关注实施人力资源的基本活动，包括管理福利、维持基于市场的薪酬水平、雇佣初级员工、提供基本技能培训；运营主动式人力资源管理关注人力资源基本活动的设计和传递的改善，包括人力资源流程再造、运用全面质量管理（TQM）原理到人力资源管理、营造工作场所中的积极道德氛围。战略被动响应式人力资源管理关注企业战略的实施，也就是说，在既定企业战略下，人力资源管理如何才能帮助和支持战略的成功实施，包括与企业战略要求相一致的技术知识的识别和开发、技巧性技能培育、企业文化、促进组织变革和把人力资源重组为服务中心；战略主动响应式人力资源管理则关注创造未来的战略方案，包括塑造创新文化、识别并购机会、创造持续追踪和比对产品市场的内部能力。

（二）员工主导逻辑人力资源管理理念

员工在企业中角色和地位的变化促使企业重新审视企业与员工的关系，重新认知和界定企业和员工的各自角色，并相应调整人力资源管理措施以适应这种变化。具体来说，雇主和雇员的界线越来越模糊，员工从人力资源管理政策的被动接受者转变为人力资源管理政策的共同制定者。随着人力资本的重要地位凸显，人被视为有生理需求的社会人，即对待人的人性化方法。因此，人力资源理念应该更加具体地考虑人的这些天赋。

由于人作为资源被管理，那么我们作为人意味着什么？在人性化方法中，人力资源理念基于以下信念：人是组织中最重要的资产；因为人拥有创造能力，这些创造力仅部分得到利用，从而在某种程度上人能够被开发；如果人形成组织归属感，那么他们就会对组织中的工作产生承诺；如果组织关心人并满足他们的需要，则他们可能形成归属感；如果人有机会充分发掘潜力并发挥这些潜力，则人就会做出最大贡献。人性化方法是以"社会人""自我实现人"的人性假设为前提的，所隐含的理念是员工导向，形成以员工为中心的人力资源管理。满足员工需求是以员工为中心的人力资源管理的出发点，塑造健康、激励的工作环境（如开放、激情、信任、互惠和合作），挖掘员工潜力。因此，以员工为中心的人力资源管理，侧重于强化员工和组织间的情感承诺，体现为承诺型人力资源管理。其中，具体实践形式或工具有员工持股计划、指导人计划、内部营销和家庭响应型人力资源政策等。

（三）利益相关者主导逻辑人力资源管理理念

一方面，组织被理解为利益相关者政治经济系统的组成部分，从而在员工—组织关系中存在其他利益相关者。尤其是全球化、工作本质变化和使利益相关者满意都对人力资源管理系统的有效性产生越来越大的影响。甚至有观点认为组织环境可以主导人力资源管理的制定。因此，人力资源管理应该放在利益相关者网络中来加以考虑。另一方面，员工与雇主间的关系应该建立在社会契约之上，双方认可各自的权利和义务。然而，由于工作的变化本质、雇主偏好对员工不利的柔性就业、公共政策和制度体制变得不再保护员工权益，雇主的自愿行为并不能确保员工的权益，需要公共政策通过促进雇主与雇员形成伙伴关系以确保雇佣关系中的员工公平。久而久之，员工几乎没有任何权利，企业给予的一切并非由雇主提供，而是由政府法律法规确保的。例如，病假、性骚扰和员工薪酬等都是遵照法律法规来处理，而不是基于伦理视角来考虑如何处理。因此，现代经济环境的竞争需要使人力资源专业人员对他们的组织担负起隐性伦理的责任。企业人力资源管理要合乎伦理的要求，发挥伦理的作用。

如果人力资源专业人员接受伦理管家（对许多利益相关者负责和最大化长期组织财富创造的治理模式），他们将更注意自己对组织的伦理职责和更有效地帮助组织创造更多的财富、实现可观的组织结果，建立使员工更满意的工作环境。因此，伦理法则是以利益相关者为中心的人力资源管理及其创新的逻辑起点，形成社会责任型人力资源管理，甚至绿色人力资源管理，实现企业内部员工的心态和谐、人态和谐和生态和谐。社会责任型人力资源管理和绿色人力资源管理代表着一种超越战略性人力资源管理的可持续发展管理理念，这也是人力资源管理的发展趋势。其中，具体实践形式或工具有平衡计分卡、绩效棱柱模型、带薪公益假、雇主品牌和体面劳动等。

综上所述，随着人力资源管理领域的不断创新，人力资源管理的核心理念在不断变化，经历从以企业为中心的管理向以员工为中心的管理，再到以利益相关者为中心的管理演变，体现了微观契约主导逻辑到宏观契约主导逻辑的发展思路。其中以企业为中心的人力资源管理对员工的组织承诺没有显著的影响；以利益相关者为中心的人力资源管理（包括劳动法律合规型人力资源管理和社会责任型人力资源管理）对肯定承诺、持续承诺和规范承诺有显著的积极影响；以员工为中心的人力资源管理对肯定承诺和规范承诺有积极影响，但对持续承诺没有任何影响。这也侧面说明了从以企业为中心、以员工为中心到以利益相关者为中心的人力资源管理理念的演变不是扬弃而是继承，即后续理念是以前一阶段理念为基础的。

四、不同理念下人力资源管理实践的创新

人力资源管理创新带来的不仅仅是理念的更新，更是切实可操作的管理工具和管理方法，即人力资源管理实践。人力资源管理理念和期望的员工贡献是影响组织选择人力资源实践类型的工具性因素。其中，人力资源理念决定公司内人力资源管理实践的具体选择，期望的员工贡献决定哪种人力资源实践是可行的。当前，人力资源管理实践的形式多种多样，都是人力资源管理实践不断创新的结果。人力资源管理实践创新方法包括原始创新、集成创新、嫁接创新三种方式，其中原始创新是指在人力资源管理领域前所未有的管理工具、方法的重大发明；集成创新是指将现有的人力资源管理实践进行重组和搭配而形成新的人力资源管理实践，实现新的功能和作用；嫁接创新是将其他管理领域（如营销领域）的重要思想、实践嫁接到人力资源管理领域，从而产生新的人力资源管理实践。在三种不同的人力资源管理理念下，均存在原始创新、集成创新和嫁接创新三种方法来丰富人力资源管理实践的具体形式。

（一）以企业为中心的人力资源管理的实践创新

自从科学管理被提出，以企业为中心的管理理念就被采纳，人力资源管理实践形式也随之不断丰富，如绩效工资、人力资源外包、电子人力资源管理系统、高绩效工作系统和最佳人力资源管理实践。这些人力资源管理实践形式中，有些与差异化战略紧密相关，有些和组织能力紧密相关。当然，这些实践形式均是通过原始创新、集成创新和嫁接创新逐渐发展起来的，仍被企业广泛运用。

首先，嫁接不同领域的管理模式可以在人力资源管理力度和管理风格上实现新的突破。例如，企业逐渐将信息技术嫁接到人力资源管理领域，标志着我们已经进入自我服务和基于网络的电子人力资源管理时代。电子人力资源管理被视为覆盖人力资源管理和信息技术的涵盖性术语，把人力资源工作本质变成信息中介者和决策支持角色，旨在改善人力资源管理效率和实现成本降低，有助于人力资源管理职能价值和战略价值的提升。此外，人力资源外包作为企业人力资源管理实践中的一个新领域，也是将外包思想从生产领域嫁接到人力资源管理领域，并结合人力资源特征而系统开发的实践形式，旨在提高人力资源管理效率。

其次，突破原有的思维模式和运作方式，实施人力资源管理实践的原始创新。例如，从计件工资、佣金制演变而来的绩效工资属于一种前所未有的人力资源管理实践创新。绩效工资依据的理论基础是资源观的能力论，将绩效与薪

酬联系，体现多劳多得的公平原则，激发员工发挥潜力，积极完成业绩，成为推进企业战略目标实现的有效工具。

最后，通过集成创新系统化人力资源管理实践，突破单个人力资源管理实践的功能。以企业为中心的人力资源管理强调一系列人力资源管理实践的连贯性，以及内外部两方面的匹配，也就是人力资源管理与组织发展状态的外部匹配，人力资源管理模块之间补充和支持的内部匹配。例如，最佳人力资源管理实践、高绩效工作系统就是人力资源管理实践的系统化而成的。并非所有的人力资源管理实践对员工的绩效结果都是同等有效的，所以组织需要识别和实施那些最有效的实践。例如：培训问题在高速成长的企业是最重要的，在低速成长企业是最不重要的；招聘问题在非成长企业是最重要的，在低成长企业是不重要的。最佳实践作为一系列具体人力资源管理实践形式的集成，包含塑造服务导向的文化、建立非常强的资本库、激励员工和提供员工贡献机会等。虽然最佳人力资源管理实践得到较大关注，根据来自美国和英国的研究成果得到一致结论认为，某一特定的人力资源管理实践组合可以增加企业利润，且与企业、行业和国家背景无关。但是，马尔辛顿（Marchington）对具有"最佳"特征的这些人力资源管理实践提出质疑，认为如果进行更系统的分析，这些实践方式未必对员工是有利的。同时，最佳人力资源管理实践也存在其他问题，无论是在某些具体实践的内涵、各种实践之间相互的一致性还是某个版本的最佳实践具有普遍可适用性的论断上都存在问题。后来，高绩效工作系统识别一套最佳人力资源管理实践，涉及工作安全、新员工选拔招聘、自主管理团队和分散决策、绩效工资体系、员工培训、缩小管理层级、分享财务和业绩信息等有效人力资源管理实践。该系统是人力资源管理实践方面的系统集成创新结果，意味着对组织所面对的环境挑战能够更敏捷响应。

（二）以员工为中心人力资源管理的实践创新

以员工为中心的人力资源管理重新认识到人力资本的重要性。尽管人力资源管理一直强调人是组织中最重要的资产，但是管理实践中却一直陷入未能正名的尴尬境地。例如，硬性人力资源管理和软性人力资源管理分别基于管理和人性控制策略两种相反的观点，公司经常宣称采用软性人力资源管理，然而员工经历的现实却是更关注类似硬性人力资源管理的策略控制。出现此种尴尬的主要原因在于：人力资源管理实践创新不足，难以支撑以员工为中心的人力资源管理理念的落实。经过理论界和实务界人士对人力资源管理的原始创新、集成创新和嫁接创新，以员工为中心的人力资源管理实践形式涌现了员工持股计划、指导人计划、员工参与计划、内部营销和家庭响应型人力资源政策（如弹性工作安排、弹性福利、员工援助计划和托儿服务）等。

首先，员工持股计划、指导人计划等人力资源管理实践形式是基于人力资本理论经过原始创新而开发的。这些支持性人力资源管理实践通过为员工提供参与决策的权利，享有公平的奖励和成长机会等，以促进员工组织支持感的发展。其中，员工持股计划是人力资本产权价值的实现形式，使员工享有剩余索取权的利益分享和拥有经营决策权的参与管理，同时满足了员工的精神需求和物质需求。由传统师徒制延伸发展的指导人计划是基于知识管理理论而设计的人力资源管理实践形式。该计划的实施基于人际互动的人才开发策略，促进隐性知识的共享和转移，对指导人和被指导人双方的职业效能均产生积极影响。

其次，来自营销领域的思想和技术能够为以员工为中心的人力资源管理提供新的方法，即实现人力资源管理实践的嫁接创新。人力资源管理实践形式的功能是员工对管理服务需求的本质所在。鉴于员工在人力资源管理中的中心地位，贝瑞（Berry）在1981年最早提出内部营销概念，用以吸引外部顾客的营销理念、工具迁移到人力资源管理领域，把员工视作内部顾客。该实践将工作看作产品，运用营销观点审视内部员工的管理问题，运用营销调研技术分析员工需求，为不同员工提供不同的人力资源服务。

最后，家庭响应型人力资源政策是将现有的人力资源管理实践形式进行系统集成。作为人力资源管理创新的一种趋势，实践形式的集成是企业实现人力资源管理创新的一种有效途径。家庭友好型人力资源管理政策更适合伙伴关系或互惠组织情景，涉及员工援助计划、育婴假、弹性福利计划、弹性工作制和托儿服务等，会对员工的组织依赖产生影响。家庭响应型政策尤其是对急需这些福利的个体员工有积极的影响，获得家庭响应型政策的员工显著表现出更高的组织承诺和很低的离职倾向。

（三）以利益相关者为中心的人力资源管理的实践创新

人力资源管理的现有方法并没有把伦理考虑为中心依据，将难以支撑以利益相关者为中心的人力资源管理的实施。不同公司会有明显不同的文化和信仰体系，从而意味着不同的公司及文化在微观社会契约上存在差异。企业不能宣称自己设定的伦理标准必定是普适性的，必须对来自不同企业的做法保持宽容。因此，企业在实施以利益相关者为中心的人力资源管理时也存在实践形式创新的空间。具体来说，以利益相关者为中心的人力资源管理实践形式或工具包括平衡计分卡、绩效棱柱模型、体面劳动、带薪公益假、雇主品牌等。这些实践形式或工具是经过原始创新、嫁接创新和集成创新而不断涌现的，并逐渐被企业界人士所接受。

首先，平衡计分卡、绩效棱柱模型等人力资源管理工具是从利益相关者视角经过原始创新而形成的。人力资源专业人员应嵌入公司社会责任中，其将公司社会责任界定为伦理或以负责的方式对待利益相关者。把利益相关者观点融入人力资源管理系统能够增强组织绩效和承诺，相应地，利用利益相关者分析来研究组织中的绩效、责任和权益问题，能识别对社会负责的人力资源管理实践。具体来说，平衡计分卡、寻求财务与非财务衡量、短期与长期目标、落后与领先指标，以及外部与内部绩效的平衡，满足了股东、员工和客户三个关键利益相关者的目标要求。但是，基于平衡计分卡的绩效管理系统只强调了企业人力资源管理对利益相关者所负的责任，并没有考虑对利益相关者的贡献责任。后来，安迪·尼利与安达信咨询公司联合开发的绩效棱柱模型关注所有重要利益相关者的需求，引入利益相关者的满意、利益相关者的贡献、组织战略、业务流程和组织能力5个关键要素，强调组织与利益相关者之间的互惠关系。与以企业为中心的人力资源管理实践相比，绩效棱柱模型的最大突破在于，绩效计量的起点应是为利益相关者创造价值的，而非公司战略。

其次，体面劳动是在以利益相关者为中心的人力资源管理领域下集成创新的具体结果形式。由国际劳工组织在1999年提出并试图在全球推行的体面劳动，包括劳动者的权利得到保护、有足够的收入、充分的社会保护和足够的工作岗位等，涉及面比较广。落实体面劳动战略，迫切需要我国企业在人力资源管理实践方面加大集成创新。

最后，带薪公益假、雇主品牌等人力资源管理实践则是通过嫁接创新的方式加以开发的。公司社区参与可能对人力资源管理结果（如员工激励、道德、承诺、招聘和保留、开发与团队工作）有积极的影响，但是现有的人力资源管理实践并没有在公民社区参与的决策和实施中扮演重要的作用。通过将社会学领域的公益活动引入人力资源管理领域，建立带薪公益假制度，鼓励员工与利益相关者之间建立紧密联系。例如，腾讯公司为了鼓励员工体验公益项目、当志愿者、用行动帮助他人，实施员工公益假计划，率先开启企业公益假期的先河。雇主品牌则是将营销领域的品牌管理实践嫁接到人力资源管理领域，直接针对雇员或者潜在雇员，通过各种方式表明企业是最值得期望和尊重的雇主，以迎合目标人才的独特需求。

　　人力资源管理创新正成为中国企业甚至全球企业实施管理创新的重要领域。人力资源管理创新对于中国企业既是挑战，更是机遇。人力资源部门正面临成为管理团队中重要成员的机会，这要求人力资源部门进行实质上的再定位，相应地涉及新角色、新能力、新关系和新运营方式的革新。

第二章　人力资源规划

第一节　人力资源规划概述

人力资源规划处于整个人力资源管理活动的统筹阶段，为人力资源管理的其他活动制定了目标、原则和方法，其科学性、准确性直接关系着人力资源管理工作的成效。因此，制定好人力资源规划是企业人力资源管理部门的一项非常重要和有意义的工作。

一、人力资源规划的内涵

（一）人力资源规划的定义

人力资源规划是指组织为了实现战略发展目标，根据组织目前的人力资源状况对组织人力资源的需求和供给状况进行合理的分析和预测，并据此制订出相应的计划和方案，确保组织在适当的时间能够获得适当的人员，实现组织人力资源的最佳配置，从而满足组织与个人的发展需要。具体而言，人力资源规划包括以下四方面的含义。

1.人力资源规划是对组织目标和组织内外环境可能发生变化的情况进行的分析和预测

市场经济条件下市场环境瞬息万变，组织内部和外部环境也会相应地发生变化，不断变化的环境必然会对人力资源的供给状况产生持续的影响。人力资源规划的制定就是要及时把握环境和战略目标对组织的要求，做出科学的分析和预测，识别和应答组织的需要，使组织的人力资源能够适应环境的变化，适应组织未来各阶段的发展动态，保证组织的人力资源总是处于充足供给的状况，为组织总体目标的实现提供充分的人力资源保障。

2.人力资源规划的制定以实现组织的战略发展目标为基础

在组织的人力资源管理中，人力资源规划是组织发展战略总规划的核心要件，是组织未来发展的重要基础条件。组织的人力资源规划要根据组织的战略发展目标来制定，在组织对未来的发展方向进行决策时能够提供所需的数据和适当的信息，以提高获取人力资源的效率及有效性，降低组织管理成本。

3.人力资源规划的对象是组织内外的人力资源

人力资源规划的对象包括组织内部的人力资源及组织外部的人力资源。例如，对内部现存的人力资源进行培训、调动、升降职，对外部人力资源进行招聘、录用、培训等。随着组织战略目标的调整及组织外部环境的变化，应当及时制定和调整人力资源管理的方案，并有效实施。

4.人力资源规划要实现组织目标与个人目标共同发展

人力资源规划是组织发展战略和年度规划的重要组成部分，它为组织未来的发展预先获取优秀的人才，储备人力资源，同时为合格的人才匹配最合适的岗位，为实现其个人价值提供机会，保证最大限度地发挥人才的潜能，满足人才职业生涯发展的需求，做到"人尽其才""能岗匹配"，吸引并留住优秀的人才资源，最终达到组织目标与个人目标的共同实现。

（二）人力资源规划的目标

组织的人力资源规划是能够为组织人事管理工作提供有效指导的一种人事政策，人力资源规划的实质在于通过对组织人力资源的调整和确定，保证组织战略目标的实现。人力资源规划的目标是保证人力资源状况与组织各阶段的发展动态相适应，尽可能有效地配置组织内部的人力资源，使组织在适当的时候得到适当数量、质量和种类的人力资源。

1.在充分利用现有人力资源的情况下，组织要获取和保持一定数量具备特定技能、知识结构和能力的人员

组织中现有的人力资源在组织中具有不可替代的作用，对这些人员进行规划，使之能够跟上组织不断创新的步伐是人力资源规划的主要工作内容。而具备特定技能、知识结构和能力的人员在组织中更是起到中流砥柱的作用，因此，人力资源规划工作的目标就是要根据组织的需要及时补充与岗位相匹配的人员，为组织进行人才储备。

2.预测组织中潜在的过剩人员或人力不足

组织拥有的人员过多，并不必然导致经济效益也会越多。相反，人员过多

会使组织的管理成本过高，从而减少经营利润。但是如果人员过少，又会由于产品数量不足，满足不了市场的需要，从而导致经营收入降低。

德国人力资源专家马克斯在研究中发现：假设一个人有一份业绩，那么并不是人数越多，业绩就会成倍增加。实践中可能出现的结果是，一个人有一份业绩，两个人的业绩会小于两份业绩，四个人的业绩会小于三份业绩，到八个人时，这个团队的业绩竟然会小于四份。而美国人力资源协会做过的统计结果也表明：在一个三人组成的团队里面，有一个人是创造价值的；有一个人是没有创造价值的，是平庸的；还有一个人是创造负价值的。这似乎也印证了中国的那句俗话：一个和尚挑水喝，两个和尚抬水喝，三个和尚没水喝。因此，人力资源规划要对组织中潜在的人员过剩或不足情况进行合理的分析和预测，避免因人员过剩或短缺而造成损失，这样既可以降低组织用人成本，又会有助于组织提高经营效益。

3. 建设一支训练有素、运作灵活的劳动力队伍，增强组织适应未知环境的能力

社会环境是动态的，国内经济的增长、停滞或收缩，政府对市场经济的宏观调控措施的严厉或放松，会影响行业的发展。行业的发展态势是继续保持现状、出现趋缓，还是竞争更加激烈，会对组织的人力资源供给产生重要的影响，这种影响主要来自市场对组织产品需求状况的变化和劳动力市场对组织人力资源供给状况的变化。人力资源规划要求全面考虑相关领域的各种情形及可能出现的各种变化，培育一支训练有素、动作灵活的人员队伍，提早做好准备，应对未来环境的变化，使组织在变化中立于不败之地。

4. 减少组织在关键技术环节对外招聘的依赖性

一般来说，在组织技术核心工作环节对掌握关键技术的员工依赖性比较大，科学技术的发展要求员工不断地更新知识、创新技术。组织的人力资源管理部门应当不断地对他们进行充分的培训，让员工能够掌握最前沿的信息技术，为组织创造最高的工作绩效，而不必完全依赖对外招聘来获得关键的技术人才。

为达到以上目标，人力资源规划需要关注以下焦点：组织需要多少员工；员工应具备怎样的专业技术、知识结构和能力；组织现有的人力资源能否满足已知的需要；是否有必要对原有的员工进一步培训开发；是否需要进行招聘；能否招聘到需要的人员；何时需要新员工；培训或招聘何时开始；企业应该制定怎样的薪酬政策以吸引外部人员和稳定内部员工；当企业人力资源过剩时，有什么好的解决办法；为了减少开支或由于经营状况不佳而必须裁员时，应采

取何种应对措施；除了积极性、责任心外，还有哪些可以开发利用的人员因素等。

二、人力资源规划的作用

人力资源规划是人力资源管理各项具体活动的起点和依据，它直接关系着组织人力资源管理和整体工作的成败，更关系着组织战略目标的实现，它是整个组织战略的重要组成部分。

1. 人力资源规划是组织适应动态发展需要、提高市场竞争力的重要保证

人力资源规划是组织战略规划的重要组成部分，必须与企业的经营战略保持一致，为企业的整体战略规划服务。由于组织外部环境的不断变化，组织的战略也会进行相应的调整，从而使企业对人力资源的需求发生变化，这种需求的变化必然导致人力资源供需之间的失衡。因此，人力资源规划要求规划主体根据组织的长远发展目标和战略规划的阶段性进行调整，对人力资源进行动态统筹规划，预测人力资源的供求差异，努力平衡人力资源的需求与供给，及早制定出应对变化的调整措施，增强企业对环境的适应能力，使企业更有市场竞争力，及早实现企业的战略目标。

2. 人力资源规划是组织实施管理工作的起点和重要依据

人力资源规划对组织人员的招聘选拔、教育培训、薪酬福利、人员调整及人工成本的控制等工作都做了具体而详细的安排，是组织实施管理工作的起点。同时，人力资源规划还能提供大量的市场动态信息，使管理者能够随时了解和掌握社会环境中人力资源市场的变化状况，有效地帮助组织进行工作分析，及时做出应对措施，为组织实施管理工作提供重要依据。

3. 人力资源规划能够帮助组织科学地控制人工成本

工资是组织人工成本中最大的支出部分。组织不断发展壮大，员工职位不断提升，会使工资越来越高，造成组织人工成本不断增加。人力资源规划能够科学地预测员工未来在数量、结构方面的变化，并改善组织的人力资源结构，减少不必要的人力资源成本支出，使之更加合理，达到帮助组织科学地控制人工成本的目的。

4. 人力资源规划有助于调动员工的积极性

员工通过人力资源规划可以了解到组织未来对各个层次人力资源的需求，可以有更多的机会参加培训，提高自身素质和工作胜任能力，从而充分调动自

身的工作热情，为自己设计有利于个人发展的道路，能够增加对工作的满意度，在岗位上发挥能动性和创造性，提高工作质量。

三、人力资源规划的内容

人力资源规划是一项系统的战略工程，它以企业发展战略为指导，以全面核查现有人力资源、分析企业内外部条件为基础，以预测组织对人员的未来供需为切入点，内容包括晋升规划、补充规划、培训开发规划、人员调配规划、工资规划等，基本涵盖了人力资源的各项管理工作。人力资源规划还通过人事政策的制定对人力资源管理活动产生持续和重要的影响。组织的人力资源规划分为两个层次：一个层次是人力资源的总体规划，另一个层次是人力资源的具体规划。

人力资源的总体规划是指根据组织的总体战略目标制定的，在计划期内人力资源开发与管理的总原则、总方针、总目标、总措施、总预算的安排。组织的具体规划是指人力资源各项具体业务规划，是总体规划的展开和时空具体化，每一项具体计划也都是由目标、任务、政策、步骤和预算等部分构成，从不同方面保证人力资源总体规划的实现。人力资源具体规划包括人员补充规划、人员使用和调整规划、人才接替发展规划、人才教育培训规划、评价激励规划、劳动关系规划、退休解聘规划、员工薪酬规划、员工职业生涯发展规划等。

第二节 人力资源预测

在组织的人力资源规划中，人力资源预测是比较关键的环节，处于人力资源规划的核心地位，是制定各种战略、计划、方案的基础。组织要想保持竞争力，关键要看是否拥有具备竞争力的员工，但是，要想拥有合格的员工队伍，就必须做好人力资源的供求预测工作。

一、人力资源需求预测

（一）人力资源需求预测的含义、特点

1.人力资源需求预测的含义

人力资源需求预测是指组织的人力资源管理部门根据组织的战略目标、组织结构、工作任务，综合各种因素的影响，对组织未来某一时期所需的人力资

源数量、质量和结构进行估算的活动。

2.人力资源需求预测的特点

（1）科学性

组织的人力资源需求预测工作是按科学的程序，运用科学的方法及逻辑推理等手段，对人力资源未来的发展趋势做出的科学分析。它能够反映出人力资源的发展规律，因而具有科学性。

（2）近似性

由于人力资源需求预测是对组织未来某一时期所需的人力资源数量、质量和结构进行估算的活动，而事物在发展的过程中总会受到各种因素的影响而不断发生变化，因此，该预测只能对未来的预测做出尽可能贴近的描述，人力资源需求的预测结果与未来发生的实际结果存在着一定的偏差，只是极为近似。

（3）局限性

在人力资源需求预测的过程中，由于预测对象受到外部各种因素变化的影响，从而具有不确定性或者随机性，就会使得预测的结果带有一定的局限性，不能表达出人力资源需求发展完全、真实的面貌和性质。

（二）人力资源需求预测的方法

人力资源需求预测是否科学、合理，关系到组织的人力资源规划能否成功，在制定时要充分考虑组织内外环境的各种因素，根据现有人力资源的状况及组织的发展目标确定未来所需人员的数量、质量和结构。人力资源需求预测的方法可分为定性预测方法和定量预测方法。定性预测方法是一种主观判断的方法，包括德尔菲法、微观集成法、工作研究法、现状规划法、描述法等。定量预测方法是利用数学手段进行预测的方法，主要包括劳动定额法、回归分析法、计算机模拟预测法、比率分析法等。

1.定性预测方法

（1）德尔菲法

德尔菲法也叫专家预测法或集体预测法，是指收集有关专家对组织某一方面发展的观点或意见并加以调整分析的方法。德尔菲法一般采取匿名问卷调查的方式，通过综合专家们各自的意见来预测组织未来人力资源需求量。专家可以来自组织内部，如组织的高层管理人员或者各部门具体的管理人员，也可以聘请组织外部的专家。其具体过程可分为四个步骤。

德尔菲法的特点：吸收专家参与德尔菲法的四个步骤，充分利用专家的经验、学识；采用匿名或背靠背的方式，能使每一位专家独立自主地做出自己的判断；预测过程经过几轮反馈，使专家的意见逐渐趋同。由于这种预测方法是在专家不会受到他人烦扰的情况下做出的意见，并能够综合考虑到社会环境、组织发展战略和人员流动等因素对组织人力资源规划的影响，因此具有很强的操作性，在实践中被广泛地运用到人力资源规划中。但是这种方法也存在不足之处，即其预测结果具有强烈的主观性和模糊性，无法为组织制定准确的人力资源规划政策提供详细可靠的数据信息。

此外，在使用德尔菲法时还应注意以下原则。

①挑选有代表性的专家，并且为专家提供充分的信息材料。

②所提的问题应当词义表达准确，不会引发歧义，应当是专家能够回答的问题，在问卷设计时不提无关的问题。

③在进行统计分析时，应当视专家的权威性不同而区别对待不同的问题，不能一概而论。

④在预测前争取对专家进行必要的培训，了解该预测的背景及意义，使专家对预测中涉及的各种概念和指标理解一致，尽量避免专家在预测中出现倾向性选择信息和冒险心理效应。

（2）微观集成法

微观集成法是一种主观的预测方法，是指根据有关管理人员的经验，结合本公司的特点，对公司员工需求加以预测的方法。这种方法主要采用"自下而上"和"自上而下"两种方式。"自下而上"的方式是从组织的最低层开始预测人员需求，由组织内各部门的管理者根据本部门的工作负荷及业务发展，对本部门未来某种人员的需求量做出预测，然后向上级主管提出用人要求和建议。组织的人力资源部门根据各部门的需求进行横向和纵向的汇总，再结合组织的经营战略形成总体预测方案。"自上而下"的预测方式则是由组织的决策者先拟定组织的总体用人目标和计划，然后由各级部门再自行确定所需人员计划。

这两种方式还可以结合起来同时运用，即组织先提出员工需求的指导性建议，再由各部门按照该要求，逐级下达到基层，确定具体用人需求；同时，由人力资源部门汇总后根据组织的战略目标确定总体用人需求，将最后形成的员工需求预测交由组织决策者审批，形成组织的人力资源需求规划方案。此法适用于短期预测和生产情况比较稳定的组织。

（3）工作研究法

工作研究法是通过工作研究计算完成某项工作或某件产品的工时定额和劳动定额，并考虑预测期内的变动因素，以此来进行组织员工的需求预测。即根据具体岗位的工作内容和职责范围，确定适岗人员的工作量，再得出总人数。

此法易于实施，适用于结构比较简单、职责比较清晰的组织。

（4）现状规划法

现状规划法是最简单的预测方法，是指在假定组织的生产规模和生产技术不变，且人力资源的配备比例和人员数量完全能够适应预测期内人力资源需求的情况下，对组织人员晋升、降职、退休、辞职、重病等情况的预测。根据历史资料的统计和分析比例，预测上述人员的数量，再调动人员或招聘人员弥补岗位空缺。该方法易于操作，适合组织中、短期的人力资源预测，适用于特别稳定、技术规模不变的组织。现状规划法的计算公式如下：

人力资源需求量＝退休人员数＋辞退、辞职、重病人员数

（5）描述法

描述法是组织的人力资源部门对组织未来某一时期的战略目标和因素进行假定性描述、分析、综合，预测出人员需求量。此种方法应做出多种备选方案，以便适应组织内部环境或相关因素的变化。

2. 定量预测方法

（1）劳动定额法

劳动定额法是对劳动者在单位时间内应完成的工作量的规定，该方法能够较准确地预测组织人力资源需求量。

（2）回归分析法

回归分析法是采用统计方法预测人力资源需求的一种技术方法。该方法主要是以过去的变化趋势为根据来预测未来变化趋势的一种方法，运用这种方法需要大量的历史业务数据，如组织的销售收入、销量、利润、市场占有率等，从这些数据中可以发现组织中与人力资源的需求量关系最大的因素，分析这一因素随着人员的增减而变化的趋势，以历史数据为基础建立回归方程，计算得出组织在未来一定时期内的人员变化趋势与人数需求量。回归分析法有一元线性回归预测法，也有多元回归预测法，最简单的是一元线性回归预测法，适合人力资源规划中以年为单位预测总量变化的情况。

（3）计算机模拟预测法

计算机模拟预测法主要是在计算机中运用各种复杂的数学模式，对组织在未来外部环境及内部环境发生动态变化时，组织人员的数量和配置情况进行模拟测试，从而得出组织未来人员配置的需求量。这种方法是人力资源需求预测方法中最为复杂的一种，相当于在一个虚拟的世界里进行试验，能够综合考虑各种因素对组织人员需求的影响，必将得到广泛的应用。

（4）比率分析法

比率分析法也叫作转化比率分析法，这种方法以组织中的关键因素（销售额、关键技能员工）和所需人力资源数量的比率为依据，预测出组织人力资源的需求量；或者通过组织中的关键人员数量预测其他人员，如秘书、财务人员和人力资源管理人员的需求量。使用比率分析法的目的是将企业的业务量转换为人力资源的需求，这是一种适合于短期需求预测的方法。以某大学为例，假设在校攻读的研究生数量增加了一个百分点，那么相应地要求教师的数量也要增加一个百分点，而其他职员的数量也应该增加，否则难以保证该大学对研究生培养的质量。这实际上是根据组织过去的人力资源需求数量同某影响因素的比率对未来的人事需求进行预测。但是，运用比率分析法要假定组织的劳动生产率是不变的。如果组织的劳动生产率发生升降变化，那么运用这种方法进行人力资源预测就会缺乏准确性。

（三）人力资源需求预测的程序

人力资源需求预测分为现实人力资源需求预测、未来人力资源需求预测和未来流失人力资源需求预测三部分。

①根据职务分析的结果，确定职务编制和人员配置。

②进行人力资源盘点，统计出人员的缺编、超编情况，以及是否符合职务资格要求。

③将上述统计结论与部门管理者讨论，修正统计结论，修正后的统计结论即为现实人力资源需求。

④根据企业发展规划，确定各部门的工作量。

⑤根据工作量的增长情况，确定各部门还需增加的职位及人数，并进行汇总统计，该统计结论为未来人力资源需求。

⑥对预测期内退休的人员进行统计。

⑦根据历史数据，对未来可能发生的离职情况进行预测。

⑧将第⑥、第⑦步统计和预测的结果进行汇总，得出未来流失人力资源需求。

⑨将现实人力资源需求、未来人力资源需求和未来流失人力资源需求汇总，即得企业整体人力资源需求预测。

二、人力资源供给预测

（一）人力资源供给预测的含义及内容

1.人力资源供给预测的含义

人力资源供给预测是人力资源规划中的重要核心内容，是指组织运用一定的方法，对组织未来从内部和外部可能获得的人力资源数量、质量和结构进行的预测。

2.人力资源供给预测的内容

人力资源供给预测的内容分为组织内部供给和组织外部供给两个方面。

组织内部供给预测是对组织内部人力资源开发和使用状况进行分析掌握后，对未来组织内部所能提供的人力资源状况进行的预测。组织内部供给预测需要考虑的是组织的内部条件，具体包括：分析组织内部的部门分布、岗位及工种、员工技术水平及知识水平、年龄构成等人力资源状况；了解目前组织内因伤残、死亡、退休等原因造成的员工自然流失情况；分析工作条件（如作息制度、轮班制度等）的改变和出勤率的变动对人力资源供给的影响；估计组织目前的人力资源供给情况，掌握组织员工的供给来源和渠道；预测将来员工因升降、岗位调整或跳槽等原因导致的流动态势。对这些内部变化做出分析，便于有针对性地采取应对和解决措施。

组织外部供给预测则需要考虑的是组织外部环境的变化，考虑诸多的经济、社会、文化因素对人力资源市场的影响，预测劳动力市场或人才市场对组织员工的供给能力。其还需要分析国家经济发展的整体状况，掌握国家已出台的相关政策法规、科技的发展情况及人才培养结构的变化，还要分析人口发展趋势、本行业的发展前景，具体分析本地劳动力市场的劳动力结构和模式、组织的聘任条件，了解竞争对手的竞争策略。

（二）人力资源供给预测的方法

在人力资源供给预测的研究中，人力资源内部供给预测是人力资源规划的核心内容，因此，目前国内外有关人力资源供给预测方法的研究主要定位于组织内部人力资源供给预测上，有关预测方法的研究在不断改进和创新。而我国在此方面的研究还停留在直接引入国外成果的阶段，尽管有很多学者在各种人力资源管理著作中提出了许多预测方法，但都大同小异。目前国内外公认的方法主要有德尔菲法、替换单法、马尔柯夫模型、目标规划法。

人力资源供给预测方法也可以分为定性预测法和定量预测法。定性预测法包括德尔菲法和替换单法，定量预测方法包括马尔柯夫模型和目标规划法。

1. 定性预测法

（1）德尔菲法

德尔菲法是一种依靠管理者或专家主观判读的预测方法。在人力资源规划中，此方法既可用于人力资源需求预测方面，也同样适用于人力资源供给预测。这种方法具有方便、可信的优点，并且在资料不完备、用其他方法难以完成的情况下能够成功进行预测。

关于德尔菲法的具体过程，可参见人力资源需求预测部分。

（2）替换单法

有的书上也把替换单法叫作替换图法、接续计划法或人员接替法，此方法是根据组织人力资源的现状分布及对员工潜力评估的情况，对组织实现人力资源供给和接替。在组织现有人员分布状况、未来理想人员分布和流失率已知的条件下，由空缺的待补充职位的晋升量和人员补充量即可知人力资源供给量。这种方法主要适合于组织中管理人员的供给预测工作。组织内部的人员调动必然会使管理层职位出现空缺，而往往对管理层空缺职位的补充都是从下一级员工中提拔的。因此，在职位空缺前用替换单法制定出人员接续计划，就起到了未雨绸缪的作用。很多国外大型企业都是采用这种人力资源供给预测方法。替换单法最早应用于人力资源供给预测，后来也应用于需求预测。

应用此方法时首先需要确定需要接续的职位，接着确定可能接替的人选，并对这些人选进行评估，判断其是否达到提升要求，再根据评估结果，对接替的人选进行必要的培训。

2. 定量预测法

（1）马尔柯夫模型

马尔柯夫模型是用来预测具有等时间间距（如一年）的时刻点上各类人员的分布状况的。即运用历年数据推算出各个工作岗位汇总人员变动概率，找出过去人力资源变动的规律，从而推测出未来人员变动情况的一种方法，其基本假设是组织中员工流动方向与概率基本不变。马尔柯夫模型实际上是通过建立一种转换概率矩阵，运用统计技术预测未来人力资源变化的一种方法。它在假设组织中员工流动的方向与概率基本保持不变的基础上，收集处理大量具体数据，找出组织内部过去人员流动的规律，从而推测未来组织人力资源的变动趋势。

①根据历史数据推算各类人员的转移率，计算出转移概率的转移矩阵。

②统计作为初始时刻点的各类人员的分布状况。

③建立马尔柯夫模型，预测未来各类人员的供给状况。

这种方法目前广泛应用于组织的人力资源供给预测上，可以为组织提供精确的数量信息，有利于做出有效决策。

（2）目标规划法

目标规划法是一种容易理解的、具有高度适应性的预测方法。它指出员工在预定目标下为最大化其所得是如何进行分配的。目标规划是一种多目标规划技术，其基本思想源于西蒙的目标满意概念，即每一个目标都是一个要达到的标靶或目标值，然后使距离这些目标的偏差最小化。当类似的目标同时存在时，决策者可确定一个应该被采用的有限顺序。

上述四种人力资源供给预测方法各有优劣，使用德尔菲法和替换单法简单易行，但是预测结果具有强烈的主观性和模糊性，准确性较差。马尔柯夫模型和目标规划法能够为组织提供精确的数据，准确性高，但是在运用时，必须调配广泛的资源，以找到公式所需的全部参数，因此实时性较差。在实际应用中，组织可以根据自身规模的大小、周围环境的条件及规划预测重点的不同，对四个评价方面予以不同的权重，选择最适合自己的一种预测方法，也可将几种预测方法建立一个组合系统进行预测。

（三）人力资源供给预测的程序

人力资源供给预测的程序分为内部供给预测和外部供给预测两方面，具体步骤如下。

①进行人力资源盘点，了解组织人力资源分布现状。根据组织的职务调整策略和历史调整数据，统计需要调整的员工比例。

②向各部门的人事主管了解可能出现的人事变动，包括员工自然流失和人员流动情况。

③将需要调整的人员比例及人事变动情况进行汇总，得出组织内部人力资源供给总量预测。

④分析影响外部人员人力资源供给的地域性因素，包括：组织所在地域的人力资源整体现状、供求现状、对人才的吸引程度；组织本身，以及为员工提供的薪酬、福利对人才的吸引程度。

⑤分析影响外部人力资源供给的地域性因素，包括：组织所在地域的人力资源整体现状、供求现状、对人才的吸引程度；组织本身能够为员工提供的薪酬、

福利对人才的吸引程度。

⑥通过影响组织外部人力资源供给地域性及全国性因素的分析，预测组织外部人力资源供给总量。

⑦汇总组织内部及外部人力资源供给预测总量，得出组织的人力资源供给预测。

第三节 人力资源规划的制订

竞争日益激烈的今天，人力资源逐渐成为组织最富竞争力的核心要素，人力资源部门在组织中日益彰显出其地位的重要性。其原因在于人力资源规划工作与组织战略发展目标的实现是联系在一起的，能为组织发展目标的实现提供人力资源方面的保障。因此，组织越来越重视人力资源规划的制订工作，在组织发展过程中的各个阶段制订相应的人力资源规划，以实现该阶段的战略目标。

一、人力资源规划制订的原则

1. 全面性原则

人力资源规划要全面地考虑公司各个部门人力资源情况及人力资源的发展、培训及需求等情况。

2. 客观公正性原则

制订人力资源规划时，要对各个部门的实际情况和人力资源情况进行客观、公正的评价和考虑。

3. 协作性原则

制订人力资源规划需要各部门密切配合，人力资源部要协调好与各部门的关系和工作。

4. 发展性原则

组织在制订人力资源规划时要考虑组织的长远发展方向，以组织获得可持续发展的生命力为目标，协调好各种关系，为组织培养、再造所需人才。

5. 动态性原则

组织的人力资源规划并非一成不变。当组织的内外部环境发生变化时，组织的战略目标也会随之进行调整，这时人力资源规划也要相应地进行修改和完善，保持与组织整体发展状况的动态相适应。

二、资源规划制订的程序

（一）组织内外部环境信息收集分析阶段

组织内外部信息收集分析阶段的主要任务是调查、收集能够涉及组织战略决策和经营环境的各种必要的信息，为下一步制订人力资源规划提供可靠的依据和支持。组织的内部环境包括企业结构、文化、员工储备等内容，组织的外部环境包括宏观环境、行业环境等。这一阶段要结合组织的战略目标对组织的内部环境进行分析，掌握产品结构、消费者结构、产品市场占有率等组织自身因素，以及劳动力市场的结构、择业心理、相关政策等相关社会因素。

（二）组织人力资源存量及预测分析阶段

首先，人力资源管理部门要采用科学的分析方法对组织现有的人力资源进行盘点，对组织中的各类人力资源数量、质量、结构、人力潜力及利用情况、流动比率进行统计，分析当前内部人力资源的利用情况，收集组织现有的职位信息。其次，结合组织内部环境状况，如组织内部的生产设施状况、技术水平、产品结构及产品的销售额和利润等各项经营活动，对组织未来的职位信息做出人力资源需求预测，根据职位的要求详细规定任职所必需的技能、职责及评价绩效的标准。另外，职位信息还需要包括该职位的职业生涯道路在整个组织中所处的位置及该职位在组织中所能持续的时间，也就是组织需要该职位的时间。最后制订人力资源供给分析预测，包括内部人力资源供给预测，即根据现有人力资源及可能的变动情况确定未来组织能供给的人员数量及质量，以及受地区性和全国性因素的影响，外部人力资源可能供给人员情况的预测。这一阶段的工作是整个人力资源规划能否成功的关键，为组织人力资源规划的制订提供了依据和保障。

（三）人力资源总体规划的制订与分析阶段

对人力资源进行了需求预测和供给预测之后，就可以制订人力资源总体规划了。

在前两个阶段的基础上，结合人力资源需求预测和供给预测的数据，对组织人力资源数量、质量和结构进行比较，便可以确定组织未来人力资源的剩余或缺口，然后再采取相应的措施进行调整，这就是组织的人力资源总体规划。人力资源的总体规划主要包括组织的人力资源规划目标、与人力资源有关的各项政策和策略、组织内外部人力资源需求与供给的预测及组织在规划期内人力资源的净需求等几个部分。

对人力资源供需进行比较后，如果出现了供不应求的情况，就应当采取有效的措施和方法，弥补人力资源的不足。例如，制订调动员工积极性的方案挖掘员工的潜能，对员工采取加班、培训、晋升、工作再设计和招聘新员工等措施。如果出现了供大于求的情况，也要采取有力的措施避免加重组织的负担。比如，可采取以下措施：扩大组织的业务量；对多余的员工进行再就业培训，帮助他们走向新的工作岗位；对员工进行培训，提高其素质、技能和知识水平；不再续签工作合同，让部分老员工提前退休及辞退；鼓励员工辞职等。如果出现的是人力资源供求相等的情况，则不需要采取重大的人力资源调整措施。

（四）人力资源具体规划的制订阶段

这个阶段的工作任务是根据上一阶段所确定的人力资源净需求的情况，制订一系列有针对性的、具体的人力资源规划方案，包括人员招聘计划、人员流动调配计划、管理体制调整计划、员工素质提高计划、薪酬调整计划、员工退休解聘计划等，通过制订这些计划或方案并有效实施，可以保证组织未来的人力资源状况能够符合组织的战略发展需要。

（五）人力资源规划的控制与调整阶段

由于组织所处的环境是一个动态的环境，组织会随环境变化不断修正战略目标，那么人力资源规划在实施过程中也就必须相应地进行变更或修订，各项具体的人力资源规划制订出来后要付诸实施，必须组织内部的各个部门通力合作才能实现。在实施过程中，要建立科学的评价和控制体系，客观、公正地对人力资源规划进行评估，广泛征求各个部门领导者的意见，根据评估结果及时反馈信息，对人力资源战略和规划做出适当的调整，不断完善整个组织的人力资源规划体系以适应环境的变化。

三、建立人力资源管理信息系统

人力资源规划制订完毕后，在实施人力资源规划的时候，就需要建立一个完善的人力资源管理系统，有效的人力资源信息管理系统有利于组织更好地执行人力资源规划。

（一）人力资源管理信息系统的概念

人力资源管理信息系统是指组织利用计算机和其他先进技术，融合科学的管理方法，对人力资源工作方面的信息进行处理，辅助人力资源管理人员完成信息管理、完善工作职能的应用系统。一个有效的人力资源管理信息系统应当能够提供及时、准确、完善的信息，这对于做出人力资源决策是非常关键的。

（二）人力资源管理信息系统的作用

人力资源管理信息系统为组织提供了一个收集、存储和处理信息的平台，可以保证组织及时、有效地实现人力资源管理决策及组织的整体战略目标，其作用具体表现在以下两个方面。

1. 为组织建立人力资源数据中心

人力资源管理信息系统可以为组织建立系统的人事档案，由计算机程序来处理人事数据的保存、分析和计算工作；可以对组织的现有人力资源状况进行分析；可以对未来人力资源的需求状况进行预测，能够及时、准确地掌握组织内部员工数量、结构、人工成本、培训支出等相关信息，确保员工数据信息的真实完整性；可以在人事档案中对人力资源管理的某些概念进行说明，如晋升人选的确定、工作调动、教育培训、工作奖励计划、现有组织结构分析等；可以及时地在网络上了解市场上人力资源的最新动向，对外发布组织所需人才及职位需求等信息，提高招聘效率，能够节省组织的人力、财力，有利于改善组织人力资源管理的效率，使组织的人力资源开发、管理更加科学有效。

2. 提高组织人力资源管理的水平，为组织高层管理者做出决策提供帮助

人力资源信息系统的建设必然会要求组织制定适合于本组织雇员绩效考核、薪酬和福利管理等工作的一系列指标，使组织的人力资源计划和控制管理定量化。该系统所提供的数据能够为组织的管理者进行管理决策时提供准确、可信的数据，使组织的人力资源管理工作更加科学化、规范化。

总之，建立人力资源管理信息系统是人力资源管理中的一项基础工作。它可以提供详尽的人力资源信息和资料，提供备选方案，并对方案进行优化和判断；可以提高决策者的决策能力，使组织的决策和管理更加科学化。

（三）人力资源管理信息系统的建立

建立人力资源管理信息系统具体包括以下几个步骤。

①建立组织的人力资源管理信息平台，通过计算机和网络技术构建组织的人力资源信息数据库，配备所需的各种硬件设备和软件设备。

②建立人力资源收集、保存、分析、报告等各个子系统，确定每个子系统的具体方法。

③将收集来的各种信息输入人力资源数据库，并进行分类。

④运用人力资源管理信息系统和数据库进行各项人力资源规划工作，对组织的人力资源状况进行准确判断和预测。

第三章　人力资源员工招聘

第一节　员工招聘概述

一、招聘的含义

1. 招聘的概念

招聘是指企业为了发展的需要，根据人力资源规划和工作分析的要求，寻找、吸引那些有能力又有兴趣到该企业任职的人员，并从中选出适宜人员予以录用的过程。招聘，一般由主体、载体及对象构成。主体就是用人者，也就是招聘单位，一般派出招聘专员具体负责招聘工作的组织和实施；载体是信息的传播体，也就是招聘信息传播的各类媒介；对象则是符合标准的应聘者。

2. 招聘的目标

①系统化的招聘管理可保证公司招聘工作的质量，为公司选拔合格、优秀的人才。如何提高招聘的有效性，是每一个企业都需要关注的问题。企业应根据不同岗位需求，灵活运用招聘方法，在保证招聘质量的情况下尽可能降低投入成本，通过与用人部门的积极配合、分工协作，提高招聘工作成效，减少招聘过程中的盲目性和随意性。

②实现员工个人与岗位的匹配是招聘的最终目的。这种匹配包括两个方面：一是岗位的要求与员工个人素质相匹配，二是工作报酬与员工个人的需要相匹配。要通过招聘把合适的人放在合适的岗位，量才适用，确保员工在工作岗位上能充分发挥主观能动性，从而提高企业的核心竞争力。

二、招聘的意义

1. 招聘是企业获取人力资源的关键环节

企业从创建到发展，人力资源的状况都处于不断变化之中。随着企业发展阶段的不同，面临竞争环境的改变及竞争战略的调整，企业对人力资源的需求也会发生变化。

企业需要在不同时期获取不同的人力资源。对于新成立的企业，人员的招聘和选拔是企业成败的关键。只有招聘到符合企业发展目标，能够促进企业发展的员工，企业才能够具备利用物质资源的能力，从而进入正常的运营。对于已处于运作阶段的企业，由于需要应对外部环境的不断变化，招聘工作仍是一项关键性工作。企业在运行过程中，仍需要持续地获得符合企业需要的人才，从而保证自己在激烈的竞争中立于不败之地。因此，员工招聘是企业的一项经常性的工作，是获取人力资源的关键环节。

2. 招聘是企业人力资源管理工作的基础

人是一切管理工作的基础。招聘之所以是企业人力资源管理工作的基础，是由招聘工作的内容和劳动者在企业中的地位决定的。在整个人力资源管理体系中，招聘工作是一个基础环节，其他工作都是在招聘的基础上开展的。招聘工作做得好，就会形成一个比较优化的人力资源管理基础平台，使得后续工作得以高效开展，具体表现在以下几个方面。

①有效的招聘可以提高员工的满意度，降低员工流失率。有效的招聘意味着员工与他的工作岗位及工作薪酬相适应，员工在企业从事的工作能给他带来工作满意度和组织责任感，进而会减少员工旷工、士气低落和员工流动现象。

②有效的招聘可以减少员工的培训负担。新招聘员工的基本情况，如素质的高低、技能和知识的掌握程度、专业是否对口等，对后期员工的培训及使用都有很大影响。素质较好、知识技能较高、专业对口的员工接受培训的效果较好，经培训成为合格员工后，创造高绩效的概率也较高。

③有效的招聘可以增强团队工作士气。组织中大多数工作不是由员工单独完成的，而是由多个员工共同组成的团队完成的。这就要求组织在配备团队成员上，应了解和掌握员工在认知和个性上的差异状况，按照工作要求合理搭配，使其能够和谐相处，创造最大化的团队工作绩效。所以，有效的招聘管理会增加团队的工作士气，使团队内部员工能彼此配合默契，愉快和高效率地工作。

3. 招聘是企业宣传的有效途径

对于企业而言，在招收到所需的各种人才的同时，招聘也是企业向外界展现良好形象的重要途径。在招聘过程中，企业利用各种渠道和各种形式发布招聘信息，除了吸引更多的求职者，还能让外界更好地了解企业。有些企业以高薪、优厚的待遇和精心设计的招聘过程来表明企业对人才的渴求和重视，显示企业的实力。

4. 招聘是企业履行社会责任的必经过程

提供就业岗位是企业必须承担的社会责任，招聘是企业履行这一社会责任的必经过程。在招聘中坚持公开、公平、公正的原则既是对企业负责，也是对社会负责。公开招聘信息，公正科学地选拔人才，保障求职者公平就业的权利，既是企业应尽的社会责任，也是国家相关法律法规的明确要求。

三、影响招聘的因素

招聘工作受到多方面因素的影响，主要有以下几种。

（一）外部因素

1. 国家的法律法规

国家的法律和法规，特别是劳动法对招聘工作有很大影响。劳动法既涉及组织和员工的利益，又关系到社会的稳定。劳动法规定，劳动者享有平等就业和选择职业的权利。企业在招聘工作中，可根据生产经营的需要自行确定机构设置和人员编制，但不得招聘在校学生和不满十六岁的未成年人；若招聘从事有毒有害作业和特别繁重体力劳动工种的，申请人最低年龄必须满十八岁。企业招聘不得歧视残障人士，劳动者不因民族、种族、性别、宗教信仰不同而受歧视。

2. 外部劳动力市场

在劳动力市场上，劳动者的供需情况会对企业招聘产生一定的影响。一方面，不同类型人员的供求状况存在很大差异。一般情况下，招聘岗位所需的技能要求越低，市场的供给就越充足，招聘工作相对容易。招聘岗位所需条件越高，劳动力市场的供给就越不足，招聘工作比较困难。另一方面，劳动力分布情况随着时间季节等因素的影响也在不断发生变化。例如，我国春节期间一般较容易出现用工荒的问题，此时企业招聘工作相对困难，而在各大高校毕业期间，招聘工作容易迎来高峰。这些都是受到劳动力市场因素不断变化影响的表现。

3. 外部经济发展水平

外部经济发展水平包括两个方面：一是招聘单位所在地区的经济发展水平，二是竞争对手的经济发展水平。我国经济发展的不平衡造成了各地区人才分布的不平衡，经济发达地区各类人才蜂拥而至，为员工招聘提供了更多机会，而经济欠发达地区人才纷纷外流，增加了员工招聘的难度。竞争对手的经济实力及其他综合因素等都会对企业招聘工作产生一定影响，在招聘时，也要尽可能多地了解竞争对手的实力，这样才能提高企业的招聘效率。

（二）内部因素

1. 企业的发展战略

企业的发展战略决定了企业对人力资源的需求状况。当企业处于快速发展时期，企业谋求进一步发展的情况下，对人力资源的需求较大；当企业在市场中处于劣势地位，发展较为困难的情况下，对人力资源的需求相对较少。

2. 企业的政策安排

企业的政策安排决定着招聘政策和招聘活动。一些大型企业由于工作岗位较多，一旦出现岗位空缺，更倾向于内部招聘，以便为员工提供更多的工作轮换和晋升机会，为员工发展创造空间。相对而言，小型企业更倾向于从组织外部招聘有岗位工作经验的人员。此外，企业的薪酬政策、培训政策等都对招聘有重大影响。

四、招聘的原则

1. 因事择人原则

所谓因事择人，就是员工的选聘应以实际工作需要和岗位空缺情况为出发点，以岗位对人员的实际要求为标准，根据岗位对任职者的资格要求选拔录用各类人才。遵循因事择人原则：一方面能够避免出现因人设岗现象带来的人浮于事、机构臃肿现象；另一方面可使员工与岗位相匹配，做到人尽其才，避免大材小用的人才浪费现象。

2. 经济效益原则

企业的员工招聘必须以确保企业的经济效益为目标。招聘计划的制订要以企业的需要为依据，以保证经济效益的提高为前提。因此，在招聘的时候不仅要考虑人员的素质，还要考虑报酬因素，综合分析对企业现在和将来经济效益的影响。坚持"可招可不招时尽量不招""可少招可多招时尽量少招"的原则，用尽可能低的招聘成本录用到合适的人选。

3. 公开公平公正原则

企业招聘应贯彻公开公平公正原则，使整个招聘工作在社会监督之下开展。公开就是要公示招聘信息、招聘方法，这样既可以防止出现以权谋私、假公济私的现象，又能吸引大量应聘者。公平公正就是确保招聘制度给予合格应聘者平等的获选机会。遵循公开公平公正原则，可以有效防止不正之风，努力为有志之士、有才之子提供平等的竞争机会，还可以吸引大批的应聘者，扩大选择的范围，有利于人尽其才。

4. 竞争择优原则

竞争择优原则是指在员工招聘中引入竞争机制，在对应聘者的思想素质、道德品质、业务能力等方面进行全面考察的基础上，按照考察的成绩择优选拔录用员工。通过竞争上岗，择优录用，好中选优，优中选强，把人品和能力经得起检验的人选拔到合适的工作岗位上来，体现公平性，是让优秀人才脱颖而出的有效途径。

5. 双向选择原则

招聘是一个双向选择的过程。企业要选择能够胜任岗位工作，为企业创造价值的员工，而个人则是在寻找一份报酬公平，能够体现其个人价值的工作。双向选择能够实现人力资源的最优配置。企业要根据自身发展和岗位的要求实事求是地开展宣传，劳动者则根据自身能力和意愿，结合劳动力市场供求状况自主选择职业。双向选择原则：一方面，能使企业不断提高效益，改善自身形象，增强自身吸引力；另一方面，还能使劳动者为了获得理想的职业，努力提高自身的知识水平和专业素质，在招聘竞争中取胜。

第二节 员工招聘流程

一、招聘流程

员工招聘的流程包括招聘计划的制订、招聘信息发布、简历筛选、应聘者选拔、员工录用及招聘评估与总结等环节。

1. 招聘计划的制订

招聘计划是在人力资源计划基础上产生的。企业发现有些职位空缺需要有人来添补，就会提出员工招聘的要求。一份完整的招聘计划通常包括人员需求、招聘信息发布的时间和渠道、招聘小组人选、应聘者的考核方案、招聘费用预算及招聘的工作时间等。制订招聘计划是项复杂的工作，大型企业常聘请组织外部的人力资源问题专家制订和执行招聘计划，小型企业中通常由人力资源部人员负责此项工作。

2. 招聘信息发布

企业在做出招聘计划后，就可进行招聘信息发布工作。企业在发布招聘信息时，必须遵循一定的原则。第一，及时原则。招聘信息必须及时发布，这样可以使招聘信息尽早地向社会公布，有利于更多的人获取信息，使应聘人数增加。第二，面广原则。接收到信息的人越多，面越广，应聘的人也就越多，这样招聘到合适人选的概率也越大。第三，层次原则。招聘时要根据招聘岗位的特点，向特定层次的人员发布招聘信息。此外，招聘信息发布渠道的选择也十分重要。一般而言，广告招聘能够比其他的招聘方式吸引更多的应聘者。广告已经成为广大企业普遍采用的一种招聘方式。

3. 简历筛选

在众多的求职简历中筛选人才，是企业招聘的一项重要工作。规范的企业有详细的岗位说明书，按照岗位说明书精简出来的岗位描述和岗位要求是简历筛选的第一依据。简历与岗位说明书的匹配度越高，获得面试的机会越大。在简历中需要满足的基本条件是教育程度、专业背景、相关工作经验、相关技能，简历的排版书写也是筛选的一项内容。只有在申请数量非常有限时，简历的筛选才会适度放宽条件。

4. 应聘者选拔

对应聘人员的选拔是招聘过程的重要步骤。选拔的方法主要有笔试、面试、情景模拟测试等。其中，面试是目前应用最为广泛、发展最为成熟的一种选拔方法。面试的过程要尽可能多地了解应聘者的各种信息，包括应聘者的工作经历、教育程度、家庭背景、现代社会适应特征、应聘者的动机与性格、情绪稳定性等。面试的目的主要是发现应聘者的态度、感情、思维方式、人格特征、行为特点，洞察其敬业精神。

5. 员工录用

经过简历筛选、面试等环节后，企业基本能够确定候选人。但在与候选人签订录用合同前，还必须对候选人进行背景调查及学历认证，主要是考察应聘者是否达到学历要求，过去的工作经历如何，是否有违法犯罪或者违纪等不良行为。一般来说，调查通常会由浅入深，主要采取电话（互联网）咨询、问卷调查和面对面访谈几种形式，必要的时候，企业还可向学校的学籍管理部门、历任雇佣公司的人事部门、档案管理部门进行公函式的调查，以得到最真实可靠的消息。如果背景调查及学历认证均无问题，那么就可以发出录用通知。

6. 招聘评估与总结

一般在一次招聘工作结束之后，都要对整个招聘工作做一个总结和评价，主要是对招聘结果、招聘的成本和效益及招聘方法进行评估，并将评估结果撰写成评估报告或工作总结，为下一次招聘提供借鉴。

二、招聘渠道

企业进行员工招聘的渠道一般有两种，即内部招聘和外部招聘。

1. 内部招聘

内部招聘是指在企业内部通过晋升、竞聘或人员调配等方式，由企业内部的人员来弥补空缺职位。企业内部招聘和人才选拔机制的确立，有利于员工的职业生涯发展，留住核心人才，形成人力资源内部的优化配置。

内部招聘对企业而言，有很多优点。首先，内部招聘可以使企业得到大量自己非常熟悉的员工，不必再花费很大力气去认识和了解新员工。其次，这些应聘者对企业的状况及空缺职位的性质都比较了解，省去了很多适应岗位的麻烦。但如果企业仅仅采用内部招聘的做法，久而久之会出现思维僵化、"近亲繁殖"等弊端，很难适应创新的市场要求。

2. 外部招聘

外部招聘是指从企业外部获取符合空缺职位工作要求的人员来弥补企业的人力资源短缺问题，或为企业储备人才。当企业内部的人力资源不能满足企业发展的需要时，如某些初等职位及一些特定的高层职位，企业内部可能没有合适的人选，则应选择通过外部渠道进行招聘。从外部招聘的人员可以为组织带来新的思维模式和新的理念，有利于组织的创新。

三、招聘方法

1. 内部招聘的方法

（1）内部晋升或岗位轮换

内部晋升是指企业内部符合条件的员工从现有的岗位晋升到更高层次岗位的过程。岗位轮换是指企业有计划地按照大体确定的期限，让员工轮换担任若干种不同工作的人才培养方式。

内部晋升和岗位轮换需要建立在系统的职位管理和员工职业生涯规划管理体系的基础之上。首先，要建立一套完善的职位体系，明确不同职位的关键职责、职位级别、职位的晋升轮换关系，指明哪些职位可以晋升到哪些职位，哪些职位之间可以进行轮换。其次，企业要建立完善的职业生涯管理体系。在每次绩效评定的时候，企业要对员工的工作目标完成情况及工作能力进行评估，建立员工发展档案。同时，要了解员工个人的职业发展愿望，根据员工意愿及发展可能性进行岗位的有序轮换，并提升有潜力的业绩优秀的员工。

（2）内部公开招聘

在公司内部有职位空缺时，可以通过内部公告的形式进行公开招聘。一般的做法是在公司的内部主页、公告栏或以电子邮件的方式通告给全体员工，符合条件的员工可以根据自己的意愿自由应聘。这种招聘方法能够给员工提供一个公平选择工作岗位的机会，能使企业内最合适的员工有机会从事该工作，有利于调动员工的积极性，更符合"人性化管理"理念。但这种方法若采用不当，会使企业内部缺乏稳定，影响落选员工的工作积极性和工作表现。为保证招聘的质量，对应聘内部招聘岗位的员工需要有一定的条件限定，鼓励工作负责、成绩优秀的员工合理流动。同时，参加内部应聘的员工也要像外部招聘的候选人一样接受选拔评价程序，对于经过选拔评价符合任职资格的员工才能予以录用。

（3）内部员工推荐

当企业内部出现职位空缺时，不仅要鼓励内部员工应聘，还要鼓励员工为公司推荐优秀人才。这里包含了两个方面的内容：一是本部门主管对员工的推荐，二是内部员工的评价推荐。主管对本部门员工的工作能力有较为全面的了解，通常当部门主管有权挑选或决定晋升人选时，他们会更关注员工的工作细节和潜在能力，会在人员培养方面投入更多的精力，同时会促使那些正在寻求晋升机会的员工努力争取更好的工作表现。但由于主管推荐很难不受主观因素的影响，多数员工会质疑这种方式的公平性，因此，主管推荐还应与员工评价相结合，从而保证推荐工作的客观性和公正性。同时，为了保证内部推荐的质量，企业还必须对推荐者的推荐情况进行跟踪和记录，以确保推荐的可靠性。

（4）临时人员转正

企业由于岗位需要会雇佣临时人员，这些临时员工也是补充职位空缺的来源。正式岗位出现空缺，而临时人员的能力和资格又符合所需岗位的任职资格要求时，可以考虑临时人员转正，以补充空缺。

2. 外部招聘的方法

（1）发布招聘广告

所谓招聘广告，即将企业有关岗位招聘的信息刊登在适当的媒体上，如报纸、杂志、电视、网站，或散发印刷品等，这是一种最为普遍的招聘方式。刊登的内容一般包括：公司的简单介绍，岗位需求，申请人的资历、学历、能力要求等。这种招聘方式的优点是覆盖面比较广、发布职位信息多、信息发布迅速、联系快捷方便；缺点是对应聘者信息的真实性较难辨别，成本较高。各种媒体广告都有其不同的优缺点和适用情况，因此在发布招聘广告时，对媒体的选择尤为重要。

（2）选择就业服务机构和猎头公司

就业服务机构是指帮助企业挑选人才，为求职者推荐工作单位的组织，根据举办方的性质可分为公共就业服务机构和私人就业服务机构。公共就业服务机构是由政府举办，向用人单位和求职者提供就业信息，并帮助解决就业困难的公益性组织，如我国各地市人事局下设的人才服务中心。随着人力资源流动的频繁，我国也出现了大量的私人就业中介机构。除提供与公共就业机构相同的服务职能外，更侧重于为企业提供代理招聘的服务，也就是招聘外包的解决方案。这类就业服务机构主要适用于招聘初级人才、中高年龄人才和一些技术工人。经就业服务机构推荐的人员一般都经过筛选，因此招聘成功率比较高，上岗效果也比较好。一些规范化的交流中心还能提供后续服务，使招聘企业感到放心，招聘快捷，省时省力，针对性强，费用低廉。

猎头公司是依靠猎取社会所需各类高级人才而生存、获利的中介组织。因此，主要适用于招聘那些工作经验比较丰富、在行业中和相应岗位上比较难得的尖端人才。这种源于西方国家的招聘方式，近年来成为我国不少企业招聘高级管理人员时的首选。但因其高额的收费，只能在有足够的招聘经费预算的情况下，为企业非常重要的职位招聘时选择。

（3）校园招聘

当企业需要招聘财务、计算机、工程管理、法律、行政管理等领域的专业化工作的初级水平的员工，或为企业培养和储备专业技术人才和管理人才时，校园招聘是达到以上招聘目的的最佳方式。校园招聘的主要方式是张贴招聘广告、设摊摆点招聘、举办招聘讲座和校园招聘会及学校推荐等。在整个过程中，要熟悉招聘应届毕业生的流程和时间限制，特别要加强与高校就业指导部门的联系，办理好接收应届毕业生的相关人事手续。校园招聘的应聘者一般都是应届大学生，他们普遍是年轻人，学历较高，工作经验少，可塑性强，进入工作岗位后能较快地熟悉业务。但由于毕业生缺乏工作经验，企业在将来的岗位培训上成本较高，且不少学生由于刚步入社会，对自己的定位还不清楚，工作的流动性也比较大。此外，毕业生往往面对多家企业的挑选，特别是出类拔萃的人选，很可能同时被多家企业录用，违约是比较常见的现象，也使得校园招聘成本比较高。

（4）参加人才交流会

随着人力资源市场的建立和发展，人才交流会成为重要的招聘形式。通常人才交流会是由有资格的政府职能部门或下属机构主办，有明确的主题，专门针对一个或少数几个领域开展人才交流活动。实际上就是为企业和应聘者牵线搭桥，使企业和应聘者可以直接进行接洽和交流，既节省了企业和应聘者的时间，还可以为招聘负责人提供不少有价值的信息。这种方法对招聘通用类专业的中级人才和初级人才比较有效。由于应聘者集中，人才分布领域广泛，企业的选择余地较大。企业通过人才交流会，不仅可以了解当地人力资源素质和走向，还可以了解同行业其他企业的人事政策等情况，而且招聘费用比较少，招聘周期较短，招聘工作量较小，能尽快招聘到所需人才。

（5）网络招聘

网络招聘也被称为电子招聘，是指通过技术手段的运用，帮助企业完成招聘的过程，即企业通过公司自己的网站、第三方招聘网站等机构，使用建立数据库或搜索引擎等工具来完成招聘的一种方式。

网络招聘已逐渐成为人员招聘最为重要的方式之一。数以万计的专门的求职招聘网站、大型门户网站的招聘频道和网上人才信息数据库等成为新兴的"人才市场"。网络招聘的兴起不仅是因为其成本低廉，更重要的是因为网络招聘是现存各种招聘方式中最符合未来社会人才高速流转要求的，而且随着网络音频、视频技术的飞速革新，网络招聘缺乏立体感的死结也将打开，应该说网络招聘的前景十分广阔。不过，网络招聘要警惕和排除虚假信息的感染，以免影响组织招聘的效益和效率。

网络招聘有以下几种渠道。

①注册成为人才网站的会员，在人才网站上发布招聘信息，收集求职者的信息资料，这是目前大多数企业在网上招聘的方式。由于人才网站上资料全，日访问量高，所以企业往往能较快招聘到合适的人才。同时，由于人才网站收费较低，很多企业往往会同时在几家网站注册会员，这样可以收到众多求职者的资料，可挑选的余地较大。

②在企业自己的主页或网站上发布招聘信息。很多企业在自己的站点上发布招聘信息，以吸引来访问的人员加入。

③在某些专业的网站发布招聘信息。由于专业网站往往能聚集某一行业的精英，在这样的网站发布招聘信息往往效果更好。

④在特定的网站上发布招聘广告。有些公司会选择在一些浏览量很大的网站做招聘广告。

⑤利用搜索引擎搜索相关专业网站及网页，发现可用人才。

⑥通过网络猎头公司。专业的网络猎头公司利用互联网将其触角伸得更深更远，搜寻的范围更加广阔。

⑦在网络论坛（BBS）、聊天室里发现和挖掘出色人才。

网络招聘具有覆盖面广、方便、快捷、时效性强、成本低和针对性强等优势，但也存在着信息真实度低、应用范围狭窄、基础环境薄弱、信息处理的难度大和网络招聘的成功率较低等不足。

综上所述，员工招聘的方法是多种多样的，并有着各自不同的特点。在具体实施招聘工作时，企业要结合自身实际情况灵活运用，选择合适的招聘方式。

第三节 员工招聘实务

一、招聘计划制订

招聘计划是根据企业的人力资源规划，在工作分析的基础上，通过分析与预测组织岗位空缺及合格员工获得的可能性，所制定的实现员工补充的一系列工作安排。

1. 招聘计划的内容

一份完整的招聘计划通常包括以下内容。

①人员需求，包括招聘的岗位名称、人数、任职资格要求等内容。

②招聘信息发布的时间和渠道。

③招聘小组入选，包括小组人员姓名、职务、各自的职责。

④应聘者的考核方案，包括考核的方式、考核的场所、答题时间、题目设计者姓名等。

⑤招聘费用预算，包括资料费、广告费等其他费用。

⑥招聘的工作时间，包括招聘的具体时间安排、招聘的截止日期。

2. 招聘计划的编写步骤

招聘计划的编写一般包括以下步骤。

①获取人员需求信息。人员需求信息一般来源于三个方面：一是企业人力资源计划中的明确规定；二是企业在职人员离职产生的空缺；三是部门经理递交的经领导批准的招聘申请。

②选择招聘信息的发布时间和发布渠道。

③初步确定招聘小组。

④初步确定选择的考核方案。

⑤明确招聘预算。

⑥编写招聘工作时间表。

二、招聘广告撰写

招聘广告是企业员工招聘的重要工具之一。广告设计的好坏，直接影响到应聘者的素质和企业的竞争能力。

1. 招聘广告的编写原则

（1）真实

真实是招聘广告编写的首要原则。招聘广告的编写必须保证内容客观、真实，对广告中涉及的录用人员的劳动合同、薪酬、福利等政策必须兑现。

（2）合法

广告中出现的信息要符合国家和地方的法律、法规和政策。

（3）简洁

广告的编写要简洁明了，重点突出招聘岗位名称、任职资格、工作职责、工作地点、薪资水平、社会保障、福利待遇、联系方式等内容。对公司的介绍要简明扼要，不要喧宾夺主。

2. 招聘广告的内容

不同媒介使用的广告形式有所不同，但广告的内容基本相似。招聘广告的内容包括以下几个方面。

①广告题目，一般是"××公司招聘""高薪诚聘"等。

②公司简介，包括公司的全称、性质、主营业务等，文字要简明扼要。

③招聘岗位，包括岗位名称、任职资格、工作职责、工作地点等内容。

④人事政策，包括公司的薪酬政策、社会保障政策、福利政策、培训政策等内容。

⑤联系方式，包括公司地址、联系电话、传真、网址、电子邮箱、联系人等内容。

三、工作申请表设计

应聘者在应聘前，通常都要填写一份表格，这份表格就是工作申请表。工作申请表一般有三个作用：第一，了解应聘者的基本信息，确定申请人是否符合工作所需的最低资格要求；第二，根据应聘者提供的信息，判断应聘者是否具有某些与工作岗位相关的能力与素质；第三，为后期应聘者进行选拔测试工作提供重要的参考信息。

1. 工作申请表的设计原则

（1）简明扼要

工作申请表是给多个应聘者申请职位时填写的，如果申请表设计得太过复杂烦琐，填写者出错的概率也会增加，也会给企业相关的人力资源工作带来麻烦。

（2）针对性强

针对企业不同的岗位应设计出不同形式的申请表，这样不但能够提升工作申请表的效用，也为后续的工作收集了针对性的信息。

（3）便于检索保管

工作申请表不仅仅用于对应聘者信息的收集和初选，还可以丰富企业人力资源部门的人才资源库，完善的工作申请表对企业开展人力资源数字化管理具有推动作用。

2. 工作申请表的设计内容

①工作申请表第一部分一般都用于采集应聘者的基本信息。例如，姓名、性别、籍贯、出生年月、文化程度、专业方向及联系方式等。

②工作申请表的第二部分一般用于采集应聘者的能力信息。例如，计算机和英语水平、教育背景、爱好特长、工作经历、职业资格及获奖荣誉等。这些信息是判断应聘者是否具备岗位能力和条件的最基本依据。

四、简历筛选

简历是对个人学历、经历、特长、爱好及其他有关情况所做的简明扼要的书面介绍。对于企业招聘来说，筛选简历是招聘工作中很重要的一项工作。

1. 简历阅读技巧

①浏览简历时，应从以下几方面采集应聘者信息。筛选过程中应注意那些易暴露应聘者缺点的地方。例如：对个人信息或教育背景过多地介绍，可能说明应聘者缺乏工作经验；只介绍工作单位、工作岗位，未介绍工作成果，则可能在原岗位工作平平，或不能很好地胜任原岗位工作；没有持续上升的职业发展状况，则可能说明潜力较低等信息。

②寻找附有求职信的简历，这样的应聘者可能很在意企业提供的岗位。

③警惕冗长的简历，多余的解释可能表明应聘者办事不利索或经验的不足。

④仔细寻找与成就有关的内容。

⑤制作草率简历的人，如简历中多次出现错别字的，通常不会把事情做好。

2. 简历分类技巧

经过筛选，可将简历分为拒绝类、基本类、重点类三种。

①拒绝类：完全不符合企业岗位的招聘要求，招聘人员无须再对其进行关注的简历。

②基本类：基本符合企业岗位的招聘要求，但是不太突出或者还有不太理想的方面，招聘人员可以先将这些简历保存，留作招聘后备人员。

③重点类：完全符合企业岗位招聘要求，或者应聘者有突出点，招聘人员应该对该类简历加以重点分析研究，以作为下一步面试、笔试等工作的准备。

3. 简历筛选方法

简历筛选的方法多种多样，较为科学的筛选方法为加权计分法。加权计分法是企业在整理出所招聘岗位的各项要求标准后，按其重要程度进行排序并确定其权重大小，依据应聘者各方面的自身条件，对照所申请岗位的要求标准实施计分，其具体分为四个步骤：第一，企业招聘人员整理出所招聘岗位的各项要求标准；第二，按照各要求标准的重要程度进行排序，确定其权重大小；第三，判断应聘者的条件是否符合所申请的工作岗位各项标准并且记分；第四，结合各项标准的权重，将每一个应聘者的各项得分相加，并从高到低排序；第五，依据企业下一步招聘计划，确定候选者。

五、面试工作

面试是最常见的招聘方式，是招聘专员通过与应聘者正式交谈，了解其业务知识水平、外貌风度、工作经验、求职动机、表达能力、反应能力、个人修养、逻辑性思维等情况的方法。面试给企业和应聘者提供了双向交流的机会，能使企业和应聘者之间相互了解，从而使双方各自可更准确地做出聘用与否、受聘与否的决定。

1. 面试的分类

（1）结构化面试

结构化面试又称标准化面试，是指根据特定职位的胜任特征要求，遵循固定的程序，采用专门的题库、评价标准和评价方法，通过考官小组与应聘者面对面的言语交流等方式，评价应聘者是否符合招聘岗位要求的人才测评方法。其主要包括三方面的特点：一是面试过程把握的结构化，在面试的起始阶段、核心阶段、收尾阶段，主考官要做些什么、注意些什么、要达到什么目的，事前都会做相应的策划；二是面试试题的结构化，在面试过程中，主考官要考查考生哪些方面的素质，围绕这些考查角度主要提哪些问题，在什么时候提出，怎样提，都有固定的模式和提纲；三是面试结果评判的结构化，从哪些角度来评判考生的面试表现，等级如何区分，甚至如何打分等，在面试前都会有相应的规定，并在众考官间统一尺度。结构化面试适合于专业技术性强的岗位。

（2）非结构化面试

面试提问没有固定的模式和提纲，面试问题大多属于开放式问题，没有标准答案。非结构化面试主要考查应聘者的服务意识、人际交往能力、进取心等非智力素质，适合考察从事服务性或事物性工作的岗位。非结构化面试主要采用情景模拟方式开展。

（3）半结构化面试

半结构化面试是指面试构成要素中有的内容作统一要求，有的内容则不做统一要求，也就是在预先设计好的试题的基础上，面试中主考官向应试者又提出一些随机的试题。半结构化面试是介于非结构化面试和结构化面试之间的一种形式，它结合了两者的优点，有效避免了单一方法上的不足，具有双向沟通性的特点。面试官可以获得更为丰富、完整和深入的信息，并且面试可以做到内容的结构性和灵活性的结合。近年来，半结构化面试越来越得到广泛使用。

2. 面试的方法

（1）面试前的准备

①面试场地布置：面试场地一般有三种类型，长条桌型的面试场地是最常见的，这种面试形式正规严谨，视野通透，便于观察应聘者的全部举动。圆形桌型的面试适合资深专业类和管理类的应聘者，这种形式能缓解应聘者的紧张感，给他们一种与面试官平等的感觉，但是看不到应聘者的全貌，有些身体语言信息容易被忽视。

②面试问题准备：企业招聘面试应关注的问题，包括以下几个方面：应聘动机；以往的生活和工作经历；兴趣爱好和特长；与所聘岗位相关的知识和经验；素质与所聘岗位的匹配度；对待工作价值、责任、挑战、成就的看法；对工作条件和奖酬待遇的要求和看法；处理人际关系的方式和态度；研究和解决问题的习惯及思路等。

③面试表格准备：在面试的时候，招聘专员不但要积极倾听，还应该做一些笔记。一方面，由于应聘者各有特点，招聘专员很难准确地把握应聘者提供的信息并做出客观准确的判断；另一方面，做好面试记录也是招聘过程记录的一部分，能够为后期人才选拔提供参考资料。

（2）面试的开场

让应聘者介绍自己，并介绍面试的大致安排，建立和谐的气氛。

（3）正式面试环节

招聘专员通过提问方式，介绍企业情况，获取应聘者信息。

（4）面试结束

在面试结束时，应留有时间回答应聘者的提问，努力以积极的态度结束面试。如果不能马上做出决策时，应当告诉应聘者怎样尽快知道面试结果。

3. 无领导小组讨论

无领导小组讨论，是企业招聘选拔人员时，由一组应聘者开会讨论一个企业实际经营中存在的问题，讨论前并不指定谁主持会议，在讨论中观察每一个应聘者的发言，观察他们如何互相影响，以及每个人的领导能力和沟通技巧如何，以便了解应聘者心理素质和潜在能力的一种测评选拔方法。

（1）无领导小组讨论的类型

①根据讨论的主题有无情景性，分为无情景性讨论和情景性讨论。无情景性讨论一般针对某一个开放性的问题来进行。例如，在企业中，管理者应该更注重公平还是更注重效率？情景性讨论一般是把应聘者放在某个假设的情景中来进行。例如，假定各个应聘者均是某公司的高级管理者，让他们通过讨论去解决公司的裁员问题，或是解决公司的资金调配问题等。

②根据是否给应聘者分配角色，可以分为不定角色的讨论和指定角色的讨论。不定角色的讨论是指小组中的应聘者在讨论过程中不扮演任何角色，可以自由地就所讨论的问题发表自己的见解，既可以局中人的身份进行分析，也可从旁进行客观的评论，具有一定的灵活性。在指定角色的小组讨论中，应聘者分别被赋予一个固定的角色。例如，让他们分别担任财务经理、销售经理、人事经理、生产经理等职务，以各自不同的身份参与讨论，在各角色的基本礼仪不完全一致甚至有矛盾的前提下，进行自由讨论，并达成一致意见。

（2）无领导小组讨论的流程

①编制讨论题目。无领导小组题目的类型包含实际操作性问题、开放式问题、选择与排序问题、两难问题与资源争夺性问题等。

②设计评分表。

③讨论场地布置。无领导小组讨论的实施环节一般要求为场地安静、宽敞、明亮。讨论者、观察者之间的距离应该远近适中。常见的无领导小组讨论的场地布置形式有方形布置和条形布置。

④组织应聘者抽签，确定座次，组织应聘者进入场地并对号入座。

⑤宣读指导语。主考官向应聘者宣读无领导小组讨论测试的指导语，介绍讨论题的背景资料、讨论步骤和讨论要求。主考官要使用规范的指导用语，指导用语的内容包括每组所要完成的任务、时间及注意事项。

⑥讨论阶段。进入正式讨论阶段，一切活动都由被测评小组成员自己决定，主考官一般不做任何发言，招聘专员要做的就是观察各成员，并在评分表上给每个人进行计分。

应聘者讨论的内容既可以是对自己最初观点的补充与修正，也可以是对他人的某一观点与方案进行分析或者提出不同见解，还可以是在对大家提出的各种方案的比较基础上提出更加优秀、可行的行为方案。讨论最后必须达成一致意见。讨论的一般流程是，小组成员先轮流阐述自己的观点，然后相互之间进行交叉辩论，继续阐明自己的观点，最后小组选出一名核心人物，以小组领导者的身份进行总结。

无领导小组在讨论过程中，招聘专员的观察要点包括以下几个方面：一是发言内容，也就是应聘者说话的内容；二是发言形式和特点，也就是应聘者说话的方式和语气；三是发言的影响，也就是应聘者的发言对整个讨论的进程产生了哪些作用。

⑦评价与总结。在整个无领导小组讨论中，可以采用录像机进行检测录像，在应聘者讨论过程中，考官按照事先设计好的测评要素和观察点进行评价，并召开评分讨论会，参考录像资料再对每个应聘者的表现逐一进行评价。通过召开讨论会，招聘专员之间可以充分交换意见，补充自己观察时的遗漏，对应聘者做出更加全面的评价。

当招聘专员都认为他们已经获得了足够的信息，就可以针对各测评指标进行评分。再结合具体的测评权重系数，计算出应聘者的综合得分。最后根据评定意见和综合得分形成最终的综合评定录用结果。

六、录用工作

经过简历筛选、笔试、面试等一系列招聘选拔手段后，企业能够做出初步的录用决策。但在正式签署录用合同前，还需对应聘者进行背景调查和学历认证。

1. 背景调查

在前期的招聘选拔过程中，所有的信息都是从应聘者方面直接获得的，企业还应了解应聘者的一些背景信息。背景调查就是对应聘者的与工作有关的一些背景信息进行查证，以确定其任职资格。通过背景调查，一方面可以发现应聘者过去是否有不良记录，另一方面也可以考察应聘者的诚信度。此外，当企业在面试过程中对应聘者某些表现或所描述的事件表示怀疑，需要寻求有效证据时，也应进行背景调查。

（1）背景调查实现路径

①人事部门：了解离职原因、工作起止时间、是否有违规行为等记录。

②部门主管：了解工作表现、胜任程度、团队合作情况和工作潜力。

③部门同事：了解工作表现、服务意识、团队合作等方面。

（2）进行背景调查应注意的问题

①不要只听信一个被调查者或者一个渠道来源的信息，应该从各个不同的信息渠道验证信息。尤其是遇到某些不良评价时，不能轻信，而应扩大调查范围，

确保调查客观、公正。

②如果一个应聘者还没有离开原有的工作单位，那么在向他的雇主进行背景调查时应该注意技巧，不要给原雇主留下该应聘者将要跳槽的印象，否则对该应聘者不利。

③只花费时间调查与应聘者未来工作有关的信息，不要将时间花在无用的信息上。

④必要的时候，可以委托专业的调查机构进行调查，因为他们会有更加广泛的渠道与证明人联系，并且在询问的技巧方面更加专业。

2. 学历认证

在招聘中有部分应聘者会在受教育程度上作假，因为目前很多招聘的职位都会对学历提出要求，所以那些没有达到学历要求的应聘者就有可能对此进行伪装，因此在招聘中有必要对应聘者的学历进行认证。在我国，基本所有大学的毕业证书和正规部门出具的技能证书，都能在官网上进行查询认证。针对国外的证书，我国教育部和人力资源社会保障部特别设立海外大学文凭认证中心，帮助用人单位鉴定应聘者的学历真伪，但这项认证程序较多，耗时较长。

3. 录用决定

企业在做出录用决定时，应尽可能地将一些不确定因素考虑在内。例如，企业要做好应聘者拒绝录用的心理准备，在录用时应该准备不止一名候选人的录用材料。同时，还应准备新员工个人档案登记表，以便新员工入职时登记员工的基本信息，为建立员工档案做好准备。

4. 录用通知

录用通知一般是通过面谈或者电话告知应聘者，在沟通时，要注意了解应聘者所关心或担心的问题，了解其何时能做出接受录用的决定，了解他们是否在考虑其他企业。对于那些没有被录用的候选人，也应告诉他们未被录用的信息。

七、招聘工作评估与总结

招聘评估主要是对招聘的结果、招聘的成本和招聘的方法等方面进行评估。一般在一次招聘工作结束之后，要对整个招聘工作做一个总结和评价，目的是进一步提高下次招聘工作的效率。

1. 招聘成本效益评估

招聘成本效益评估是指对招聘中的费用进行调查、核实，并对照预算进行评价的过程。计算公式：

招聘单位成本＝招聘总成本（元）/ 实际录用人数（人）

招聘总成本由两部分组成：一部分是直接成本，包括招聘费用、选拔费用、录用员工的家庭安置费用和工作安置费用、其他费用（如招聘人员差旅费、应聘人员招待费等）；另一部分是间接成本，包括内部提升费用、工作流动费用等。

如果招聘总成本少，录用人数多，意味着招聘单位成本低；反之，则意味着招聘单位成本高。

2. 录用人员评估

录用人员评估是指根据招聘计划对录用人员的质量和数量进行评价的过程。其一般包括以下几个指标。

（1）录用比

录用比反映的是最终录用人数在应聘人数中所占比例情况。录用比越小，录用者的素质越高；反之，录用者的素质越低。

录用比＝（录用人数 / 应聘人数）×100%

（2）招聘完成比

招聘完成比反映招聘完成情况。如果招聘完成比等于或大于100%，则说明在数量上全面或超额完成招聘计划。

招聘完成比＝（录用人数 / 计划招聘人数）×100%

（3）应聘比

应聘比反映的是招聘宣传的力度和招聘广告的吸引力。应聘比越大，说明招聘信息发布效果越好，同时说明录用人员素质可能较高。

应聘比＝应聘人数 / 计划招聘人数

3. 撰写招聘总结

招聘工作的最后一步是撰写招聘工作总结，包括对招聘工作进行全面概括，总结招聘成果，指出招聘过程中的不足之处，为下一次招聘提供参考。招聘总结主要包括招聘计划、招聘进程、招聘结果、招聘经费和招聘评定五方面的内容。

第四章　人力资源绩效管理

第一节　绩效管理概述

绩效管理是人力资源管理过程中最重要的环节之一，也是组织强有力的管理手段之一。员工工作的好坏、绩效的高低直接影响企业的整体绩效。因此，只有通过绩效管理，确认员工的工作成就，才能整体提高工作的效率和效益，进而实现组织目标。组织建立员工绩效管理制度，设计出行之有效的绩效管理体系，是合理利用和开发人力资源的重要措施。现代绩效管理指标体系的设置和管理方法多种多样，组织只有根据自身的实际情况采用最合适的指标和方法才能实现最有效的绩效管理。

一、绩效的含义和特点

（一）绩效的含义

绩效具有丰富的含义，一般来说，是指一个组织为了达到目标而采取的各种行为的结果，是客观存在，可以为人所辨别确认。绩效又分为组织绩效和员工绩效：组织绩效是组织为了实现一定的目标所完成的各种任务的数量、质量及效率；员工绩效就是员工的工作效果、业绩、贡献。其主要包括完成工作的数量、质量、成本费用，以及为改善组织形象所做出的其他贡献。绩效是员工知识、能力、态度等综合素质的反映，是组织对员工的最终期望。

绩效是对工作行为及工作结果的一种反映，也是员工内在素质和潜能的一种体现。它主要包括三个方面。

1. 工作效果

工作效果包括工作中取得的数量和质量，主要是指工作活动所实现的预定目标的程度。工作效果涉及工作的结果。

2. 工作效率

工作效率包括组织效率、管理效率、作业效率等方面。工作效率主要是指时间、财物、信息、人力及其相互利用的效率。工作效率涉及工作的行为方式，能决定投入是大于产出，还是投入小于产出。

3. 工作效益

工作效益包括工作中所取得的经济效益、社会效益、时间效益等。工作效益主要涉及对组织的贡献。

（二）绩效的特点

人力资源管理中的绩效指的是员工或部门的绩效，我们主要分析员工绩效。绩效具有多因性、多维性和动态性三大特点。

1. 多因性

绩效的多因性是指绩效的优劣不仅仅受某一个因素的作用，而是受到多种因素的共同影响，是员工个人因素和工作环境共同作用的结果。了解绩效的相关因素，对正确设计和实施绩效管理有着重要的作用，这些因素主要包括：员工的工作技能、知识水平、工作态度和工作环境等。可以用下面的公式来表示：

$$P=f(S, K, A, E)$$

其中：P（Performance）代表绩效；S（Skills）代表工作技能；K（Knowledge）代表知识水平；A（Attitude）代表工作态度；E（Environment）代表工作环境。

（1）员工的工作技能

工作技能指的是员工的技巧和能力，具有较高技能的员工往往能取得卓越的工作成绩。员工的工作技能取决于员工的知识水平、智力、工作经历和受教育程度。在一个组织中，员工的技能一般参差不齐、千差万别。

（2）员工的知识水平

员工的知识水平与其绩效的优劣息息相关，在其他条件相同的情况下，有较高知识水平的员工通常能取得较好的工作绩效。

（3）员工的工作态度

员工的工作态度是指员工的工作积极性和工作热情，体现为员工在工作过程中主观能动性的发挥。在其他条件相同的情况下，工作积极热情的员工一般能取得较好的工作绩效。员工的工作态度取决于主观和客观两方面的因素。主观方面的因素有：员工的需要、兴趣、受教育程度和价值观等。客观方面的因素有：组织内人际关系、工作本身的挑战性、组织文化和竞争环境等。

（4）员工的工作环境

员工的工作环境包括组织内外环境。组织内的环境由工作条件、企业文化和人际关系等构成。组织外的环境包括组织所处的社会风气、政治形势和经济形势。

多因性的另一个说法，绩效的优劣受主客观多种因素影响，即员工的激励、技能、环境与机会，前两者是员工自身的主观影响因素，后两者是客观性影响因素。

2. 多维性

员工的工作绩效可以从多方面或多角度表现出来，工作绩效是工作态度、工作能力和工作结果的综合反映。员工的工作态度取决于对工作的认知态度及为此付出的努力程度，表现为工作干劲、工作热情和忠于职守等，是工作能力转化为工作结果的媒介，直接影响着工作结果的形成。员工的工作能力是绩效的本质来源，没有工作能力就无所谓工作绩效。工作能力主要体现在常识、知识、技能、技术和工作经验等几个方面。工作结果以工作数量、质量、消耗的原材料、能源的多少等形式表现出来。绩效的多维性决定了考评员工时必须从多个侧面进行考评才能对绩效做出合理的评价。

3. 动态性

绩效的动态性是指绩效处于动态的变化过程中，不同时期员工的绩效有可能截然不同。我们经常遇到这样的情况，绩效差的员工经过积极的教育、引导和适当的激励后，会努力工作取得较好的工作绩效；而工作绩效较好的员工由于未受到适当的激励等原因，会出现不再努力工作，使工作绩效变得较差等现象。绩效的动态性特点要求我们运用发展和一分为二的观点为员工进行绩效考评。

二、绩效管理的含义

绩效管理是根据管理者与员工之间达成的一致协议来实施管理的一个动态的沟通过程，以激励员工业绩持续改进并最终实现组织战略及个人目标，是为了实现一系列中长期的组织目标而对员工绩效进行的管理。随着人们对人力资源管理理论和实践研究的逐步重视，绩效管理在组织中达到了前所未有的高度。对大多数组织而言，绩效管理的首要目标是绩效考评。但是，在这些组织中，实施绩效考评的效果却并不理想，员工的工作积极性并未被充分激发，企业的绩效也没有得到明显的改善等问题仍然存在。其原因在于，人们往往知道绩效考评而并不知道绩效管理，但两者并不相等，人们在强调绩效考评的同时，往往会忽视绩效管理的全过程。

所谓绩效管理，就是为了更有效地实现组织目标，由专门的绩效管理人员运用人力资源管理的知识、技术和方法与员工一起进行绩效计划、绩效沟通、绩效考评、绩效反馈与改进、绩效结果应用等五个基本过程。绩效管理的基本特征有以下几个方面。

1. 绩效管理的目的是为了更有效地实现组织预定的目标

绩效管理本身并不是目的，之所以要开展绩效管理是要更大限度地提高组织的管理效率及组织资源的利用效率，进而不断提高组织绩效，最终更有效地达到组织预定的目标。更有效地实现组织的预定目标是绩效管理的终极目的。

2. 绩效管理的主体是掌握人力资源知识、专门技术和手段的绩效管理人员和员工

绩效管理由掌握专门知识技能的绩效管理者推动，然后落实到员工身上，最终由每一位员工的具体实践操作实现。可以看出，绩效管理的主体不仅是绩效管理人员，还要包括每一位参与绩效管理的员工。

3. 绩效管理的核心是提高组织绩效

绩效管理围绕如何提高组织绩效这个核心展开，其中所涉及的任何具体措施都是为了持续改进组织绩效而服务的。绩效管理"对事不对人"，以工作表现为中心，考察个人与组织目标达成相关的部分。

4. 绩效管理是一个包括多阶段、多项目标的综合过程

绩效管理是一套完整的"P—D—C—A"循环体系，所谓"P—D—C—A"循环即计划（Plan，P）、实施（Do，D）、检查（Check，C）、调整（Adjust，A）的循环。落实到绩效管理上就是由绩效计划制订、动态持续的绩效沟通、绩效实施、绩效评估、绩效结果运用等环节构成的循环。

绩效管理以目标为导向，将企业要达到的战略目标层次分解，通过对员工的工作表现和业绩进行诊断分析，改善员工在组织中的行为，通过充分发挥员工的潜能和积极性来提高工作绩效，以更好地实现企业各项目标。绩效管理更突出的是过程管理，它以改善行为为基础，通过有计划的双向沟通的培训辅导来提高员工绩效，最终实现提高部门绩效和企业整体绩效的目的。绩效管理对

企业来说，是一项管理制度；对管理者个人来说，则是管理技能和管理理念。在进行绩效管理的企业中，绩效管理是贯穿各级管理者管理工作始终的一项基本活动。

三、绩效管理的目的

各个组织根据自身的不同情况运用绩效管理系统会侧重于不同的目的，具体如下。

（一）了解员工的工作绩效

员工希望了解自己的工作成绩，希望知道如何提高自己的工作绩效，并以此来提高自己的薪酬水平和获得晋升的机会。因此，绩效管理的结果可以向员工反馈其工作绩效水平的高低，使员工了解自己工作中的不足之处，最终帮助员工改进，从而提高整个组织的绩效。通过绩效管理指出员工存在问题的同时，能够发现培训需求。有针对性地对员工进行培训，可以帮助员工提高工作知识、技能及在人际关系、计划、监督等方面的能力（针对管理人员），促进员工的发展。因此，绩效管理是培训方案设计和实施的基础。

（二）绩效管理的信息可以为组织的奖惩系统提供标准

在组织的多项管理决策中都要使用管理信息（特别是绩效考评信息）。绩效考评能够使不同岗位上员工的工作绩效得到合理的比较，从而使组织在进行薪酬决策、晋升决策、奖惩决策、保留/解聘决策时做到公平合理，使整个激励体系真正起到应有的作用。

（三）使员工的工作和组织的目标结合起来

工作绩效管理有利于发现组织中存在的问题。绩效考评的信息可以被用来确定员工和团队的工作与组织目标之间的关系，当各种工作行为与组织目标发生偏离时，要及时进行调整，以确保组织目标的实现。

（四）促进组织内部信息沟通和企业文化建设

绩效管理非常注重员工的参与性。从绩效目标的制定、绩效计划的形成、实行计划中的信息反馈和指导到对绩效考评、对考评结果的应用，以及提出新的绩效目标等都需要员工的参与，满足员工的尊重需要和自我实现的需要，为组织创造一个良好的氛围。因此，绩效管理对于创建民主的、参与性的企业文化是非常重要的。

需要指出的是，无论绩效管理系统有多完美，也只有最终被它所影响的人接受才能够发挥其作用。

四、绩效考评与绩效管理的联系与区别

绩效考评又称绩效评估，就是组织的各级管理者通过某种方法对其下属的工作完成情况进行定量与定性评价，通常被看作管理人员一年一度的短期阶段性事务工作。在单纯的绩效考评中，管理者和下属关注的焦点主要集中在考评的指标和考评的结果上。这种关注的角度往往导致企业将现有绩效考评系统的失败归咎于考评指标的不完美、不够量化等因素，进而不断花费成本寻求更完美的考评指标。管理者和下属对考评结果的关注，则容易产生对立情绪。管理者有面对打分的压力，下属则普遍抱有抵触情绪，双方处于矛盾和对立之中。

（一）绩效管理与绩效考评的联系

绩效考评是绩效管理中一个不可或缺的组成部分，通过绩效考评可以为组织绩效管理的改善提供资料，帮助组织不断提高绩效管理的水平和有效性，使绩效管理真正帮助管理者改善管理水平，帮助员工提高绩效，帮助组织获得理想的绩效水平。

（二）绩效管理与绩效考评的区别

①绩效管理包括制订绩效计划、动态持续的绩效沟通、绩效考评、绩效反馈与改进、绩效考评结果的应用，是一个完整的绩效管理过程；而绩效考评只是这个管理过程中的局部环节和手段。

②绩效管理是一个过程，贯穿于日常工作，循环往复进行；而绩效考评是一个阶段性的总结，只出现在特定时期。

③绩效管理具有前瞻性，能帮助组织和管理者前瞻性地看待问题，有效规划组织和员工的未来发展；而绩效考评则是回顾过去的一个阶段的成果，不具备前瞻性。

④绩效管理以动态持续的绩效沟通为核心，注重双向的交流、沟通、监督、评价；而绩效考评只注重事后的评价。

⑤绩效管理根据预期目标，评价绩效结果，提出改善方案，侧重日常绩效的提高；而绩效考评则只比较预期的目标，注重进行绩效结果的评价。

⑥绩效管理充分考虑员工的个人发展需要，为员工的能力开发及教育培训提供各种指导，注重个人素质能力的全面提升；而绩效考评只注重员工的考评成绩。

⑦绩效管理能建立绩效管理人员与员工之间的绩效合作伙伴关系；而绩效考评则使绩效管理人员与员工站到了对立的两面，距离越来越远，制造紧张的气氛和关系。

五、绩效管理的作用

绩效管理是组织实现其战略目标的有效工具之一，也是人力资源管理其他职能的基本依据和基础。有效的绩效管理可以给我们的日常管理工作带来巨大的好处。绩效管理的作用主要表现在以下几个方面。

（一）绩效管理对管理人员的作用

就各级管理人员而言，他们面临许多管理问题。例如，常常因为事物的冗繁和时间管理的不善而烦恼；员工对自己的工作缺乏了解，工作缺乏主动性；员工对应该做什么和应该对什么负责有异议；员工给主管提供的重要信息太少；发现问题太晚以致无法阻止其扩大；员工犯相同的错误；等等。尽管绩效管理不能直接解决所有的问题，但它为处理好其中大部分管理问题提供了一个工具。只有管理者投入一定的时间并和员工形成良好的合作关系，绩效管理才可以为管理者的工作带来极大的便利。

①上级主管不必介入所有的具体事务。

②通过赋予员工必要的知识来帮助他们合理进行自我决策。员工可以知道上级希望他们做什么，自己可以做什么，必须把工作做到什么程度，何时向何人寻求帮助等，从而为管理者节省时间。

③减少员工之间因职责不明而产生的误解。

④减少持续出现上级主管需要信息时没有信息的局面。

⑤通过帮助员工找到错误和低效率的原因来减少错误和偏差。

（二）绩效管理对员工的作用

员工在工作中会产生诸多烦恼：不了解自己的工作做得好还是不好，不知道自己有什么权力，工作完成很好时没有得到认可，没有机会学习新技能，自己不能做决策，缺乏完成工作所需要的资源等。

绩效管理要求有效开展绩效沟通和指导，能使员工得到有关他们工作业绩和工作现状的反馈。而且由于绩效管理能帮助员工了解自己的权力大小，即进行日常决策的能力，从而大大提高了工作效率。

（三）绩效管理对企业的作用

一项调查显示，员工感觉企业需要改进的方面主要集中在：奖惩没有客观依据，晋升有失公平；缺乏足够有效的专业培训和指导；重负面批评和惩罚，轻正面鼓励和奖励；日常工作中缺乏上下级之间的有效授权等。

绩效管理提出员工参与制订绩效计划，强化了员工对绩效目标的认同度，在日常工作中通过绩效实施提供有效的工作指导，找出工作的优点和差距，有效制订绩效改进计划和措施，有利于企业业绩的改善和企业目标的实现。同时，绩效管理流程中基于企业战略目标的绩效计划制订、围绕核心能力的员工能力发现和评价等措施有助于企业核心竞争力的构建，有利于企业的持续发展。

六、影响绩效管理的因素

一个组织在整个绩效管理的过程中，要达到组织的预期目的，实现组织的最终目标，往往受到多种因素的影响，作为一个管理者只有充分认识到各种影响因素给组织绩效所带来的影响程度，才能够做好绩效管理工作。一般来讲，影响组织绩效管理有效性的因素有以下几个方面。

（一）观念

管理者对绩效管理的认识是影响绩效管理效果的重要因素。如果管理者能够深刻理解绩效管理的最终目的，更具前瞻性地看待问题，并在绩效管理的过程中有效地运用最新的绩效管理理念，便可以很好地推动绩效管理的有效实施。

（二）高层领导支持的程度

绩效管理作为人力资源管理的重要组成部分，是实现组织整体战略管理的一个重要手段。要想有效地进行绩效管理，必须得到高层领导的支持。高层领导对待绩效管理的态度决定了绩效管理的效果。如果一个组织的领导能大力支持绩效管理工作，并给予绩效管理工作人员必要的物质和精神支持，就会使绩效管理水平得到有效的提升；反之，一个组织的绩效管理水平和效果将是十分低下的。

（三）人力资源管理部门的尽职程度

人力资源部门在绩效管理的过程中扮演着组织协调者和推动者的角色。绩效管理是人力资源管理工作中的重要组成部分，如果人力资源管理部门能够对绩效管理大力投入，加强对绩效管理的宣传，组织必要的绩效管理培训，完善绩效管理的流程，就可以为绩效管理的有效实施提供有力保证。

（四）各层员工对绩效管理的态度

员工对绩效管理的态度直接影响着绩效管理的实施效果。如果员工认识到绩效管理的最终目的能使他们改进绩效而不是单纯的奖罚，绩效管理就能很好地发挥功效。反之，如果员工认为绩效管理仅仅是填写各种表格应付上级或对绩效管理存在着严重的抵触情绪，那么绩效管理就很难落到实处。

（五）绩效管理与组织战略的相关性

个人绩效、部门绩效应当与组织的战略目标相一致。只有个人绩效和部门绩效都得到实现的同时，组织战略才能够得到有效的执行。这就要求组织管理者在制定各个部门的目标时，不仅考虑到部门的利益，也要考虑到组织的整体利益，只有做到个人、部门和组织整体的目标相一致，才能确保组织的绩效管理卓有成效。

（六）绩效目标的设定

一个好的绩效目标要满足具体、可衡量、可实现及与工作相关等要求。只有这样，组织目标和部门目标才能得到有效的执行，绩效考核的结果才能够公正、客观和具有说服力。

（七）绩效指标的设置

每个绩效指标对于组织和员工而言，都是战略和文化的引导，是工作的方向，因此清晰明确、重点突出的绩效指标非常重要。好的绩效指标可以确保绩效考核重点突出，与组织战略目标精确匹配，便于绩效管理的实施。

（八）绩效管理系统的时效性

绩效管理系统不是一成不变的，它需要根据组织内部、外部的变化进行适当调整。当组织的战略目标、经营计划发生改变时，组织的绩效管理系统也要进行动态的变化，以保证其不会偏离组织战略发展的主航道，不会对员工造成错误的引导。

七、绩效管理与人力资源管理其他环节的关系

（一）绩效管理与工作分析

工作分析是绩效管理的重要基础。通过工作分析，确定了一个职位的工作

职责及其他所提供的重要工作产出，据此制定对这个职位进行评估的关键绩效指标，按照这些关键绩效指标确定对该职位任职者进行评估的绩效标准。可以说，工作分析提供了绩效管理的一些基本依据。

1. 职位描述是最直接影响绩效的因素

员工的绩效是员工外显的行为表现，这种行为表现受很多因素影响。影响人的行为绩效的内在因素分成很多层次，处在最深层的是人的内在动力因素。其次是价值观、哲学等观念和意识层面的因素。最后，组织的观念、哲学等决定了组织的政策，从而影响了组织的使命和目标。组织的使命和目标被分解成各个工作单元的目标，而各个工作单元的目标又决定了职位描述。处于最外层的职位描述是直接影响行为绩效的因素。因此，要想有效地进行绩效管理，必须首先有清晰的职位描述信息。职位特点决定了绩效评估所采用的方式。采用什么样的方式进行绩效评估是我们在进行绩效评估的准备工作时所需要解决的一个重要问题。绩效评估的方式主要包括由谁进行评估，多长时间评估一次，绩效评估的信息如何收集，采取什么样的方式进行评估等。对于不同类型的职位，采取的绩效评估方式也应该有所不同。

2. 职位描述是设定绩效指标的基础

对一个职位的任职者进行绩效管理应设定关键绩效指标，这往往是由他的关键职责决定的。虽然从目标管理的角度而言，一个被评估者的关键绩效指标是根据组织的战略目标逐渐分解而形成的，但个人的目标终究要依据职位的关键职责来确定，一定要与他的关键职责密切相关。

职责是一个职位比较稳定的核心，表现的是任职者所要从事的核心活动。目标经常随时间而变化，可能每年都不同，一个职位的工作职责则可能会几年稳定不变或变化很小。

对于那些较为稳定的基础性职位，如秘书、会计等，他们的工作可能并不由目标直接控制，而主要是依据工作职责来完成工作，对他们的绩效指标的设定就更需要依据工作的核心职责。

（二）绩效管理与薪酬体系

目前比较盛行的制定薪酬体系的原理是 3P 模型，即以职位价值决定薪酬、以绩效决定薪酬和以任职者胜任力决定薪酬的有机结合。因此，绩效是决定薪酬的一个重要因素。

在不同的组织及不同的薪酬体系中，对不同性质的职位，绩效所决定的薪酬成分和比例有所区别。通常来说，职位价值决定了薪酬中比较稳定的部分，绩效则决定了薪酬中变化的部分，如绩效工资、奖金等。

（三）绩效管理与培训开发

由于绩效管理的主要目的是了解目前员工绩效状况中的优势与不足，进而改进和提高绩效，因此，培训开发是绩效评估之后的重要工作。在绩效评估之后，主管人员往往需要根据被评估者的绩效现状，结合被评估者个人的发展愿望，与被评估者共同制订绩效改进计划和未来发展计划。人力资源部门则根据目前绩效中待改进的方面，设计整体的培训开发计划，并帮助主管和员工共同实施培训开发。

综合以上几点可以看出，员工绩效管理与人力资源管理的几大职能都有着密切的关系，通过发挥员工绩效管理的纽带作用，人力资源管理的各大职能就能有机地互相联系起来，形成一种互动的关系。所以说，员工绩效管理是人力资源管理的核心内容，在人力资源管理中占据了核心地位。

八、绩效管理的过程

绩效管理是一个包括多阶段、多项目标的综合过程。它通常被看作一个循环过程，管理的各个环节不仅密切联系，而且周而复始地不断循环，形成一个持续的过程。绩效管理的基本流程一般包括绩效计划、绩效辅导、绩效考评、绩效反馈、绩效改进及绩效结果的应用。

（一）绩效计划

绩效计划是绩效管理的第一个环节，也是绩效管理的起点。作为一个组织，要想达到预期的战略目标，组织必须先将战略分解为具体的任务或目标，落实到各个岗位；然后再对各个岗位进行相应的职位分析、工作分析、人员任职资格分析。这些步骤完成后，各个部门的管理人员应当和员工一起，根据本岗位的工作目标和工作职责，讨论并确定绩效计划周期内员工应当完成什么工作、做到怎样的程度、为何要做这项工作、何时完成、资源如何进行分配等。这个阶段管理者和员工的共同参与是绩效计划制订的基础。通过协作的方式完成绩效计划的制订，可以使绩效计划得到员工的支持并得以有效实施。绩效计划是整个绩效管理体系中最重要的环节。

所谓绩效计划是指被评估者和评估者双方对员工应该实现的工作绩效进行沟通的过程，并将沟通的结果落实为订立正式书面协议即绩效计划和评估表，它是双方在明晰责、权、利的基础上签订的一个内部协议。绩效计划的设计从公司最高层开始，将绩效目标层层分解到各级子公司及部门，最终落实到个人。对于各子公司而言，这个步骤即经营业绩计划过程，而对于员工而言，则为绩效计划过程。我们应从以下几方面理解绩效计划。

①绩效计划与绩效指标是组织进行绩效管理的基础和依据。绩效计划是在绩效管理过程开始的时候由部门主管和员工共同制定的绩效契约，是对在本部门绩效管理过程结束时员工所要达到的期望结果的共识，这些期望的结果是用绩效指标的方式来体现的。

②绩效计划是一个组织根据自身实际情况，结合各个部门的具体工作，将年度重点工作计划层层分解，把总体目标分解到各个部门，确立各个部门的年度目标的过程。

③绩效计划通常是通过上下级相互沟通、交流而形成的，因此在沟通前，相关部门要事先向分管主任提供必要的信息和背景资料。在编制绩效计划时，每月要在固定的时间召开部门月度例会，在会议上各部门可以与本部门主管沟通，主管提出反馈意见，初步确定计划。沟通的方式原则上不做规定，由各部门自己确定。各类计划经分管主任审定和确认后，由综合科负责汇总下发月度工作计划，并上报办公室人事部月度重点工作。

④在确定工作目标、关键绩效指标和标准时应遵循 SMART 原则，具体如下。

明确具体的原则：目标必须是明确、具体的。所谓具体就是责任人的工作职责和部门的职能相对应的工作；所谓准确就是目标的工作量、达成日期、责任人等事先都是确定的，可以明确。

可衡量的原则：绩效目标应是数量化或行为化的，验证指标的数据或信息是可获得的。

可获得的原则：绩效指标在付出努力的情况下是可以实现的，避免设立过高的目标。

现实可行的原则：在现实的物力、人力，个人学习和身体能力，资源的可利用条件下是可行的。

有时间限制的原则：必须在计划中列入事先约定的时间限制，注重完成绩效指标的特定期限。

（二）绩效辅导

所谓绩效辅导是指管理人员对员工完成工作目标的过程进行辅导，帮助员工不断改进工作方法和技能，及时纠正员工行为与工作目标之间可能出现的偏离，激励员工的正面行为，并对目标和计划进行跟踪和修改的过程。

绩效辅导是连接绩效目标和绩效评估的中间环节，也是绩效管理循环中耗时最长、最关键的一个环节，是体现管理者管理水平和领导艺术的主要环节。总而言之，绩效辅导工作的好坏直接决定着绩效管理工作的成败。要想有效地完成绩效辅导，主要包括两方面的工作：一是持续不断的绩效沟通，二是数据的收集和记录。其具体步骤包括以下几步。

①观察和了解员工的绩效和行为，让员工知道自己的绩效好坏，并给予一定的反馈。或是要求员工改进，或是给予激励，希望保持高绩效。

②寻找问题与原因。如果员工绩效没有改进，就要探究其中的原因，同时要求改变员工具体的行为，并视需要给予帮助。

③教导分析。如果绩效仍然没有得到改进，那么管理者就必须运用教导分析的方法找出其中的原因，并和员工一起克服影响绩效的障碍。

④改善计划。首先和员工一起找出改善业绩的方法，并帮助员工找到问题，改进绩效流程，然后确认这些流程和方法，并固定下来，着眼于更长远的未来员工绩效。

（三）绩效考评

绩效考评是按事先确定的工作目标及其衡量标准，考察员工实际的绩效情况的过程。绩效考评是一项技术性很强的工作，包括拟订、审核考评指标、选择和设计考评方法、培训考评人员等内容。

（四）绩效反馈

绩效管理的核心目的是不断提升员工和组织的绩效水平。因此，绩效管理的过程并不是为绩效考评打出一个分数或得到一个等级就结束了，主管人员对员工的绩效情况进行评估后，必须与员工进行面谈沟通，即进行绩效反馈。所谓绩效反馈是指主管人员在绩效评估之后使员工了解自身绩效水平的各种绩效管理手段和过程。

（五）绩效改进

绩效改进是绩效管理过程中的一个重要环节。传统的绩效考评目的是通过对员工的业绩进行考评，将考评结果作为确定员工薪酬、奖惩、晋升或降级的标准。而绩效管理的目标不限于此，员工能力的不断提升及绩效的持续改进和发展才是其根本目的。所以，绩效改进工作的成功与否，是绩效管理过程是否发挥作用的关键。

（六）绩效结果的应用

绩效考评完成后，形成的考评结果要与相应的管理环节相互衔接，主要体现在以下几个方面。

1.人力资源规划

为组织提供总体人力资源质量优劣程度的确切情况，获得所有人员晋升和发展潜力的数据，便于组织制订人力资源规划。

2.招聘与录用

根据绩效考评的结果，可以确定采用何种评价指标和标准招聘、选择员工，可提高招聘的质量并降低招聘成本。

3.薪酬管理

绩效管理的结果可以作为业绩工资发放的依据。绩效评价越高，业绩工资越高，这是对员工追求高绩效的一种鼓励和肯定。

4.职务调整

多次绩效考评的结果可以作为员工晋升和降级的依据之一。例如，经过多次绩效考评，对于业绩始终没有改善的，如果确实是能力不足，不能胜任工作，则应当考虑为其调整工作岗位；如果是员工本身的态度问题，经过多次提醒和警告都无济于事，则管理者应当考虑将其解雇。

5.员工培训与开发

通过绩效考评可以了解员工低绩效的原因，对那些由于知识和技能方面不足未能达成绩效计划的员工，企业可以组织员工参加培训或接受再教育。这样能够增强培训效果，降低培训成本。同时，可以根据绩效考评的结果，制定员工在培养和发展方面的特定需求，帮助员工发展和执行他们的职业生涯规划。

6.员工关系管理

公平的绩效考评，为员工在奖惩、晋升、调整等重大人力资源管理环节提供公平客观的数据，减少主观不确定因素对管理的影响，能够保持组织内部员工的相互关系建立在可靠的基础之上。

第二节　绩效考评

对于企业来说，完全客观和精确的绩效考评几乎是不可能的。因为人们处理信息的能力是有限的，不可能毫无错误地处理员工绩效考评过程中所需的信息。另外，企业和任何其他组织一样，不可避免地包含许多政治因素，并受其影响。主管人员很可能不愿意提供员工负面的绩效信息，相反更愿意设法激励他们以后努力工作争取改善绩效。但是，无论如何，国际知名企业的实践已经证明，员工绩效考评系统是否有效，直接影响员工的工作情绪，以至影响工作成效。因此，建设一个有效的绩效考评体系非常重要。

一、绩效考评概述

（一）绩效考评的含义及内容

绩效考评是绩效管理的最主要内容，绩效考评是指按照确定的标准来衡量工作业绩、工作成果、工作效率和工作效益的达成程度。考评内容的科学性和合理性，直接影响到绩效考评的质量。因此，绩效考评的内容应该符合企业自身的实际情况需要，能够准确地对员工的绩效进行考评。由于绩效的多因性，绩效考评的内容也颇为复杂。我国很多企业按照以下四点作为绩效考评的内容。

1. 工作业绩考评

工作业绩考评是指对员工工作效率和工作结果进行考核和评价，它是对员工贡献程度的衡量，是所有工作绩效考评中最基本的内容，直接体现出员工在企业中的价值大小。业绩的考评包括员工完成工作的数量、质量、成本费用、利润等，以及为企业做出的其他贡献，如为企业赢得荣誉等。

2. 工作能力考评

工作能力的考评是指对员工在工作中体现出来的能力进行考评，主要体现在四个方面：专业知识和相关知识；相关技能、技术和技巧（包括操作、表达、组织、协调、指挥、控制等）；相关工作经验；所需的体能和体力（取决于年龄、性别和健康状况等因素）。这四个方面是相互联系而又有区别的，技能和知识是基础；体能和体力是必要条件，一个人若没有足够的精力和体力，就难以承担重任；技能和工作经验把知识转化为现实生产力。需要指出的是，绩效考评中的能力考评和一般性能力测试不同，前者与被考核者所从事的工作相关，主要考评其能力是否符合所担任的工作和职务，而后者是从人的本身属性对员工的能力进行评价，不一定要和员工的现任工作相联系。

3. 工作行为考评

工作行为考评是指对员工在工作中表现出来的相关行为进行考核和评价，衡量其行为是否符合企业的规范和要求。由于对行为进行考评很难有具体的数字或金额来表达，因此，在实际工作中，对员工的行为进行考评主要包括出勤、纪律性、事故率、主动性、客户满意度、投诉率等方面。

4. 工作态度考评

工作态度考评是指对员工在工作中的努力程度进行考评，即对工作积极性的衡量。积极性决定着人的能力发挥程度，只有将积极性和能力的考评结合起来，才能发挥员工的潜力。常用的考评指标包括：团队精神、忠诚度、责任感、创新精神、敬业精神、进取精神、事业心和自信心等。工作态度很大程度上决定了工作能力向工作业绩转化的效果。因此，对员工工作态度的考评是非常重要的。

以上四个方面中，工作业绩和工作能力的考评结果是可以量化的，是客观的，被称为考评的"硬指标"；工作行为和工作态度的考评结果是主观的，很难量化，被称为考评的"软指标"。在进行工作绩效考评时，应注意客观性评价和主观性评价的结合，只有软指标和硬指标相结合，才能全面地评价员工的工作绩效。

（二）绩效考评的目的

绩效考评的目的：一是帮助员工认识自己的潜在能力并在工作实际中充分发挥这种能力，以达到改进员工工作的目的和促进员工的培训与发展；二是为人力资源管理等部门提供制定有关人力资源政策和决策的依据；三是有利于改进企业人力资源管理工作。企业从定期的工作绩效考评中检查招聘、培训和激励等人力资源管理方面的问题，从中吸取经验教训，以便今后改进并对下一步行动做出正确的导向。因而，考评的过程既是企业人力资源发展的评估和发掘过程，也是了解个人发展意愿，制订企业培训计划和为人力资源开发做准备的过程。

（三）绩效考评者的组成

考评人的选择就是选择谁来进行考核，也就是解决考评关系中考评主体与考评客体如何划分的问题。一般而言，在企业实践中，通常是通过员工的直接上司、员工的同事、员工的下级职员、员工自身、客户、外请专家等人员作为考评工作的主体来建立考评机制的。

二、绩效考评的原则

在进行绩效考评的时候，一定要做到科学、公正、客观，这样的考评才有意义。为此，应该遵循以下八项原则。

（一）制度化的原则

企业的绩效考评要作为企业的一项制度固定下来，同时，考核的标准、程序、责任等都要有明确的制度规定，并在操作中严格地按照制度的规定进行。这样，绩效考评才会有其权威性。

（二）公开化的原则

考评的内容标准要公开，使员工认识到所有的考评对大家都是一样的，这样才能使员工对绩效考评工作产生信任感，各部门和各员工之间就不会造成人为矛盾。同时，每个员工都可以明确了解到工作的要求是什么，这样就可以按照考评的标准来要求自己，提高工作绩效。

（三）客观性的原则

要做到考评标准客观、组织评价客观、自我评价客观，不能带有考评人的个人观点，尽量避免掺入主观性和感情色彩。必须用公认的标准，进行客观的评价。唯有客观性，才会保证其公正性。

（四）分层次的原则

绩效考核最忌讳的就是用统一的标准来评价不同类别的人和不同的工作要求。不同层次的员工，考评的标准和考核的内容是不同的。比如说，对一般员工的考评，主要考评其完成工作的数量、质量、效益及工作态度等；而对于主管人员来说，则不仅要考评其完成工作任务的数量、质量及效益，还要考评其企业及各部门目标的实现程度，再就是作为主管人员在计划、决策、指挥、激励、授权、培养人才等方面的成绩。

（五）同一性和差别性原则

在考评相同类别的员工时要用同一标准、同一尺度去衡量，同样的工作内容、工作职位不能用不同的标准去考核。例如，企业中不同部门的秘书工作，工作内容大致是相同的，可以用同一种考评标准来进行考核。在考核不同类别的员工时，要注意用不同的标准和尺度去衡量。例如，生产部门可以用产品的产量、合格率、物耗等指标进行衡量，而销售部门则用销售额、销售费用、回款率等指标来进行衡量。

（六）单头考核原则

一些企业在考评时出现员工与考评者、管理者之间的摩擦，最主要的原因就是在考评时多重考评、多头领导。在企业中最了解员工工作情况的是员工的直接主管。如果在考评时，间接的管理者对员工的工作情况妄加指责，就容易造成不公平现象，就会出现摩擦。当然，并不排除间接的上级对考评的结果进行调整修正。

（七）反馈的原则

对员工进行考评以后要把考评结果直接告诉员工，使员工能明白自己工作的成绩和不足，同时要向其提供对于今后工作的参考意见。还应及时地将考核的结果反馈给公司培训部门，使培训部门根据考评结果，有针对性地加强员工培训工作。

（八）差别性的原则

考评方法要能评出工作的好坏差别。正常情况下，员工在工作中的成绩是有差别的，考评方法要正确体现出员工工作中的这种差别，使考核带有刺激性，鼓舞员工上进。

三、绩效考评体系

（一）绩效考评的特征

有效的绩效考评系统应该同时具备敏感性、可靠性、准确性、可接受性和实用性五个特征。

1. 敏感性

敏感性指的是工作绩效考评系统具有区分工作效率高的员工和工作效率低的员工的能力，否则既不利于企业进行管理决策，也不利于员工自身的发展，而只能挫伤主管人员和员工的积极性。如果工作评价的目的是升迁推荐等人事管理决策，评价系统就需要收集关于员工之间工作情况差别的信息；如果工作评价的目的是促进员工个人的成长发展，评价系统就需要收集员工在不同阶段自身工作情况差别的信息。

2. 可靠性

绩效考评体系的可靠性指的是评价者判定评价的一致性，不同的评价者对同一个员工所做的评价应该基本相同。当然，评价者应该有足够的机会观察工作者的工作情况和工作条件。研究结果表明，只有来自组织中相同级别的评价者才可能对同一名员工的工作业绩得出一致性的评价结果。

3. 准确性

绩效考评的准确性指的是应该把工作标准与组织目标联系起来、把工作要素和评价内容联系起来，进而明确一项工作成败的界限。我们知道，工作分析是描述一项工作的要求和对员工的素质要求，而工作绩效标准是区分工作绩效合格与不合格的标准，实际的工作绩效评价则是具体描述员工工作中的优缺点。业绩考评的准确性要求对工作分析、工作标准和工作绩效评价系统进行周期性的调整和修改。

4. 可接受性

绩效考评体系只有得到管理人员和员工的支持才能推行。因此，绩效考评体系经常需要员工的参与。业绩评价中技术方法的正确性和员工对评价系统的态度都很重要。

5. 实用性

业绩考评体系的实用性指的是评价系统的设计、实施和信息利用都需要花费时间、努力和金钱，组织使用业绩考评系统的收益必须大于其成本。美国的一项研究表明，设计和实施绩效考评体系的成本是平均每名员工 700 美元。

以上是绩效考评系统的五项基本要求，前三项被称为技术项目，后两项被称为社会项目。一般来说，只要绩效评价系统符合科学和法律的要求，具有准确性、敏感性和可靠性，就可以认为它是有效的。

在员工工作绩效考评体系的设计过程中，既需要根据绩效考评的目的来确定合适的评价者和评价标准及评价者的培训等问题，也需要选择适合企业自身情况的具体考评方法。员工绩效考评的标准可能是员工的行为表现，也可能是员工工作的结果，还可能是员工的个人特征。员工的工作绩效考评方法有很多种类，这些考评方法又可以分为客观类的评价方法和主观类的评价方法。另外，在考评体系设计的过程中，还需要决定员工绩效考评的周期长短问题。

（二）考评体系的设计

1. 评价者的选择

在员工绩效考评过程中，对评价者的基本要求有以下几个方面：第一，评价者应该有足够长的时间和足够多的机会观察员工的工作情况；第二，评价者有能力将观察结果转化为有用的评价信息，并且能够使绩效考评系统可能出现的偏差最小化；第三，评价者有动力提供真实的员工业绩评价结果。不管选择谁作为评价者，如果评价结果的质量与评价者的奖励能够结合在一起，那么评价者都会更有动力做出精确客观的评价。一个值得注意的现象是，这种对评价者的激励与评价系统的设计和选择是同样重要的。一般而言，员工在组织中的关系是上有上司，下有下属，周围有自己的同事，组织外部还可能有客户。因此，可能对员工工作绩效进行评价的候选人有以下几种类型。

（1）员工的直接上司

在某些情况下，直接上司往往熟悉员工工作情况，而且也有机会观察员工的工作情况。直接上司能够比较好地将员工的工作与部门或整个组织的目标联系起来，他们也对员工进行奖惩决策。因此，直接上司是最常见的评价者。但是这种评价的一个缺点是如果单纯依赖直接上司的评价结果，那么直接上司的个人偏见、个人之间的冲突和友情关系将可能损害评价结果的客观公正性。为了克服这一缺陷，许多实行直接上司评价的企业都要求直接上司的上司检查和补充评价者的考评结果，这对保证评价结果的准确性有很大作用。但有些企业采取的是矩阵式的组织结构，一个员工需要向多个主管报告工作；或者即使在非矩阵式的组织结构中，一个员工也可能与几个主管人员有一定程度上的工作联系。在这种情况下，综合几个主管人员对该员工的评价结果会改进员工绩效考评的质量。

（2）员工的同事

一般而言，员工的同事能够观察到员工的直接上司无法观察到的某些方面。特别是在员工工作指派经常变动，或者员工的工作场所与主管的工作场所是分离的情况下，主管人员通常很难直接观察到员工的工作情况，如推销工作。这时就既可以通过书面报告方式来了解员工的工作业绩，也可以采用同事评价的方式。在采用工作团队的组织中，同事评价就显得尤为重要。例如，在美国的桂格公司的宠物食品工厂，员工的绩效评价完全由同事评价来决定。这家公司使用工作团队方式已经有二十多年的历史，所有的晋升和薪酬政策都由工作团队来决定。当然，由于一个团队的员工彼此之间在奖金分配和职位晋升中存在着竞争关系，因此为了减少偏见，应该规定同事评价的内容。尽管很多人认为同事评价只能作为整个评价系统的一部分，但是1984年韦克斯利和克里姆斯基的一项研究表明，同事评价可能是对员工业绩最精确的评价。研究结果还表明，同事评价非常适合对员工发展计划的制订，但似乎不适合对人力资源管理的决策。

（3）员工的下级职员

下级职员的评价有助于主管人员的个人发展，因为下级人员可以直接了解主管人员的实际工作情况、信息交流能力、领导风格、解决个人矛盾的能力与计划组织能力。在采用下级评价时，上下级之间的相互信任和开诚布公是非常重要的。在通常情况下，下级评价方法只是作为整个评价系统的一部分。在美国克莱斯勒公司，管理人员的工作绩效是由其下属匿名地来评价，评价的内容包括工作团队的组织、沟通、产品质量、领导风格、计划和员工的发展情况。被评价的上司在汇总这些匿名的报告以后再与下属来讨论如何进行改进。一般而言，由于下属和同事能够从与主管人员不同的角度来观察员工的行为，因此，他们能够提供更多的关于员工工作表现的信息。需要注意的是，如果员工认为自己的主管有可能了解每个人的具体评价结果，那么他们就可能对自己的上司给予过高的评价。

（4）员工自身

关于员工自身的自我评价的作用问题长期以来一直是有争议的。这一方法能够减少员工在评价过程中的抵触情绪，在工作评价和员工个人工作目标结合在一起时很有意义。但是，自我评价的问题是自我宽容，常常与他人的评价结果不一致。不难发现，有效的工作规范和员工与主管人员之间良好的沟通是员工自我评价发挥积极作用的前提。此外，经验表明，员工和主管人员双方关于工作业绩衡量标准的看法的一致性越高，双方对评价结果结论的一致性也就越高。

（5）客户

在某些情况下，客户可以为个人与组织提供重要的工作情况反馈信息。虽然客户评价的目的与组织的目标可能不完全一致，但是客户评价结果有助于为晋升、工作调动和培训等人事决策提供依据。

（6）外请专家

由外请专业人员进行考评有特殊的意义。因为外请人员具有较强的专业技能，同被考评者之间没有利害关系，因而往往比较客观公正，考评结果也容易被员工认同。但这样做成本较高，而且对于专业性很强的内容，专家也不一定十分了解。

近年来，美国的很多企业开始实行所谓的360度评价，即综合员工自己、上司、下属和同事的评价结果对员工的工作业绩做出最终的评价。上述这些业绩考评的信息来源在评价员工业绩的不同侧面时具有不同的效力，因此将它们综合起来无疑可以得到一个最全面的结论。但是实践证明，360度的业绩考评方法只有在那些开放性高、员工参与气氛浓和具备活跃的员工职业发展体系的组织中才能够取得理想的效果。

2. 评价信息来源的选择

员工业绩考评的标准和执行方法要取决于开展绩效考评的目的。因此，在确定评价信息的来源以前，应该首先明确绩效考评的结果是为谁服务的，以及他们需要用这些绩效考评信息来做什么。评价信息的来源与评价目的之间的配合关系可以从两个方面来认识：第一，不同评价者提供的信息来源对人力资源管理中的各种目标具有不同的意义；第二，根据不同的评价标准得到的员工业绩考评信息对人力资源管理中的各种目标也具有不同的意义。如果为了给奖金的合理发放提供一个依据，就应该选择反映员工工作结果的标准来进行评价；如果为了安排员工参加培训或者要帮助他们进行职业前程规划，就应该选择工作知识等员工的个人特征作为评价标准。

3. 评价者的准备

一个好的评价者应该起到一个教练的作用，要能够激励员工。在工作绩效考评过程中，评价者容易出现的错误有对员工过分宽容或者过分严厉、评价结果集中、出现光环效应和产生对比误差等。其中，光环效应是指评价者根据自己对员工的基本印象进行评价，而不是把他们的工作表现与客观的工作标准进行比较。为了最大限度地减少这些业绩评价错误，应该在每次开展绩效考评前对评价人员进行培训。在培训评价者的过程中，提高工作绩效考评的可靠性和有效性的关键是应用最基本的学习原理，这就要求鼓励评价者对具体的评价行为进行记录，给评价者提供实践的机会，组织培训的主管人员要为评价者提供反馈信息，并适时地给予鼓励。此外，还要进行温习训练，巩固理想的评价行为。美国学者韦恩·卡肖推荐的培训业绩考核者的一个具体程序。

通过对负责员工绩效考评的管理人员进行培训，使其在整个绩效考评过程中能够做到以下三个方面。第一，在绩效考评前就经常与员工交换工作意见，参加企业组织的关于员工绩效考评的面谈技巧的培训。学会在与员工的面谈中采用问题处理方式，而不是"我说你听"的方式。同时，应该鼓励员工为参加评价和鉴定面谈做好准备。第二，在绩效评价中，主管人员要鼓励员工积极参与评价工作，不评论员工个人的性格与习惯，注意倾听员工的意见，最后要能够使双方为今后的工作目标改进达成一致的意见。第三，在绩效考评后，主管人员要经常与员工交换工作意见，定期检查工作改进的进程，并根据员工的表现及时给予奖励。

4. 绩效考评方法的选择

员工绩效考评方法可以分为员工特征导向的评价方法、员工行为导向的评价方法和员工工作结果导向的评价方法。

（1）员工特征导向的评价方法

这种评价方法是以员工特征为基础的业绩评价方法，衡量的是员工个人特性，如决策能力、对工作的忠诚度、人际沟通技巧和工作的主动性等方法。这种评价方法主要是回答员工"人"做得怎样，而不重视员工的"事"做得如何。这类评价方法最主要的优点是简便易行，但是有严重的缺陷。首先，以员工特征为基础的评价方法的有效性差，评价过程中所衡量的员工特征与其工作行为和工作结果之间缺乏确定的联系。例如，一名性情非常暴烈的员工在对待客户的态度上却可能非常温和。其次，以员工特征为基础的评价方法也缺乏稳定性，特别是不同的评价者对同一个员工的评价结果可能相差很大。最后，以员工特征为基础的业绩评价结果能为员工提供有益的反馈信息。

（2）员工行为导向的评价方法

在工作完成的方式对于组织的目标实现非常重要的情况下，以员工行为为基础的业绩考评方法就显得特别有效。例如，一名售货员在顾客进入商店时应该向顾客问好，帮助顾客寻找他们需要的商品，及时地开票和收款，在顾客离开时礼貌地道谢和告别。这种评价方法能够为员工提供有助于改进工作绩效的反馈信息，但是这种评价方法的缺点是无法涵盖员工达成理想工作绩效的全部行为。例如，一名保险推销员可能用积极的、煽动性很强的方法在一个月内实现了100万元的保费收入，而另一名保险推销员可能用非常谨慎的、以事实讲话的方式也在一个月内实现了100万元的保费收入。在这种情况下，如果员工的业绩考评体系认为前一种方法是有效的，那么对第二个员工就很不公平。

（3）结果导向的评价方法

这种方法是以员工的工作结果为基础的评价方法，先为员工设定一个最低的工作业绩标准，然后将员工的工作结果与这一明确的标准相比较。当员工的工作任务的具体完成方法不重要，而且存在着多种完成任务的方法时，这种结果导向的评价方法就非常适用。工作标准越明确，业绩评价就越准确。工作标准应该包括两种信息：一是员工应该做什么，包括工作任务量、工作职责和工作的关键因素等；二是员工应该做到什么程度，即工作标准。每一项工作标准都应该清楚明确，使管理者和员工都了解工作的要求，了解是否已经满足了这些要求。而且，工作要求应该有书面的工作标准。其实任何工作都有数量和质量两个方面的要求，只不过是二者的比例不同。由于数量化的工作结果标准便于应用，因此应该尽可能地把最低工作要求数量化。

结果导向的评价方法的缺点包括以下几个方面。

第一，在很多情况下，员工最终的工作结果不仅取决于员工个人的努力和能力因素，也取决于经济环境、原材料质量等多种其他因素。因此，这些工作的业绩考评很难使用员工工作的结果来评价，即使勉强使用也缺乏有效性。

第二，结果导向的业绩评价方法有可能强化员工不择手段的倾向。例如，提供电话购物服务的公司如果用员工的销售额来评价员工的业绩，那么员工就可能中途挂断顾客要求退货的电话，结果损害顾客的满意程度，减少重复购买率，这显然不利于组织的长期绩效提升。

第三，在实行团队工作的组织中，把员工个人的工作结果作为业绩考评的依据会加剧员工个人之间的不良竞争，妨碍彼此之间的协作和相互帮助，不利于整个组织的工作绩效。

第四，结果导向的业绩评价方法在为员工提供业绩反馈方面的作用不大，尽管这种方法可以告诉员工其工作成绩低于可以接受的最低标准，但是它无法提供如何改进工作绩效的明确信息。

在为具体的工作设计业绩考评方法时，需要谨慎地在这些类别中进行选择。除非员工的行为特征与工作绩效之间存在着确定的联系，否则就不应该选择这种简便的方法。一般而言，行为导向的评价方法和结果导向的评价方法的有效性比较高，这两类方法的某种结合可以胜任对绝大多数工作进行评价。

（4）工作绩效评价的周期

工作绩效评价周期是指员工接受工作业绩考评的时间间隔。员工业绩考评的周期应该受到以下几个因素的影响。

①根据奖金发放的周期长短来决定员工绩效考评的周期。例如，半年或者每一年分配一次奖金，因此对员工的业绩考评也要间隔半年或一年，在奖金发放之前进行一次。

②根据工作任务的完成周期来决定业绩考评的周期。

③根据员工的性质来决定业绩考评的周期。对于基层的员工，他们的工作绩效可以在比较短的时间内得到一个好或者不好的评价结果，因此评价周期就可以相对短一些；而对于管理人员和专业技术人员，只有在比较长的时间内才能看到他们的工作成绩。因此，对于他们的业绩考评的周期就应该相对长一些。

如果每个管理人员负责考评的员工数量比较多，那么在每次绩效考评的时期对这些管理人员来说工作负担就比较重，甚至可能因此影响到业绩考评的质量。因此，也可以采取离散的形式进行员工绩效考评，即当每位员工在本部门工作满一个评价周期（如半年或一年）时对这位员工实施业绩考评。这样可以把员工业绩考评工作的负担分散到平时的工作中，如中国惠普有限公司就采取这种做法。

在很多情况下，企业在员工进入组织满一年时会对他们的工作绩效进行一次评价。但是一年一次或两次绩效评价可能太少，因为评价者很难记住员工在长时间中的表现，容易发生错觉归类。这种心理现象是指人们往往忘记他们观察过的事物的细节，而是根据脑海中已经存在的心理类别，重新建立他们认为是真实的细节。例如，在美国曾经做过一个实验：让人看一张图片，上面是挥舞着剃刀的白人和头戴礼帽的黑人。过一段时间，人们回忆说他们见到的是挥舞着剃刀的黑人和头戴礼帽的白人。工作绩效评价要求经常化，每当一个项目取得重大成果时就应该进行绩效评价。这样做可以及时为人事决策提供准确的信息，也可以使员工及时了解自己的工作情况。当然，过于频繁的绩效考评也有问题，因为这要花费许多时间，产生许多麻烦。所以，人力资源管理对绩效考评频率的一个重要的观点是在一个重要的项目或者任务结束之后，或在关键性的结果应该出现的时候进行绩效考评。

第三节　绩效考评方法

目前国内外绩效考评方法数不胜数，但是适合中国国情与文化、操作性强的有效方法不多，以下将逐一介绍。无论哪一种绩效考评方法均各有优缺点，应该根据实际情况进行选择。要强调的是，绩效考评的方法在整个绩效考评系统中只是一个基本条件，而有关各方在绩效考评过程中的相互信任，管理人员和员工的态度，评价的目的、频率，评价的信息来源及评价人员的训练等各种因素对于绩效考评体系的成败都是非常关键的。员工绩效考评通常包括主观方法和客观方法两种。

一、绩效考评的主观方法

绩效考评的主观方法，是将员工之间的工作情况进行比较，得出对每个员工的相对优劣的评价结果。其主要方法有：业绩评定表法、评级量表法、行为观察评价法、报告法、成对比较法、情景模拟法、民意测验法。

（一）业绩评定表法

业绩评定表法是一种广泛采用的考评方法，它根据所限定的因素来对员工进行考评。这种方法是在一个等级表上对业绩的判断进行记录。这个等级被分成几类，如用优秀、良好、一般、较差、不及格等形容词来定义。当给出了全部等级时，这种方法通常可以便于一种以上的业绩评定标准。评价所选择的因素有两种典型类型：与工作有关的因素和与个人特征相关的因素。与工作有关的因素是工作质量和工作数量；而个人特征因素有诸如依赖性、积极性、适应能力和合作精神等。评价者通过指明最能描述出员工及其业绩的每种因素的比重来完成这项工作。业绩评定表法的优点：简单、迅速、主要因素明显。每评定一项仅考虑一个因素，不允许因某个因素给出的评价而影响其他因素的决定。业绩评定表法的缺点：一是对过去业绩和将来潜力同时做出评价方面有些欠缺；二是缺乏客观性，通常使用的因素如态度、忠诚和品格等都是难以衡量的，另外，这些因素可能与员工的工作业绩没有关系。

为了得到更为准确的评价，不应停留在一般性的工作绩效因素（如"数量"和"质量"）的评价上，可以将其作为评价标准的工作绩效进行进一步的分解。

（二）评级量表法

评级量表法是被采用得最普遍的一种考评方法，这种方法主要是借助事先设计的等级量表来对员工进行考评。使用评级量表进行绩效考评的具体做法：根据考评的目的和需要设计等级量表，表中列出有关的绩效考评项目，并说明每一项目的具体含义，然后将每一考评项目分成若干等级并给出每个等级相应的分数，由考评者对员工每一考评项目的表现做出评价和记分，最后计算出总分。

（三）行为观察评价法

行为观察评价法在工作绩效评价的角度方面能够提供更加明确的标准。在使用这种评价方法时，需要首先确定衡量业绩水平的角度，如工作的质量、人际沟通能力、工作的可靠性等。每个角度都细分为若干个具体的标准，并设计一个评价表。评价者将员工的工作行为同评价标准进行比照，每个衡量角度的所有具体科目的得分构成员工在这一方面的得分。将员工在所有评价方面的得分累加，就可以得到员工的评价总分。按照这种评价方法，如果一位项目工程师在5个评价项目上都被评价为"几乎总是"，那么他就可以得到25分，从而在工作可靠性上得到"很好"的评价。

这种行为观察评价法的主要优点是设计和实施时所花费的时间和金钱都比较少，而主要缺点是不同的评价者经常在对"几乎没有"和"几乎总是"的理解上有差异，结果导致业绩考评的稳定性下降。

（四）报告法

报告法是以书面形式对自己的工作所做的总结。这种方法适用于较高级管理人员的自我考评，并且考评的人数不多。自我考评是自己对自己某段工作的总结，让被考评者主动地对自己的表现加以考评、反省，为自己做出评价。其要求是，可以让被考评者写一份工作报告，对照岗位要求，回顾工作及列出将来的打算等。

（五）成对比较法

成对比较法是评价者根据某一标准将每一个员工与其他员工进行逐一比较，并将每一次比较中的优胜者选出。最后，根据每一个员工净胜次数的多少进行排序。这一方法的比较标准往往比较笼统，不是具体的工作行为或者工作成果，而是员工评价者对员工的整体印象。一般认为，成对比较方法比较适合进行工资管理。下面，结合一个假设的例子来说明成对比较法的应用。假设现有张三、李四、王五、赵六、陈七5位员工需要进行考评，如果使用成对比较法。首先将所有需要考评的员工的姓名分别按照行和列写好，将每个员工和部门内所有其他员工进行相互比较，将业绩水平比较高的员工的姓名或者代号写在二者交叉的空格内。然后我们就可以按照每位员工"胜出"的次数对他们进行排序，得到另一个排名表。

（六）情景模拟法

情景模拟法是美国心理学家茨霍恩等人的研究成果。情景模拟法将被考核人员置于一种模拟的工作情境之中，运用仿真的评价技术，对其处理现实问题的能力、应变能力、规划能力、决策能力进行模拟现场观察考评，从而确定被考评者适宜的工作岗位和具体工作。

其优点是，使考评者如身临其境，便于直接观察，准确度较高。但要花相当多的人力、物力。

（七）民意测验法

民意测验法把考评的内容分为若干项，制成考评表，每一项后面空出五格，分别对应优、良、中、及格、差，然后将考评表发至相当范围。考评前，也可先请被考评者汇报工作，做出自我评价，然后由参加评议的人填好考评表，最后算出每个被考评者得分平均数，借以确定被考评者工作的档次。民意测验的参加范围，一船是被考评者的同事和直属下级，以及与其发生工作联系的其他人员。

此法的优点是群众性和民主性较好，缺点主要是自下而上地考察管理人员，缺乏自上而下的考察，由于群众素质的局限，会在掌握考评标准上带来偏差或不科学因素，一般将此法用作辅助的、参考的手段。

二、绩效考评的客观方法

根据客观标准对员工的工作绩效进行评价的方法包括关键事件法、工作成果评价法、关联矩阵法。其中的大多数方法在实质上都是对员工的行为按照评价的标准给出一个量化的分数或程度判断，然后再对员工在各个方面的得分进行加总，得到一个员工业绩的综合评价结果。

（一）关键事件法

在运用关键事件法的时候，主管人员将每一位下属在工作活动中所表现出来的非同寻常的好行为或非同寻常的不良行为（或事故）记录下来。然后在每六个月左右的时间里，主管人员和其下属人员见一次面，根据所记录的特殊事件来讨论后者的工作绩效。

这种工作绩效评价方法通常可作为其他绩效评价方法的一种很好补充。

（1）优点

①对关键事件的行为观察客观、准确。

②能够为更深层次的能力判断提供客观的依据。

③对未来行为具有一种预测的效果。

（2）缺点

①耗时费力。

②对关键事件的定义不明确，不同的人有不同的理解。

③容易引起员工与管理者之间的摩擦。

如果要应用关键事件法对被考核者进行绩效考评的话，那么在确定绩效目标和计划的时候，就要将关键事件同绩效目标和计划结合起来。

关键事件法通常可作为其他绩效考评方法的一种很好的补充。它在认定员工特殊的良好表现和劣等表现方面是十分有效的，而且对于制订改善不良绩效的计划十分方便。但就其本身来说，在对员工进行比较或在做出与之相关的薪酬、晋升或者培训的决定时，可能不会有太明显的用处。

（二）工作成果评价法

工作成果评价法所依据的是著名的目标管理过程，因此也被称为目标管理评价法。实施这种评价方法的过程非常类似于主管人员与员工签订一个合同，双方规定在某一个具体的时间达到某一个特定的目标。员工的绩效水平就根据当时这一目标的实现程度来评定。

实施工作成果评价法的关键是目标制定，即分别为组织、组织内的各个部门、各个部门的主管人员及每一位员工制定具体的工作目标。目标管理方法不是用来衡量员工的工作行为的，而是用来衡量每位员工为组织的成功所做的贡献大小的。因此，这一目标必须是可以衡量和可以观测的。目标管理中的目标制定要符合所谓的 SMART 原则。

第一，S 代表具体（Specific），即规定一个具体的目标。

第二，M 代表可衡量（Measurable），即目标可以用数量、质量和影响等标准来衡量。

第三，A 代表可实现（Attainable），即设定的目标应该被管理人员和员工双方接受。这意味着目标水平不能过高，应该让员工能够接受；同时，目标水平也不能过低，应该让管理人员也能够接受。换言之，对于员工而言，这一目标应该只有挑战性，同时又是经过努力能够达到的。

第四，R 代表相关性（Relevant），即设定的目标应该是与工作单位的需要和员工前程的发展相关的。

第五，T 代表时间期限（Time-bound），即目标中包含一个合理的时间约束，预计届时可以出现相应的结果。

在目标管理过程中，应该经常进行进度检查，直至达到目标。在达到阶段性目标后，已经完成既定任务的员工会集在一起对工作成果进行评价，同时为下一阶段的工作制定目标。目标管理是一整套计划和控制系统，同时也是一套完整的管理哲学系统。在理论上，只有每位员工成功，才可能有主管人员的成功、各个部门的成功和整个组织的成功，因此目标管理方法鼓励每一位员工的成功。但是目标管理的前提是个人、部门和组织的目标要协调一致。经研究表明，这一方法有助于改进工作效率，而且还能够使公司的管理部门根据迅速变化的竞争环境对员工进行及时的引导。

但是目标管理评价法也有一些缺点。第一，这种评价法没有为管理人员提供在员工之间进行相互比较的依据。第二，目标设定本身是一个非常困难的问题。如果员工在本期完成了设定的目标，那么管理人员就倾向于在下一期提高目标水平。如果员工在本期没有完成目标，那么管理人员在下一期就倾向于将目标设定在原来的目标水平上，从而产生所谓的"棘轮效应"。第三，当市场环境在目标设定后发生意外的变动，将影响到员工目标的完成情况。如果出现的是有利变化，受益者是员工；如果出现的是不利变化，受益者是企业。

此外，还有一种与目标管理方法类似的方法——工作计划与检查方法。这种评价方法特别强调主管人员及其下属对工作计划的实施情况进行检查，以确定计划的完成程度、找出存在的问题、明确训练的需要。在使用工作计划与检查方法时，了解工作目标是否已经达到，要依靠主管人员的个人判断，而在目标管理中则依靠更为客观、可以度量的证据。但是，在实际操作中，这两种方法很难严格区分。从理论上讲，目标管理办法更强调结果，而工作计划与检查方法更强调过程。

（三）关联矩阵法

关联矩阵法是一种比较客观实用的绩效评估方法。许多外资企业采用这种方法进行考评。它与其他方法不同的是引进了权重概念，对各种评价因子在总体评价中的作用做了区别对待。关联矩阵法由三个步骤完成：第一步是确定指标体系和权重体系；第二步是单项评价；第三步是加权综合评分。由于整个程序如一个矩阵排列，故称关联矩阵法。

评价指标是指评价因子，也可叫评价项目。一组既独立又相关并能较完整地表达评价要求的评价因子组成了评价的指标体系。

权重是一个相对概念，是针对某一指标而言，某一指标的权重是指该指标在整体评价中的相对重要程度。在对一个员工的整体评价中，这些指标的重要程度是不一样的，如对领导干部而言，"德"的重要性居首位，对一个普通员工而言，"勤""体"可能是居首位的。总之，权重是要从若干个评价指标中分出轻重来的。

一组评定指标相对应的权重组成了权重体系。

1. 人力资源评估中最常见的几组指标体系和权重体系

人力资源评估的几组典型的指标体系如下。

①对干部的评估。

②对科技人员的评估。

③对一般人才招聘时的评估。

④对涉外人才的评估等。

2. 人力资源评估的关联矩阵法

关联矩阵评估法实际上是一种加权平均数法，它把评价的指标体系和权重体系及单项评价值列出矩阵表的形式，而综合评价值为加权平均数。关联矩阵评价法是当前使用最广也是最简便的方法。

（1）指标体系和权重体系的确定

①指标体系确定的原则：第一是可比性；第二是客观性；第三是系统性；

第四是可测性；第五是相互独立性；第六是对人的尊重。

②权重体系确定的原则：第一是根据评价的对象不同应有所不同，相同的一组指标对于从事不同工作的人，权重的分配就应有所不同；第二是根据评价的目的不同应有所不同，如评价是为了评定奖金或评价是为了调整级别。

（2）单项评价值的确定

专家评定法：事先选定参加评定的专家小组，把印刷好的指标体系的关联矩阵表发给专家。由他们打分，然后去掉最高分和最低分，取其算术平均值。

德尔菲咨询法：德尔菲原为古希腊的古城，因拥有举世闻名的阿波罗神殿而获殊荣，几乎所有与预测有关的方法中都有它的名字存在。与第一种方法不同的是，德尔菲方法要求有两到三轮的反馈、修正，把第一轮打分的情况收集上来后，要进行第二轮打分。第二轮调查，调查表必须对第一轮调查的结果有所反映，可以用若干个分数由专家打钩，也可以反馈第一轮的信息由他们重新确定。经过三轮打分后，最后通过综合分析，对比删改后可得到较准确的结果。

第四节　绩效考核面谈、反馈与改进

绩效考评工作进行完毕之后，并不意味着绩效管理工作就结束了。作为一个部门的主管，要及时地把绩效考评的结果向员工反馈，让每一个员工明确自身的优点并继续保持，同时，让每一个员工明确自身的缺点并加以更正，这就需要主管人员帮助员工完成这一任务，其具体工作就是通过绩效考核面谈和反馈来实现的。

一、绩效考核面谈、反馈与改进的理论基础

（一）绩效反馈的含义

所谓绩效反馈就是使员工了解自身绩效水平的各种绩效管理手段。绩效反馈是绩效沟通最主要的形式。同时，绩效反馈最重要的实现手段就是管理者与员工之间的有效沟通。

（二）考核面谈、反馈与改进的理论基础——反馈干涉理论

绩效考核面谈的主要目的：一方面是要让员工了解自己的考核结果背后的原因，以此来增加共识、减少误解和猜疑；另一方面，更重要的是要改善员工的绩效及为员工的发展提供建议。绩效考核面谈的有效性是基于反馈干涉理论

的。反馈干涉理论认为，在满足以下五个基本假定的条件下，绩效考核面谈能够有效地提高员工的绩效。

①员工的行为调整取决于反馈结果与一个目标或标准的比较。

②目标或标准是分层次的。

③员工的注意力是有限的，所以只有那些反馈与标准的差距才会引起他们的注意，并调整其行为。

④注意力通常被导向层级的趋中层次。

⑤反馈干涉改变了注意力的所在，从而影响行为。

上述理论中谈到的"层次"的概念，对于理解员工工作中的行为及其对考核结果的反映很有帮助。这里所说的层次，是一个认知心理学的概念，它反映了人们对于工作中个人努力目标及绩效改进措施中的努力方向。对于这样的层次的具体内容，有很多学者有不同的看法。我们采用一种比较简单的两个层次的观点来分析对绩效考核面谈的启示。

第一个层次是总体任务过程的层次或称自我层次。

在这个层次上，员工关心的问题是，"我做的工作，怎样能够为组织发展做出贡献？""我在组织中的位置是什么？""我对自己的要求是否合适？"等。

第二个层次是任务动机层次或任务层次。

它使员工关心其所执行的工作任务本身。员工考虑的将是，"这项任务到底该怎么做？""我在这项任务中的表现如何？""能不能有更好的办法来做这件事？"等问题。

第二个层次，也是最低的层次，是任务学习层次。

它关注工作执行过程中的细节和员工的具体行动。例如，一个关注任务学习层次的秘书被上级告知她在接电话方面的态度需要改进时，她会追问："我哪句话说得不合适？""你说我该怎么说话？""我说话就是这个语气怎么办？"

一般地说，对于关注高层次的员工，绩效考核面谈应鼓励他们将工作做得更好，帮他们分析自己的定位和未来发展，而具体提高绩效的手段可以留给他们自己来解决，因为与聪明的人谈论过于简单的问题是对聪明人的侮辱。而对于关注低层次的员工，上级人员只有手把手地教给他们如何去做，才能提高他们的绩效。这时，上级与下属一起学习公司的规定、规范，仔细分析产生绩效考核结果的工作因素，对提高员工绩效是有帮助的。当然，设法帮助他们提高自己关注的层次，也是绩效反馈面谈的一个重要目标。

研究人员对人们在绩效考核面谈中该如何关注员工的不同层次问题上提出了一些建议：如仅集中在任务和工作绩效上，不要集中在个人或个人自我概念的任何部分；不要威吓或惊吓听众；包含如何改进的信息；与反馈同时，提出一个正式的目标设定计划；尽可能多地提供与绩效改进相关的信息，减少与他人绩效相关的信息。

（三）绩效反馈与面谈的目的

主管对员工的绩效情况进行评估后，必须与员工进行面谈沟通。这个环节是非常重要的。绩效管理的核心目的是不断提升员工和组织的绩效水平，提高员工的技能水平。这一目的能否实现，最后阶段的绩效反馈和面谈起了很大的作用。通过绩效反馈面谈可以达到以下几个方面的目的。

1. 对绩效评估的结果达成共识

绩效评估往往包含许多主观判断的成分，即使是客观的评估指标，也存在对于采集客观数据的手段是否认同的问题。因此，对于同样的行为表现，评估者与被评估者由于立场和角色的不同，往往会给出不同的评估结果。因此，双方对于评估结果的认同必然需要一个过程。对评估结果达成共识有助于双方更好地对被评估者的绩效表现做出判断。

2. 让员工认识到本绩效期内自己取得的进步和存在的缺点

每个人都有被认可的需要，当员工做出成就时，他需要得到主管的承认或肯定，这会对员工起到积极的激励作用。同时，员工的绩效中可能存在一些不足之处，或者想要维持并进一步改善现有的绩效。通常来说，员工不仅关注自己的成绩和绩效结果，更希望有人指出自己需要改进的地方。通过评估反馈，主管和员工共同分析绩效不足的原因，找出双方有待改进的方面，从而促进员工更好地改进绩效。

3. 制订绩效改进计划

在管理者和员工就评估结果达成一致意见之后，双方应就面谈中提出的各种绩效问题制订一个详细的书面绩效改进计划。在绩效改进计划中，双方可以共同确定出需要解决的问题、解决的途径和步骤，以及员工需要管理者提供的帮助等。

4. 协商下一绩效管理周期的绩效目标和绩效标准

绩效管理是一个往复不断的循环过程，一个绩效周期的结束恰好是下一个周期的开始。因此，上一个绩效管理周期的绩效反馈面谈可以与下一个绩效周期的绩效改进计划面谈合并在一起进行。

（四）绩效反馈与面谈的原则

当主管和员工关于反馈面谈的资料均准备完毕以后，主管和员工按照原计划在预定的时间和地点，遵循科学的原则，就可以有效地实施反馈和面谈。一般来讲，在绩效考核反馈与面谈时应遵循的原则有以下几条。

1. 建立并维护彼此之间的信任

信任可以理解为一种适合面谈的气氛。首先，面谈的地点非常重要，必须在一个使彼此都能感到轻松的场合。噪声一定要极小，没有第三者可以看到面谈的两人。要使员工感到自在，主管所说的话或是动作要使双方能顺利沟通，使员工无拘无束坦诚地表达意见。此时，来一杯咖啡或红茶有助于制造良好的气氛。

在面谈时一定要以一些称赞和鼓励的话打开局面，这种称赞和鼓励可以营造一种轻松、热情、愉快及友好的氛围，使面谈在一种双方都愉快的气氛中开始。

2. 清楚说明面谈的目的和作用

清楚地让员工明白此次面谈要做什么，可用较积极的字眼，譬如："今天我们面谈的目的是希望大家能一起讨论一下你的工作成效，并希望彼此能有一致的看法，肯定你的优点，也找出哪些地方有待改进，紧接着我们要谈谈你的未来及将来如何合作达到目标。"明确面谈目的，可以消除被评估者心中的疑虑。

3. 鼓励员工多说话

在面谈的过程中，应当注意停下来听员工正在说什么，因为你了解的情况不一定就是真实的。鼓励下属主动参与，有利于对一些问题快速达成共识，同时便于了解下属的思想动态。

4. 注意全身心倾听

倾听时要以员工为中心，把所有的注意力都放在员工身上，因为倾听不单是对员工的尊重，也是营造氛围、建立信任、把握问题的关键。

5. 避免对立和冲突

在面谈中，员工往往有一种自卫的本能阻挡他接受不愿听的信息，甚至容易为此与主管发生冲突，如果主管利用自己的领导权威强行解决冲突，很可能会付出相当大的代价。它可能破坏员工与管理者之间的信任，导致以后的沟通难以做到开诚布公。

6. 集中于未来而非过去

绩效管理的核心在于未来绩效的提升，而不是像反光镜那样聚焦过去。双方只有关注未来，才能使得员工真心实意地拥护并切实参与到绩效管理当中来，从而使绩效管理成为真正具有激励意义的管理。

7. 集中在绩效，而不是性格特征

在绩效反馈面谈中双方应该讨论和评估的是工作绩效，也就是工作中的一些事实表现，而不是讨论员工个人的性格。员工的性格特点不能作为评估绩效的依据；在谈到员工的主要优点和不足时，可以谈论员工的某些性格特征，但要注意这些性格特征必须是与工作绩效有关的。例如，一个员工性格特征中有不太喜欢与人沟通的特点，这个特点使他的工作绩效因此受到影响，由于不能很好地与人沟通，影响了必要工作信息的获得，也不能得到他人很好的配合，从而影响了绩效。这样关键性的影响绩效的性格特征还是应该指出来的。

8. 找出双方有待改进的地方，制定具体的改进措施

沟通的目的主要在于未来如何改进和提高，改进包括下一阶段绩效目标的确定，以及与员工订立发展目标。

9. 该结束时立刻结束

如果你认为面谈该结束时，不管进行到什么程度都不要迟疑。下面的情况有任何一种出现均要停止面谈：彼此信任瓦解了、部属或主管急于前往某个地方、下班时间到了、面有倦容等。此时如果预定的目标没能在结束之前达到，也要等下一次再进行。

10. 以积极的方式结束面谈

要使部下离开时满怀积极的意念，不要使员工只看到消极的一面，而怀着不满的情绪离去。

二、绩效考核面谈的准备

在准备工作绩效考核面谈时，需要做三件事情。

首先，要对工作绩效考核的资料进行整理和分析。对即将接受面谈的员工的工作描述进行研究，将员工的实际工作绩效与绩效标准加以对比，并对员工原来的工作绩效评价档案进行审查。

其次，给员工较充分的准备时间。应至少提前一周通知员工，使其有时间对自己的工作进行审查、反思；阅读他们自己的工作描述；分析自己工作中存在的问题，收集需要提出的问题和意见。

最后，面谈时间和地点的选择。应当找一个对双方来说都比较方便的时间来进行面谈，以便为整个面谈过程留有一段较为充裕的时间。通常情况下，与办公室工人和维护工人这样低层次的员工所进行的面谈不应该超过一个小时，而与管理人员所进行的面谈则常常要花费 2～3 个小时。不仅如此，面谈地点应当具有相对的安静性，以免面谈被电话或来访者打扰。美国心理学家泰勒尔及其助手兰尼的实验研究，对于面谈地点的选择有一定的借鉴意义。

三、绩效考核面谈的执行

（一）绩效面谈的要点

在进行工作绩效考核面谈时，应当牢记以下几个要点。

1. 谈话要直接而具体

交谈要根据客观的、能够反映员工工作情况的资料来进行。这些资料包括以下几个方面的内容：缺勤、迟到、质量记录、检查报告、残次品或废品率、订货处理、生产率记录、使用或消耗的原料、任务或计划的按时完成情况、成本控制和减少程度、差错率、实际成本与预算成本的对比、顾客投诉、产品退回、订货处理时间、库存水平及其精确度、事故报告等。

2. 不要直接指责员工

例如，不要对员工说："你递交报告的速度太慢了。"相反，你应当试图将员工的实际工作绩效与绩效标准进行对比，如"这些报告通常应当在 10 天内递交上来"。同样，也不要将员工个人的工作绩效与他人的工作绩效进行对比，如"他比你递交报告的速度要快多了"。

3. 鼓励员工多说话

应当注意停下来听员工正在说什么；多提一些开放型的问题，比如，"你认为应当采取何种行动才能改善当前的这种状况呢？"还可以使用一些带有命令性质的话，如"请继续说下去"或"请再告诉我一些更多的事情"等；最后，还可以将员工所表述的最后一点作为一个问题提出来，比如，"你认为自己无法完成这项工作，是吗？"

4. 不要绕弯子

尽管不能直接针对员工个人，但必须确保员工明白自己到底做对了什么，又做错了什么。因此，以下做法可能是非常有意义的：给他们举出一些特定的例子；在他们了解如何对工作加以改善及何时加以改善之前，确信他们对问题已经搞明白，并且你们之间确实已经达成了共识，然后再制定出一个行动方案。

第五章 人力资源组织结构

在工作生活节奏不断加快的今天，人们对组织的忠诚度正在日渐降低，但如果恰如其分地做到"动态攻略"所提到的诸多方面，那么，吸引、留住公司想要的优秀人力资源是完全可以实现的。相反，另一个问题突显了：在公司员工流失率处于低水平时如何保持企业的活力？创新型人才就一定有创新成果吗？答案是不确定的。企业聘用某个员工，当然是看中他的能力，但更看重的则是他把能力发挥了多少。企业梦寐以求的创新成果，并不会因创新人才的到来而自动产生、一蹴而就，还需要在组织结构方面加以设计。

第一节 组织结构配置

孙子曰："故善战者，求之于势，不责于人，故能择人而任势。"善于指挥的将帅，其主导思想应放在依靠、运用、把握和创造利于自己取胜的形势上，而不是去苛求手下的将士。如此他就能从全局态势的发展变化出发，选择适于担当重任的人才，从而使自己取得主动权。其中的技巧，就在于人力资源配置。

一、结构优化

人员的组织安排，不应是简单相加。结构优化的目的是，创造大于全部个体绩效的代数和。

1. 串行排列

队列变长意味着人才库存扩大，变短则反之。怎样才能阻止队列变长，即压缩人力成本呢？

兵家给我们的启示：把最薄弱的兵力放在最前面，把最强大的兵力放在队尾，即对于串行工序的职位（当然对于并行工序的职位，根本不存在这种情况）而言，要把负担最重的职员（主要指能力限制）放在第一道工序，根据能力过剩的情况依次排列。因为靠前的工序往往不会发生较大的差错，这样可以使新手能更快地适应角色，避免怠工现象的出现，而位于后部的职员一方面可以检查之前步骤的操作效果，另一方面可以把更多的精力用于产品的完善与创新上。

2. 并行不悖

创新人力资源的配置如果不得法，则很难产生创新。例如，有些管理者嫉贤妒能，宁愿人力资源闲置也不愿让其发挥所长，这无论对组织还是个人，都会造成巨大的浪费。个别管理者对"关系户"的照顾，也会浇灭其他员工的热情。举贤不避亲与人才打压这两种方式，谨慎的管理者往往难以取舍，唯恐出差错。其实，人才的脱颖而出不应该是一时的，应该是在长久的历练之后水到渠成的结果。所以，让实践去检验、遴选，是帮助管理者取舍的明智方案。

海尔"赛马不相马"的模式，给了创新型人才脱颖而出的充分机会。改革用人机制，就需要变"伯乐相马"为"赛场选马"。搭建让员工充分展示自己才能的舞台，即一个奉献给事业的更大、更宽阔的平台，这样可以使员工放开手脚尽情施展，释放能量，实现自身价值。对于技术性职位，设立排道并行，不搞论资排辈，不以年功行赏。以业绩论英雄，孰上孰下，自然更有说服力。由于起点一致，员工的创新潜能会被充分激发。比学赶超之中，创新即可能产生。

3. 阵形组合

某足球强国有一种别出心裁的训练方法。教练把球员用绳子联结起来，为保持整体速度，使绳子稍有松弛，在此基础上进行战术演练。充分发挥球星的作用，将其嵌入最核心的位置；在能力欠佳者的旁边以核心球员补位、协助；因为最慢的球员决定整体推进速度，所以不将其放在边缘；为防止距离拉大，将最弱者置于边缘和核心之间。这样做可以保证配合的同时不会出现防守上的盲区。

对于团队（网络）型合作来说，这种方法很有参考价值。不要冒太大的风险把新手放在核心位置或外层，从而给组织外部和员工本人带来不利的影响。组织需要这股新鲜力量尽快地融入，所以边缘化不是好的选择。企业也希望新员工能最大限度地注入生气，所以将其置于核心层与边缘层之间的中间层，而将有一定经验又不足以充当核心的次中坚型员工置于边缘层。这样新手可以从两方面得到技术上的指导，而核心员工的经验技术也不会被浪费，同时新手的新意也会被顺利传达给核心员工从而成为创新的导火索。

4. 用人所短

对企业而言，经典的观点是，个体往往在某一方面有突出的才干，最适于某项特定的工作，扬其所长，用其所能，可成人才；抑其所长，用其所短，则成庸才。对该观点的前半部分，笔者非常赞同。倘若埋没了一个人最有价值的长处，既是对人才的摧残，也是对事业的漠视。由此可见，善于识才、用才者本身就是大德大才者。但对前述观点的后半部分，笔者则持不同意见，事实真的是这样吗？在实际用人中，管理层常常因为在思维上存在盲点而不能量才使用、择人任势。创新意味着对循规蹈矩的挑战，意味着非常规打法的出其不意，所以一个人的短处也并非没有可能成为企业独特的竞争力。

当然，本书建议的是辩证的人才使用。笔者无意否定经典"用人所长"的价值。人各有所长也各有所短，以己之长补他人之短，从而使每个人的长处得以充分发挥，避免短处对工作的影响，整合优势，有利于实现组织目标。没有静止不变的长，也没有一成不变的短。在不同的情境和条件下，长与短都会向其对立面转化，长的可以变短，短的可以变长。这种长与短互换的规律，是长短辩证关系中最容易被忽视的一部分。例如：让爱吹毛求疵的人去当产品质量管理员；让谨小慎微的人去当安全生产监督员；让斤斤计较的人从事财务管理；让爱道听途说的人去当信息员；让婆婆妈妈爱唠叨的人负责保障工作；让头脑呆板的人负责考勤；让争强好胜的人做"青年突击队队长"；让"墙头草""有奶便是娘"者去讨债；让总是哭哭啼啼的人去对付讨债。用人的关键并不在于用这个人而不用那个人，而在于怎样使每个员工都能在最合适的位置上发挥最大的潜能。一个人的才能越大，特长越突出，显露的缺点往往也越多、越明显。长与短是辩证的，对它们的使用也是辩证的。金无足赤，人无完人。任何人有其长处，就必有其短处。长与短的存在是刚性的，而对它们的善用则应是柔性的。人的长处固然值得发扬，而从人的短处挖掘出长处，由善用人之长发展到善用人之短，这是用人与配置的最高境界。

5. 加大尺码

随着业务的高速扩张，企业势必要引进大量的人员。这些空降兵进来后怎么办？单独集结的话，他们等同于新兵连，且不利于沟通。

"空降兵"会带来很多其他问题：一是"空降兵"着陆后如何迅速转变为"地面部队"；二是怎么磨合"空降兵"与"元老"之间的矛盾。在组织架构上，预留空间是一个选择。对于成长型企业，它就像一个儿童，每天都在成长，衣服总是偏小，因此，企业的组织架构搭建得大一些，才能适应企业的迅速扩张。所以，在建设组织架构时，既要不断吸收新的精英，又要保持"空降兵"与"元老"的积极互动，达成动态平衡，以给企业急剧扩张准备空间。事实上，很多知名"空降兵"的进入也确实为企业带来了相当多的创意与充足的发展空间。

二、团队导向

创新型人才也有疲劳期，他们不会天生具有创新的本领，即便是最优秀的创新型人才，他的创新成果也不是即时生成的。需要组织在机制上予以诱导，通过组织、团队和个人的密切配合，当个体创新面临瓶颈时会有他方力量补入，维持势能的稳定，从而产生创新成果。员工要直接面对变化的环境，就需要得到组织的充分授权。当一个员工的知识不能应对时，团队组织就应运而生。但有些知识型员工拒绝交流，因为他们的竞争心理非常强，偏爱单打独斗。怎么办？员工的单干肯定不是企业所期望的，因而要团队作战，把他们组成团队来展开工作并以团队为单位来进行考评。用团队的优势去弥补个人的缺陷，用团队的思想去丰富个人的思想，创新的思想就会尽可能地在一定范围内被分享，成为企业实实在在的竞争优势。这一方面可以迎合他们的竞争心理，激发他们的热情。在竞赛中，为了获胜他们不得不协作，信息就会得到疏通，人际关系也会趋于好转。另一方面，团队导向的员工配置确实能够起到以点带面的作用，集合整体的力量发挥更大的效能，去完成个人难以完成的任务。

知识的生产过程不仅需要创新还需要知识的综合，需要形成团队。团队合作的好处在于：从事创新工作的团队成员具有互补的知识技能；团队成员的共同目标不是具体的任务而是以获得特定的结果为导向；由于创新是非重复性活动，团队组织的领导者角色由监督者转换为指导者，对员工的管理不是依靠规章制度和岗位说明书，而是依靠专业规范和成员之间的相互信任，同时以团队成员相互评价取代上级评价，员工获得的奖励与团队成果相挂钩。组织要获取合作经济的好处，就需要把此前基于分工经济的职能型组织转变成团队型组织。以职能为主的组织主要是纵向管理，而团队组织以横向管理为主，是一种新型的企业组织。在顾客需求、生产技术、竞争者的情况都在迅速变化的环境中，不仅产品设计人员须关注创新，直面顾客的基层员工亦须如此。公司欲以高效快捷的服务让顾客满意，必须鼓励员工协作完善产品。实践中一些团队徒有其表，或内部充斥矛盾，或各自为政。所以，团队导向的员工配置须谨防四大误区。

1. 误区一：团队利益至上

团队首先是个集体。由"集体利益高于一切"这个被普遍认可的价值取向，自然而然可以衍生出"团队利益高于一切"的"论断"。但在团队里如果过分推崇和强调"团队利益高于一切"，可能会导致两方面的弊端。一方面是极易滋生小团体主义。团队利益对其成员而言是整体利益，而对整个企业来说，又是局部利益。过分强调团队利益，处处从维护团队自身利益的角度出发常常会打破企业内部固有的利益均衡，侵害其他团队乃至企业整体的利益，从而造成团队与团队、团队与企业之间的价值目标错位，最终影响企业战略目标的实现。另一方面，过分强调团队利益容易导致个体的应得利益被忽视和践踏。如果一味只强调团队利益，就会出现"假维护团队利益之名，行损害个体利益之实"的情况。作为团队的组成部分，如果个体的应得利益长期被漠视甚至侵害，那么其积极性和创造性无疑会遭受重创，从而影响到整个团队的竞争力和战斗力的发挥，团队的总体利益也会因此受损。

2. 误区二：内部禁止竞争

在团队内部引入竞争机制，有利于打破"大锅饭"的情况。如果一个团队内部没有竞争，在开始的时候，团队成员或许会凭着一股激情努力工作，但时间一长，他会发现无论是干多干少、干好干坏，结果都一样，则其热情就会减退，在失望、消沉后最终也会选择有限参与甚至是消极参与。通过引入竞争机制，实行奖勤罚懒、赏优罚劣，打破这种看似平等实为压制的利益格局，团队成员的主动性、创造性才会得到激发，团队才能保持活力。

3. 误区三：友谊挑战制度

有的企业在团队建设过程中，过于追求团队的亲和力和人情味，认为"团队之内皆兄弟"，而严明的团队纪律是有碍团结的，这就直接导致了管理制度的劣化，或虽有制度但执行不力，形同虚设。纪律是胜利的保证，只有做到令行禁止，团队才会战无不胜。严明的纪律不仅是维护团队整体利益的需要，在保护团队成员的根本利益方面也有着积极的意义。比如说某个成员没能按期保质完成某项工作或者是违反了某项具体的规定，但他并没有受到相应的处罚，或是处罚根本无关痛痒，这就会使该成员产生一种"其实也没有什么大不了"的错觉，久而久之，遗患无穷。如果他从一开始就受到严明纪律的约束，及时纠正错误的认识，那么对团队对他个人都是有益的。

4. 误区四：个人臣服群体

很多企业认为，培育团队精神，就是要求团队的每个成员都牺牲小我，换取大我，放弃个性，追求趋同，否则就有违团队精神，就是个人主义膨胀。诚然，团队精神的核心在于协同合作，强调团队合力，注重整体优势，远离个人英雄主义，但追求趋同的结果必然导致团队成员的个性创造和个性发挥被扭曲和湮没。而没有个性就意味着没有创造，这样的团队只有简单复制的功能，而不具备持续创新的能力。团队不仅是人的集合，更是能力的结合。团队精神的实质不是要团队成员牺牲自我去完成一项工作，而是充分利用和发挥团队所有成员的个体优势去做好工作。团队的综合竞争力来自对团队成员专长的合理配置。只有营造一种适宜的氛围：不断地鼓励和刺激团队成员充分展现自我，最大限度地发挥个体潜能，团队才会迸发出期望的、裂变的能量。

三、配置的公开透明

在配置过程中须谨遵透明管理原则。

1. 配置谬误：暗箱操作

有的学者认为内部双向选择是人力资源配置的一个创意。部门选员工，员工选部门，双方完全实行"背靠背"，只与人力资源部"单线联系"。抛开结果不谈，配置的过程"天知地知你知我知"，很大程度上保护了员工的隐私与配置欲求。对此观点，笔者不予认同。

（1）莫使怨声载道

在当今社会，任何个体都不可能永远与利益绝缘。问题在于，如何公正公平地处理利益分配问题。人员配置必将触及员工利益，它是企业各种利益分配的基石。如果在这个阶段就采取保密的做法，将助长灰色交易的风气。员工普遍对企业前景不明，因为即便他们对自己的下一步是明晰的，但身边较大的不确定性仍会成为阻碍其推进创新的桎梏。企业愿景应该被清晰地传达至每个员工，在该愿景的迫近与实现过程中更应该注重员工感受。企业制度未必完美，配置决策也未必最优，难以保证员工对其都是满意的。在结果如此的条件下，要扑灭员工心中的怨气，唯有让他们了解结果产生的过程。所以，人力资源的优化配置必须保证过程的公开透明。员工能不能支持、能不能理解，关键在于配置的过程是否公开透明。

（2）调动员工热情

知识经济时代，企业的创新型人才有明显的年轻化趋势。青年员工比中老年员工有着更强烈的愿望——提高自己和发展自己。如果配置被"暗箱操作"，对于青年员工将是种打击，甚至可能使他们对管理层失去信心。公开透明的竞争与竞聘，能够充分调动员工的积极性，更好地发挥员工的聪明才智，使在位者有压力，使低于其位者有动力，从而形成良性的竞争机制。

（3）杜绝"暗箱操作"

良好的监督机制是保证配置工作不走样的基础。一套好的科学配置方案要得到好的结果，必须强调在实施过程中建立监督机制，包括设立监督举报电话、建立监督员监督方案等。要始终坚持公开透明原则，实行"阳光作业"，对推荐提名、考察考核、评委选定、讨论决定等环节严格把关，配置方案、操作程序、操作步骤、操作结果一律公开，杜绝"暗箱操作"，并接受工会与纪律机构的全程监督。岗位双向选择时，除了制定客观评价指标外，要有多个职能部门共同参与，避免个别部门或管理者主观臆断。

2. 配置通途：市场配置

做到配置的公开透明，简单来说就是进行市场化配置。以市场为基础配置人力资源，可以使现实经济生活中人力资源与物质资本相结合。它既是社会化大生产和市场经济发展的必然结果，又是企业顺势而为、迎合时代要求的明智举措。

（1）持证上岗

强化工作分析，对技术性岗位实行持证上岗。对先予上岗的一些情形，如员工民主选举产生的、通过公开招聘的、党政机关调任和军队转业安排的员工，须在任职后规定的时间内取得任职资格证书；现有企业员工，年龄在 55 岁以下的，也须在实行任职资格制度后的一段时间内取得相应的任职资格证书。同时，要对持证人员深化继续教育，实行动态测评，对不符合时代发展要求的人员，或降级处理，或取消其任职资格。

（2）公开招聘

大规模公开招聘员工，不是简单地用高薪聘请的办法来吸引，而是力求在打破传统用人方式的基础上建立人才形成机制。因此，公开招聘的过程中要注意研究和解决建立人才激励与约束机制的问题，以建设一个能够体现人员价值、展现人员才华和能力的环境和机制。一是实行聘用制。不定行政级别，由企业对被聘用者实行合同制管理，使被聘用者真正对企业决策层或董事会负责，受董事会约束。二是实行试用期制。试用期间享受企业相应的岗位待遇，试用期满后对经考查不适合或不胜任者予以解聘，并不再保留其相关待遇。三是实行年薪制并采取加股权、期权的办法，实行动态管理和长效约束，把被聘用者的努力程度、工作业绩及工作成果与企业的利益捆绑，激励其提升业绩。

（3）退出机制

建立不称职和不胜任现职人员的退出机制。由于历史原因，一些员工的年龄、文化知识和专业结构不尽合理，加上有的员工思想政治素质不高，工作作风不严谨，而表现为不称职、不胜任现职的问题。在大力引进优秀人力资源的同时，如果不认真研究和解决好不称职、不胜任现职人员的退出问题，势必难以聚集引进人才、开发人才的综合效益。竞争上岗是许多企业钟爱的人力资源配置方式，但它不是万能的。实践才是检验人才的唯一标准，竞争上岗是"相马"，而非"赛马"。既然是"相马"，就可能相不准，可能会有善于现场表现但实际能力不强的人竞争成功，因此实行"岗位动态管理制度"就显得尤为必要。要提高认识，形成"能下"的氛围；制定办法，明确"能下"的依据；强化考核，落实"能下"的对象。对考核不符合要求的在岗者通过下岗、换岗、淘汰等方式进行动态调整，包括动态竞岗和末位淘汰等具体制度。应聘、待聘、解聘等硬性条件和操作办法有待规定，以保证配置工作有章可循。

（4）强化激励

在一个有活力的企业里，处处存在着竞争，没有竞争就没有发展。员工配置要强化激励优胜的措施，用市场化的激励措施克服员工的两种消极心理：一是陪练心理，认为人选早已内定，报名也只是陪衬；二是顾虑心理，虽然想竞争，但是因为怕被人误解为"有野心"，或向领导"叫板"，而不敢报名。强化激励措施即增加员工主动参与配置的动力，从而可保证全员参与。只要是有想法、有能力者，都可以去参与，多中选一、优中选优的目的即可实现。

四、定期整合

历史的经验和人力资源管理实践告诉我们，人才的定期重整，对于防微杜渐、废除终身制、开阔视野、培养人才、发现人才、强化制度改革十分必要。

1. 库克曲线与定期整合

库克曲线表明，为激发员工的创造力，应该及时变换工作部门，促进人力资源流动。研究结果表明：一流的人才正因为流动而思路开阔，有创造性，也说明人才只有在流动过程中才容易找到最适应发挥其才能的岗位和环境。

对于新上岗的员工而言，承担任务具有的挑战性、新鲜感，以及新环境的激励，促使其创造力快速增长。当员工的创造力经过一年左右的峰值期后，即步入衰退期，将持续下降并稳定在一个固定值，如不改变环境和工作内容，创造力将在低水平上徘徊不前。这不是激励机制出了问题，而是配置重整方面出了问题。

2. 卡兹曲线与定期整合

卡兹曲线告诉我们，组织和人一样，有成长、成熟和衰退的过程。超过五年就会出现组织老化，解决的办法是通过人才流动进行改组。卡兹的组织寿命学说从组织活力的角度证明了员工流动和人员退出的必要性。

人力资源整合将使员工的价值得到真正实现。卡兹曲线表明，在一起工作的人员，在一年半到五年的时间里，信息沟通水平最高，获得的成果也最多；而在不到一年半或超过五年的时间里，成员信息沟通水平不高，获得的成果也不多。这是因为相处不到一年半，不熟悉，尚难敞开心扉，而相处超过五年，彼此熟识，相互失去了新鲜感，可供交流的信息减少。对个体人才而言，由人才团队带来的协作、学习、竞争、节约等集聚效应不仅可以使人力资本价值得以实现，还能够带来新的人力资本积累，提高员工个体的技术知识水平和创新能力，为个人发展提供良好的机遇和广阔的空间，实现个人与组织的同步发展。

3. 最优施压点与定期整合

组织和员工必须共同面对职场上的工作压力，对工作压力的共同管理也有助于组织发展目标和个人创造力的激发与保持。适当的压力对工作绩效有显著的影响，在低压力的情况下，工作对于员工来说没有挑战性，员工不会呈现出较佳绩效；当压力达到某一点时，即可改善员工的绩效水平。对工作任务而言，其存在一个最优的压力水平点，这个点就是适当的工作压力，过了该点，工作绩效就开始下降。所以要保持员工的创造力就要使员工认识到这个点，给员工最适当的工作压力。企业中一定程度的人员流动是不可避免的，这样的流动率可以形成企业人员的"新陈代谢"机制，通过人员重组在一定程度上避免思维的同质化。

4. 求变应变与定期整合

人力资源管理需要关注原来的组织与未来的组织，以及这两个组织之间有什么样的变动。这个组织会不会因为公司里即时的改变而变动得特别快，所以要建立起一个观念，组织可能是常变的，定期整合是必要的，一成不变是很危险的。整合过程中整体绩效是重心，整合就是整体绩效的最佳组合。整合可以有多种，可能是甲部门与乙部门合并，也可能是甲部门拆分为乙部门和丙部门，更复杂的则是部门与人员的交错整合。所以组织里面分久必合、合久必分，会有这种反反复复的状况，最重要的是企业追求的是最佳组合。像有些企业，原生产线生产的产品已经沦为低阶产品，原生产线上的员工如何分配？这些员工能不能够成长？如果他不愿意成长，就会遭到淘汰。

人力资源整合不仅能使员工价值得以实现，而且还能带来整体的系统效能大于部分效能的集聚效应。一个定期重整的知识型组织，可以实现知识、技能在人与人之间动态的互补、共享和积累，使整个组织的创新力在规模上无限扩张与加速增长，保证组织形成持续的创新能力，进而推动收益递增、绩效持续增长。

五、配置革命：企业无边界

常规的运营对企业创新而言，可能是一种桎梏，它体现为企业边界。正是这些边界阻碍了创新思维的流动，所以需要打破这些壁垒，建立一个无边界的透明企业，让创新思维自由流动。"无边界"理念的提出，可以使员工配置的观念发生革命性的变化。

1. 关于企业边界切分

企业环境的因素几乎是无限的。它既包括政治、经济、科技、社会文化等宏观环境因素，也包括竞争对手、供应商、购买者等市场环境因素；既包括企业的组织结构、技术水平、管理能力、企业文化等内部环境因素，也包括自然环境等诸多外部环境因素。如果将这四个方面的环境因素再进一步细分，则世间的万事万物几乎都会囊括在其中。

于是就产生了一个问题：企业管理者的知识和能力总是有限的，而有限的知识和能力怎么可能去分析并把握无限的环境因素？于是我们必须要讨论企业环境研究的边界问题。也就是说，如果不明确企业环境研究的有限边界，企图把所有因素都纳入企业环境因素分析的范围，不仅在理论上不可行，而且在企业管理的实践中也不具有可操作性。

2. 经济学的解析

传统经济学认为企业边界是由有形资源决定的。此时，企业关注的目标是内部经济，即实现单位产品成本最小化。由于存在组织成本和协调成本，因此，对企业而言，必定存在一个转折点，超过了转折点，企业会从规模经济转入规模不经济。这个转折点就是企业的边界。理论经济学的解释如此明晰，但事实上人们由此展开了寻找企业边界的漫漫征程。

传统经济学认为企业边界在边际成本等于边际收益之处。然而随着信息技术与知识经济的发展，企业边界不断被突破，并有趋于无穷的态势。这是因为，在信息经济条件下，企业随着边界扩张，边际成本递减、边际收益递增，边际成本曲线和边际收益曲线无法随着企业规模的扩大而交于一点。

在现实中，这种类型的边际成本曲线和边际收益曲线往往体现在一些产品知识含量较高企业的运营实际中。请注意：在网络经济充斥全球，信息革命席卷各行各业的时代背景下，这种企业不仅将越来越多，而且将越来越居于领导地位。由此引起的对"企业边界"的革命性再认识已经到了不得不进行的时候了。

3. 重新审视企业边界

正如前文所述，世间万物都可能构成企业环境因素。企业的确无时无刻不在吐故纳新，与有形外界进行各种交流，企业边界与企业环境因素间的关系是绞合的，难分你我。甚至在某些情况下（如并购等），它们之间的转化也是很微妙的。那么，硬要把企业边界划分清楚，是否有意义呢？

笔者认为，单一地追求或寻找企业边界将会"迷失自我"。企业会认为这个是"我"的，那个不是"我"的，从而割裂地看待与外界的关系，缺乏交流性、针对性。"以'我'为主"的打法在市场中一旦受制于某个环节，就可能导致全盘皆输。

但是如果站在另外一极来看待这个问题，同样会得出不分你我的研究于企业有何益的悖论，两者混为一谈的结果岂不是更加"迷失自我"？

诚然，环境因素确实是企业所要面临的一个难题。关于其复杂性、可变性研究已有大量著述，此处无须赘言。寻找企业边界始终让人似懂非懂，将信将疑。换位思考的话，我们会发现边界问题并非企业发展现实中的瓶颈。如此格物致知很可能导致形而上学的结论。那么问题的关键应该在哪里呢？笔者在这里做一个大胆的猜想——它应该是企业如何有效利用内外部资源从而对企业绩效施加影响、控制。

4. 越过"边界"谈"互动"

我们的目光应聚焦于企业内部环境各要素与外部环境各要素的互动关系上。

赵锡斌教授认为，企业内部各要素与外部各要素之间存有相互作用或相互影响的关系。例如，政府的经济政策会对企业管理者的决策、企业经营活动以及企业绩效产生影响；而企业管理者的决策、企业经营行为以及企业绩效也会对政府制定或调整经济政策产生影响。又比如，竞争对手竞争策略的变化会对企业决策、经营活动及企业绩效产生影响；而企业的决策、经营活动、企业绩效的变化也会对竞争对手产生影响。再比如，自然环境的变化会对企业决策、经营活动和企业绩效产生影响；而企业决策、经营活动和企业绩效也会对自然环境产生影响。也就是说，企业内外部各要素之间都是相互影响、相互改变的互动关系。这种互动的关系，在现实中是普遍存在着的客观事实。可以说，"互动"的探讨，是对既有理论的一种突破，它绕过了"边界说"，给我们带来一个全新的视角。

5. 互动因素

根据已有的企业关键因素分析，赵锡斌教授提出，要着重从 12 种关键环境因素着手研究，分析它们之间的相互关系及其对企业决策和企业绩效的影响。

（1）经济

这里主要指一国总体或企业所在地区的经济情况、人均可支配收入及价格指数等变动状况。经济环境既能给企业带来发展机会，也可能产生威胁。

（2）政府

这里主要指政府职能定位和政府及官员对企业的干预程度以及政府政策、条令等对企业决策与绩效的影响。如果政府越位，过多地直接干预企业经营活动，不合理地设限，使企业的自主权受到破坏，那么，企业的发展就会遇到种种困难。反之，如果政府只做市场不能之事，企业的事由企业自主决定，则企业的发展就会有一个良好的环境。

（3）文化

这里主要是指一个国家、一个民族或一个地区的文化传统，如社会价值观、信仰、社会习俗、伦理规范、思维方式和行为模式等，也包括外国文化的渗透。社会文化具有无形性和普遍性的特点，作为外部因素之一，它对企业内部环境因素如企业文化的形成以及限制具有重大的影响。

（4）法律

法律法规对企业来说是具有强制性的行为规范，因而是影响企业决策和绩效的关键环境因素。尽管强制性的法律规范给企业设置了若干行为准则——如《中华人民共和国公司法》《中华人民共和国证券法》等诸多强制规范，但是它同样给了企业一定的机会在法律的准绳内充分发展——如修改的《中华人民共和国公司法》中一降再降的准入门槛及投资门槛的降低与取消等。

（5）科技

科学与技术的发展速度日益加快，不断改变着人们的生产和生活方式。昨天还在津津乐道的技术和工艺，今天可能已经落伍；今天的新技术、新工艺，明天可能惨遭淘汰。不断迎接科技革新，对企业来说意味着广阔的前景与巨大的挑战。而作为第一生产力的科学技术，其影响的范围几乎涉及企业内外环境的各个因素。

（6）自然资源

这里主要指企业所处的自然资源环境，包括地理及区位、土地资源、矿产资源、生物资源、水资源、大气资源、自然生态资源等。企业所处的自然资源环境状况对企业经营方向的选择会产生重大影响。靠山吃山，靠水吃水，那么山穷水尽又该如何？可见，自然资源同样是把双刃剑。

（7）购买者

供买者包括采购商和消费者，他们从企业购买产品或服务。购买者的意愿、购买行为及偏好等方面的变化，对企业的决策与绩效会产生直接的重大影响。"顾客即上帝"的信条为诸多企业所信奉并推崇。但企业需要注意：忠诚的消费者永远是相对的。如果不能满足消费者的需求意愿、需求结构、购买行为及偏好等变化，将使消费者改变购买决策。

（8）供应商

与购买者相对应，供应商包括原材料提供商和服务商。他们向企业提供从事生产所需的原材料、燃料、零部件等物品资源和信息、技术、资金等服务资源。如何稳定地获取企业必需的资源，并降低交易成本和生产成本，提高产品与服务质量，是企业生存与发展的关键。企业与供应商微妙的关系很可能使企业产生收购的欲望，进而将其内部化。当然，另一个趋势是企业为节约成本而将某一环节外部化，即外包。因此，资源获取的有利方式的重要性甚于供应商本身。由它而形成的机会与威胁，也是左右企业绩效的关键因素。

（9）竞争对手

竞争对手包括国内外生产、提供相同或相似产品和服务的企业，也包括替代品的生产者或潜在进入者。竞争是市场经济的一大特征。随着市场环境的变化，企业之间的竞争日益激烈，竞争策略和手段日趋多样化。"左手挥拳，右手握手"是竞争者之间的真实写照。竞争者之间的"协同"与"勾结"，有时可以把市场做得更大。这就要求企业在"与狼共舞"的同时审慎地处理与竞争对手的关系，谨防一招不慎，满盘皆输，努力把博弈引向最优。

（10）管理者

企业何去何从，很大程度上取决于管理者——此处指的是管理团队。管理者的素质、能力、企业家精神等，对企业决策与绩效的优劣以及企业成败起着关键的作用。公司政治的激化会使管理者常为一己之私而明争暗斗、相互掣肘，这样的企业将举步维艰。如果管理者的素质高、能力强、勇于承担责任，与企业步调一致，企业就会更上一层楼。需要提出的是，管理者因素理论上应该是最可控的，然而客观事实上又往往表现为最不可控——直面现实需要一种勇气。

要使企业去短扬长，管理者就应"三省吾身"。

（11）人造资源

赵锡斌教授认为，人造资源是指非自然形成的、通过市场交换可获取的资源。在企业内部，这些关键资源包括信息资源、物质资源、技术资源、人力资源等。其中，信息资源又可能是最重要的资源。因为，环境是作为信息输入企业的。信息的收集、整理、加工、储存以及信息的利用能力，是影响企业决策与绩效的宝贵资源。卓越的管理者和资源，尤其是灵敏准确的信息，就是企业运筹帷幄、决胜千里的前提保证。

（12）企业文化

企业文化包括企业的价值观、职员习惯、伦理道德、企业精神等。企业文化，具有导向、凝聚、激励、约束企业员工行为，塑造企业形象等功能。因此，优秀的企业文化是企业无形的经济资源。它可在潜移默化中引导企业员工协调一致地自觉做出有利于企业价值观和企业目标的行为选择，激发创新精神，节省交易费用，提高资源配置效率和边际收益。卓越的管理者和优秀的企业文化，可形成企业持续的核心竞争力，使企业实现可持续发展。

第二节　组织结构柔性

柔性是指组织结构的可调整性，对环境变化、战略调整的适应能力。在知识经济时代，外部环境以远快于工业经济时代的速度嬗变。因此，组织的战略调整和组织结构调整必须及时，应运而生的柔性组织结构使其运作带有柔性的特征。

一、兵无常势

"柔性"是指适应变化的能力和特性。"柔性"有时被认为相当于"敏捷"，能根据环境的变化迅速调整思路，避开威胁，但"柔性"与"敏捷"是有区别的，"柔性"还含有忍受变化所带来的负面影响的能力，有坚强、韧性之义。组织的柔性化是指企业具有参与国际竞争、对变化不断反应，以及适时根据可预期变化迅速进行调整的能力。按照经济学"巨人"加尔布雷斯的归纳，可塑性组织包括一个职能结构，围绕这一结构，项目组及小型业务单位不断被建立、合并、解散。这些单位集中于产品、分销渠道、流通环节、顾客、地区、供应商、技术等领域。组织的这种可塑性正是本节所探讨的柔性。柔性组织是一种松散灵活的、具有高度适应性的组织形式，能够弥补传统组织个性的不足。

1. 刚柔并济

管理要有一定的张力，同时又要有一定的韧性，要允许下属有一个自我认识、自我改正的过程，不要过分急躁、过分强求。需要果断的时候就不能优柔寡断，需要灵活的时候就不能保守僵化。常规的职能划分、流程管理、目标管理、制度管理是企业必不可少的刚性管理方式，因为它们能够为员工明确奋斗目标和工作程序，是管理的坚实基础。有了这样的管理基础，才能更好地发挥柔性管理的作用。但同时，如果员工的主人翁精神能够被充分激发，在问题产生时主动补位，并在组织内流动起来，自觉自愿地为企业发展尽心尽力，企业管理即可事半功倍，这就是柔性管理的根本目的。

2. 相机而动

企业经营要在"先为不可胜"的基础上，学会在运动中进行战略转移，寻找"待敌之可胜"之机。当企业资源处于劣势，市场竞争白热化使行业利润下降，市场前景不佳时，采用防御型战略；当企业资源处于劣势，但市场环境机会看好时，采用巩固发展型战略；当企业有较强的资源优势，市场环境机会看好时，采用进攻扩张型战略；当企业有较强的资源优势，市场竞争白热化使行业利润下降，市场前景不佳时，采用竞争转移型战略。企业管理者好比军队的指挥官，他必须根据快速变化的战场情况来组织、部署兵力。静态的人员组织结构只适用于静态的市场环境，最优的人员组织结构应该是灵活的、动态的，是可以因市场变化而及时调节的。善于用兵打仗的人，会去努力发现、创造有利的态势和机会，并不对下属求全责备，而是依不同的形势去选用合适的人才，来把握和利用态势和机会。企业应能把握商场上的"势"，及时组织合适的人力，抓住商机，而不是消极地对员工求全责备。人员的组织结构只是手段，而非目的。它必须能因"势"的变化而变化，让合适的人才在合适的位置上，把握好机会，发挥出作用。

3. 项目运作

当新技术、新产品正快速进入市场时，公司必须组织不同的团队，以不同的"新项目组"的形式，来开发设计新产品、新服务和新的解决方案。所以，柔性组织往往是针对项目而运作的。理想的项目化企业，其组织结构应有三个特征：首先是"静态"的部门服务于"动态"的项目团队；其次是部门之间的界限如同虚设，员工可横跨这些界限工作而不受不必要的行政约束；最后是让所有中上层经理接受变革管理的培训，使整个管理层能充分理解组织结构从一种状态转变为另一种状态的过程。这样，绝大部分员工在项目上而非部门里工作，同时每个项目都有明确的范围、完成时间和所需资源。这与那种大部分人员都进行日常固定工作的企业有很大的不同。

孙子曰："夫兵形象水，水之行，避高而趋下。兵之形，避实而击虚。水因地而制流，兵因敌而制胜。故兵无常势，水无常形。能因敌变化而取胜者，谓之神。故五行无常胜，四时无常位，日有短长，月有死生。"企业组织的变革如同用兵一样，必须根据不同的外部环境确定适当的组织结构。

二、虚拟团队

在信息时代，组织要想放松控制以便灵活驾驭变革引起的各种冲突，这就需要它保持一定的速度和灵活性，使之迅速灵活地应变以不断创新。"虚拟"是信息时代的新概念，表示逻辑上存在而物理上却不存在；然而，它又能起到相应物理存在物的作用。虚拟团队，是指由共同理想、目标或利益所结合，跨地区、跨组织、跨部门并拥有不同知识和技能的人员，通过现代信息技术实现远程沟通和协调，以完成组织目标的契约式策略联盟。尽管是逻辑上的概念，但从整体看，虚拟团队仍是一个完整的团队，只要运用得法，也能起到现实中团队的作用。

1. 魅力十足

虚拟团队并非仅存于网络的虚拟世界中，它早就存在于真实企业中，通过互联网、电话、传真或视频来进行沟通、协调，甚至共同讨论、交换文件，以分工的方式完成事先拟定的工作，而不再有永远开不完的会议。虚拟团队最大的竞争优势就是低成本、高效率。低成本是指虚拟团队不需要额外的办公设备与空间，也没有加班费、退休金、遣散费的负担，同时还可以协助企业用较低的成本寻得更专业的人才。事实上，"虚拟团队"并非新概念，在信息时代其可以发挥得更淋漓尽致。在低成本之下，它可以创造出更多的商机与利润，并提高专业性与竞争力。不论是数十人的小公司还是成千上万人的大企业，虚拟团队的观念与策略其实都可以被充分地应用。善用虚拟团队资源整合的优势，自然可以发挥以一当十，以十当百的杠杆效应。

2. 形散神聚

虚拟团队的出现，对传统的组织形式和管理方法提出新的要求和变革。如何维护和管理虚拟团队，提高团队效率，日益受到关注。对这种无形的团队，只有靠有形的管理，才能做到"形散而神聚"。虚拟团队不一定依赖于一个看得见摸得着的办公场所而运作，但同时又是一个完整的团队，有其运行机制。

它的存在跨越了时间和空间的限制，团队成员来自各个分散的地区，因此没有成员之间相互接触时所具备的特征。虚拟团队利用最新的网络、移动电话、可视电话、微信等技术实现基本的沟通，在技术上的诱惑力是显而易见的，但在管理上稍有不慎，就会造成管理的失控。所以，虚拟团队管理是非常重要的，管理者必须能够整合团队资源，并清楚地让成员知道整个任务的重要性。除了拟定项目目标外，还能够营造出成员的向心力，凝聚深厚的合作默契。因此，称职的团队管理者必须协助沟通，让团队能够顺利完成任务。在虚拟团队的运作过程中，管理者除了要不断掌控进度外，也要预测各种情况，避免危机发生。所以，随时保持危机意识，提早洞悉潜在危机，并随时安排备用人选待命，加长工作截止期限的缓冲期，就是在管理虚拟团队时，避免失误的重要法则。

3. 信任维系

面对虚拟的成员，传统的命令和控制方式已不再有力，欲真正管理好虚拟团队，必须调整虚拟成员的定位，并在虚拟团队中建立起良好的信任氛围。这种信任并非一成不变的，而是随环境和成员的变化而改变的。虚拟团队的管理者很可能担心：一个看不见的团队，如何控制呢？问题的症结就在于这种提问的方式。对虚拟团队的管理，我们无法先入为主地导入"控制"的概念，而控制和命令是传统团队管理的两大法宝。虚拟团队管理的核心问题其实是信任的建立和维系。如果我们仍需使用控制这一方式，控制的对象应该是信任本身。因此虚拟团队的管理体系和管理思维都是围绕着信任而展开的。在信任的建立和维系上，基本的规则有四个。

①信而有情。授信给不应得到信任的人是一种失误。另外，在信息时代更常见的陷阱是企图在纯粹的数字化中建立信任。试想，当面对冷冰冰的机器，联系的对象都是数字化代码或单纯的电邮地址，怎么能给予对方信任呢？这可能是网络经济中的最大悖论：组织的虚拟程度越高，人们对人情味的需求就越强烈。

②信而有限。无限的信任既不现实，也不合理。组织对虚拟团队成员的信任其实是一种信心，即对成员能力的信心，以及对他们执行目标决心的信心。要做到这点，必须对组织重新建构，比如改变按照层级分派下达的方式，转而建立任务明确的工作单元。在这种情况下，可以最大限度地释放信任和自由，由此产生的利益将避免职能重复的弊病。

③信而有学。为实现最大程度的信任而建立的工作单元，如果不能跟上市场、客户和技术的变化，对整个组织将会造成巨大损失。因此，这些单元的员

工就必须时刻紧跟变化的步伐，并形成一种不断学习的文化。这对组织的人力资源政策提出了挑战：一旦招聘的人员不具备这种经常性的学习心态，则无法实现及时的知识和能力更新，最终迫使组织收回信任。

④信而有约。对追寻商业目标的企业组织而言，信任不仅是一种主观的反应，其还应该和契约联系在一起。在给予独立业务单元信任的同时，必须保证该单元的目标和整个组织的目标一致，这就要求信任和契约相辅相成。在给予充分信任的同时，保证个体目标和整个团队目标的一致性，以契约的形式明确成员的权利、义务及违约责任等。

4. 角色转换

信任为虚拟团队的管理者带来另一个两难问题：员工角色。虽然员工得到了信任，但他会不会把信任寄托给一个他看不见的虚拟化组织？传统经济学中这一问题比较容易解决，员工是组织的人力资源，他们和组织间是一种合同制的关系，良好的薪金、开阔的职业发展路径、挑战性的工作都可成为他们工作的激励因素。在知识经济时代，员工所代表的无形资产在很多企业中已经远远超过有形资产的价值。作为高价值的无形资产代表者，他们可以轻易离开所处的团队，尤其是以信任而非控制为主导管理思想的虚拟团队。这一风险的存在往往会引发恶性循环：投资者为规避风险，急于尽快收回投资，不惜采取短期行为，而管理者迫于投资者的压力，施压于现有员工，这又会加速员工的离开。

消除虚拟团队中的恶性循环，最理想的方式是改变员工的角色定位，就是把他们从"劳动者"的角色转换为"会员"角色。作为会员，他们需签订会员协议，享有相应权利并履行相应义务，更重要的是参与管理。例如，如果会员反对，俱乐部是不可以拍卖的。虚拟团队员工的会员化，道理完全一样。成为会员后，员工的归属对象就不再是某个"地方"，而是某个"社区"。这种情况下，对虚拟的社区他们也会产生归属感。"劳动者"转换成"会员"，虽然不等同于把所有权拱手让渡，但这一改变无疑会削减所有者的权力。因此，股东的角色也须相应地从"所有者"转换为"投资者"。他们追求回报，但同时又要承担风险。另外，他们也不能越过会员转卖公司，或是轻易向管理层发号施令。虚拟是无形的，而管理的转型却实实在在。不难预计，谁能顺利地实现这一转型，谁就能在知识经济的新一波发展中抢占先机。

三、企业虚拟化

信息科技的迅猛发展，使得虚拟企业在知识经济时代大量涌现。企业的虚化问题因此受到普遍关注。

1. 何谓虚拟

组织间和组织内各部分相互沟通、协调的方式是组织结构的重要内容，信息技术作为一种低成本的控制手段降低了交易成本，促使企业和外部企业组成一些各自独立的组织，为达成一定的目的而暂时组成某种同盟，或松散或相对紧密，由此可以克服单个企业在空间和时间上的局限性。这是一种能保持集中和分散活动协调统一的组织形式，企业之间的合作关系可以突破传统的、长期的、固定的模式，通过网络并应用现代信息技术进行分散的、互利的合作。这种发展的趋势就是组织的虚拟化。组织虚拟化后成员间的合作关系往往是在一个项目完成后即告解除，成员则根据自身的资源禀赋和市场机会重新组合，采用这种组织形式的企业即为虚拟企业。企业的虚拟化是通过组织内、组织间高度的网络化形成的。网络使企业把员工与员工、员工与客户直接联系在一起，减少了传统企业通过上下级构成的纵向和部门间的横向联系环节，使企业组织本身成为"空壳型组织"。

2. 虚拟化浪潮

目前在世界范围内，企业正在掀起一股虚拟化的浪潮，进行分散化、裁员、建立联盟以寻求技术与组织的创新。为什么虚拟企业的思想这么诱人？这是因为人们已经开始相信科层组织的弊端可为柔性组织所改善。实际上，虚拟企业是战略与结构的有机结合，它既是一种企业间的暂时组织形式，也是企业有效的竞争战略之一，或称战略联盟。不同的成员企业通过组建虚拟企业，可以各自发挥竞争优势，共同开发一种或几种产品，最终把共同开发的产品迅速推入市场。成员公司共同分担所有的成本费用，并分享先进技术。虚拟企业与传统的企业组织形式相比较，明显具有松散性、灵活性、生命力强等特点，而且虚拟企业的联盟，突出的是技术联盟。但企业间要结成技术联盟，必须具备一定的条件，即企业需要有核心技术、企业优势具有互补性、要有一个果断高效的决策机构。

不难看出，以虚拟企业作为目标组织模式的企业组织创新的本质有两个方面。一方面是通过市场机制来激励企业的创新行为和实现对环境变化的快速响应。虚拟企业利用市场来协调它们的大部分经营活动，可以迅速完成开发、制造、市场化和服务等一系列环节，而这是以往的传统企业难以做到的。另一方面则是借助外部环境中的组织资本来实现自身组织资本的增值。虚拟企业可以充分利用外部的人力资源和组织资源，实现资本的快速增值。不要幻想本行业的精英都在本公司工作，要利用外部资源，最好的方式就是将企业虚拟化。正是这两方面的优势，使得虚拟企业成为许多企业组织创新的理想目标模式。

3. 虚拟化需慎行

从企业核心能力成长、组织学习和知识管理的角度看，虚拟企业的激励和效率优势同时也是其弱点。激励增加的同时风险会增大，而且随时间的推移和范围的扩大，通过市场调节所得到的效率也会越来越低，更重要的是，导向那种过分依赖虚拟企业的组织创新，或会严重损害企业固有的组织学习机制和知识共享机制，从而影响企业核心能力的培育和成长。因为，在企业努力寻求市场关系代替原有的组织关系以增加组织的柔性和灵活性的同时，极容易失去另一种柔性和灵活性，即来自组织视野的认同和组织学习的柔性与灵活性。企业外部环境的变化总是通过各种途径显示出来的，而且这种变化更多的是通过企业的文化子系统或隐含的学习过程表现出来，并且会在整个企业系统内进行传递。如果过分关注于虚拟化而不注意企业核心能力的完整性，将使与核心能力有关的辅助或次要功能市场化，那么，以文化为纽带的次级子系统和非正规调节子系统就会失去或难以发挥其应有的作用，造成创新过程中学习循环的中断，严重影响组织知识的有效积累。这种情况的出现，是因为在相当程度上忽略了企业组织创新的隐过程。因为，即使将结构与战略联系在一起，从战略联盟的角度来考虑虚拟企业的创新过程，往往也仅是从操作子系统和正规调节子系统出发，侧重于产品和技术战略进行有关导向虚拟企业的结构调整，而没有从与文化子系统乃至组织视野相结合的角度，来全面考察战略、结构与文化的创新过程和孕育其中的学习过程、知识管理过程，以及它们与企业核心能力之间的关系。应根据虚拟企业主要是一种以技术为核心的战略联盟的特点，有针对性地分析组织通过虚拟企业进行的技术创新类型和企业学习机制特点，进而决定企业的虚拟程度。

4. 何时虚拟

企业虚拟经营不是为了赶时髦，更不是为了虚拟而虚拟。当企业发展到一定阶段，成长到一定时期，就有必要虚拟。善于选择虚拟经营的时机，是摆在企业面前的一个重要课题。那么，到底什么时候选择虚拟经营呢？

①亏损严重。企业所从事的业务出现较为严重的亏损是企业需要考虑虚拟经营的首要信号。企业发生大的亏损，表明企业运营成本过高，此时企业就不宜固守成规，而应该大胆地尝试虚拟经营，以降低成本，提高收益。

②战略调整。企业的经营战略有重大调整也是企业考虑虚拟的重要信号。

譬如，企业认为没有必要把太多人力、物力投放在生产环节，或希望在新技术的研究和开发上做更大的投入，争取在将来的竞争中抢占有利地位。未来的经营中，虚拟经营将会在配合企业重大战略决策中发挥越来越大的作用。

③竞争激烈。随着世界经贸格局的进一步形成，市场竞争空前激烈，以国外品牌和中国诸多新创品牌为代表的众多厂家、商家加入竞争的行列，使竞争从激烈走向残酷。企业要安然自保，就须"大隐隐于市"，通过虚拟经营来应对过于激烈的市场竞争。

5. 何以虚拟

在正确地选择虚拟经营的时机之后，就要解决如何虚拟的问题，即企业到底哪些部分是应该虚拟的。对不同的企业而言，答案是不一样的。在对虚拟环节进行决策时，应着重把握好三个原则。

①标准化原则。所谓标准化原则，是指虚拟的环节是标准化处理的，已经有了统一的技术、性能要求，而且，达到这一要求的工艺、技术也已经是众所周知的，一般的企业都能生产达到要求的产品。也就是说，企业与市场共享的那部分或环节不宜包含特别的技术诀窍。如果企业经营的某个环节或产品的某个部件能够符合上述要求，就可以考虑虚拟经营。

②强化竞争优势原则。企业要通过虚拟经营，加强自身的竞争优势，使有限的人力、物力、财力投入最能提升竞争力的领域。"有所不为，才能有所为。"虚拟的目的就在于，做价值链上含金量最高的部分，只要虚拟经营对提升竞争力是有益的，就可以去做。

③规模经济效益和灵活性原则。虚拟经营要能给企业带来规模经济的好处和增加企业的灵活性，如果虚拟经营不够经济或在产品质量、技术要求等方面受制于人，降低了企业的灵活性，就不宜实行虚拟经营。换句话说，虚拟经营要能使业务获得更好的规模经济效益及更大的灵活性，才有利于巩固保持企业在市场中的领先地位。

6. 何处虚拟

怎样虚拟，虚拟到什么程度，对成功达到虚拟经营的目标都是十分关键的。虚拟经营绝不是越"虚"越好。

①品牌不能"虚"。品牌是企业在市场中赖以生存的标志，是企业标识自身及其产品的标签，所以它是企业避免同质化竞争的最后一道屏障，是企业最有价值的资产。企业在虚拟经营中，如果连品牌都虚拟了，将是十分危险和得不偿失的。

②核心专长不能"虚"。通过虚拟经营，将集中力量进行企业所专注的技术研发、产品设计、品牌推广和市场营销业务，生产和供应可能就会交由市场去负责。这样做的目的，是将含金量最小的一部分，如生产环节虚拟出去，而含金量最大的研发仍由企业控制。这就需要企业认清其价值链。虚拟是建立在对自身价值的清醒认识和准确把握的基础上的。核心价值环节留在公司内，其目的就是要做价值链上企业最擅长的部分。如果将核心价值环节虚拟经营，企业无疑将丧失核心竞争力。

③虚拟经营应该"虚""实"结合。企业在选择进行虚拟经营时，最好与"实"体互为补充，互相依托，发挥"虚"与"实"的综合优势。例如，许多全"虚"的电子商务网站连年亏损就是很好的反面教材。因此，虚拟经营要高度重视"虚"与"实"的结合问题。

四、推陈出新

之前说过，柔性是知识经济时代组织结构形式的一大特征。柔性是一个多维的概念：需要灵活性与多面性；与变化、革新和新颖相联系，与稳健性和复原力相联系；预示着稳定持续的优势和善变补强的能力。柔性强调组织内部具有参与外部变化，对意外的变化不断反应，以及适时根据可预期变化的意外结果迅速调整的能力。换言之，柔性强调适应需求变化的能力。有着强烈创新诉求的知识型组织，其结构是怎样的呢？这里无法给出具体的组织结构形式。具体的结构形式是由每个组织根据自身所有因素（包括其特定环境）在实践中加以设计的，这是个实践性很强的问题。企业既需要为提高员工的创造力创造环境，又不致造成混乱；既希望员工参与决策，发扬团队精神，又希望他们偏爱自己的工作专业；既需要专注于工作的员工，以团队形式工作，又不希望他们漫无目的地因事先未讨论而偏失方向；既强调容易考核的短期利益激励方式，这样员工就会努力完成有挑战性的工作，又重视企业对其长期激励机制的培育，从而使他们始终处于充满创造力的环境中。

1. 扁平

研究知识管理的学者预言：基于知识创新的组织结构将趋于扁平化发展。德鲁克认为"信息型组织的结构将更加扁平，看起来就像一个世纪以前的企业，与现代的大企业相去甚远。""在美国、欧洲和日本，高度创新的组织有着较为扁平的结构，较小的经营部门、较小的项目团队。"

所谓"扁平"，即意味着组织的中间管理层较少。这一结构特征是与其他结构特征相关联的：一个组织若规模庞大，它所需要的中间管理层必然较多。为了适应变化及保有灵活性，组织一般应尽力保持较小的规模。除了这种关联性原因之外，组织呈现扁平外观还有更深层的原因：扁平结构减少了决策与行动之间的时间延迟，加快了对动态、变化的反应，从而使组织的能力变得柔性化、反应更加灵敏。减少层次和压缩规模源于降低成本的需要，当然也反映了信息和通信技术对管理的冲击。中层管理的作用是监督他人，以及采集、分析、评价和传播组织上下与各层次的信息。但是，它的功能正随着电子邮件、声音邮件、大数据等技术的不断发展而减弱。而减少层次的潜在效应，即加快个人与小组对竞争与市场变化、更大跨度的管理幅度、增加的工作量和更广泛任务要求的反应。

2. 反转

组织结构的另一新趋势是"反转"。"扁平"是指组织的外观，而"反转"是指管理者与被管理者之间的内在逻辑关系。这在很大程度上是由知识型组织资源要素的特征及其工作方式决定的。知识型组织的个体是专业人士，决定组织行动的许多信息不是来自管理者，而是来自基层的专业人员。德鲁克对此做了分析：在一个世纪以前，知识都掌握在企业领导手中，其他人只不过是充分帮助和劳动，按照指令行事，做着重复性劳动。在信息型组织中，知识却主要体现在基层，体现在专家的脑海里。这些专家在基层从事不同的工作，自主管理，自主决策。这样，在知识型组织中，管理的职能发生了改变。"管理就是服务"成为必然，组织管理的角色是提供服务，而非发号施令，是清除障碍、开发资源、提供咨询、支持和帮助建立新的文化等。"反转"正是指知识型组织结构中管理与管理对象的这种内在逻辑关系与传统组织的倒置。

3. 橄榄型

为引导创新，企业的研发、生产和营销职能的比例结构须进行合理的设计。从整体上说，就是从橄榄型到哑铃型的转变。橄榄型组织结构是"两头小、中间大"，哑铃型则是"两头大、中间小"。橄榄型结构普遍存在于传统企业里，具体表现为技术开发能力小，营销能力小，而制造能力却很大（尽管其产品可能不是适销对路的）。有限的资金和人力，主要被用来购买设备、建厂房、招工人，以提高制造加工能力，但这种结构的经济效益比较低，因为产品加工环节投入多而附加值小。

4. 哑铃型

哑铃型的组织方式则将重点置于市场与研发。组织的构成单位从职能部门转化成以任务为导向、充分发挥个人能动性和多方面才能的过程小组，职能性工作外包使企业的所有目标都直接或间接地通过团队来完成。企业可以随时把握战略调整和产品方向转移，进行内部和外部团队重组，以战略为中心建立网络组织，通盘考虑顾客满意和自身竞争力的需要，不断进行动态演化，以对环境变化做出快速响应。这样的结构可以使企业把更多精力放在研发、供应链和客户关系管理上去，使内部变得简洁、高效，其两端具有很大的向外扩张的能力，组织的边界就不断被扩大。在建立起组织要素与外部环境要素互动关系的基础上，向顾客提供优质的产品或服务。为了保证技术持续领先，企业可以硬性规定从每年的收入中提取一定比例用于技术开发以研制换代产品。这种做法可以集中人力物力，取得重点突破。因而，哑铃型较橄榄型结构更易催生企业创新。

5. 超越矩阵

矩阵结构又称"规划－目标"组织结构，它是在直线制结构的基础上，再加上一种横向的管理系统，将按职能划分的管理部门与项目小组结合起来，使同一小组的成员既与原来的职能部门保持组织和业务上的垂直联系，又与项目小组保持横向联系，形成管理矩阵。矩阵结构克服了传统组织中各个职能部门间相互脱节的现象，一定程度上促进了组织内部信息的交流和传递。

但是，对于需要更通畅的信息交流及更灵活机动的知识型组织，矩阵结构依然存在缺陷。知识型组织未必需要一个正式的矩阵结构达到信息沟通的目的，正如德鲁克所言："未来信息型组织肯定要超越矩阵形式，而且有一点很清楚：它需要高度的自律，并更多地强调个人在人际关系和沟通交流中的责任。"超越矩阵的结构依据鼓励创新的原则而设计，它的特征可以概括为，松散的边界、跨部门的通路、灵活的任务分配、开放的信息系统和使用多学科的项目团队。

许多知识管理专家认识到，组建小规模的项目小组或许是实现超越矩阵的途径之一。这种项目小组根据解决特定技术问题的需要进行组建。小组的规模和要素配置都因需而定，任务结束可以自动解散。小组成员间的关系，不同于工业组织中直线制的"等级－命令"关系，也不同于矩阵结构。它在组织图中通过多条虚线或实线来表示。小组成员之间是平等的关系，组织良性运转所依赖的是一种基于科学评价的技术权威分层体系，成员对权威的服从是自愿的，而组织中技术权威"经常是以师傅对待晚辈，对待缺乏经验的学徒的姿态出现"。知识管理大师詹姆斯·布赖恩·奎恩用"蛛网"来贴切地形容这种超越矩阵的形式。

6.非正式组织结构

此处要讨论的是无形组织对知识型组织结构的影响。非正式组织存在于正式的组织中，著名的霍桑实验引起研究人员注意的即是该组织中的非正式组织。巴纳德在《经理人员的职能》一书中，将组织正式区分为正式组织和非正式组织两种，最早从理论上概括了非正式组织的概念：非正式组织是指在工作中联系起来的人群，但这些联合体并没有被正式组织的蓝图明确指定，所以它意味着在工作环境中的自然分组。

科学社会学的研究表明存在着两种主要的非正式科学技术组织形式：一种是由一些具有共同学术思想的科学家组成的，另一种则是由被称为"无形学院"的科技非正式组织组成的。后者在其运作过程中形成了一种特殊的分层结构，它是基于组织成员所获得的"承认"的不同而形成的等级体系，这种"承认"主要是根据科学家成果的质量和数量，即由他对科学共同体所做的科学技术上的贡献而获得的。由"承认"不同而形成的等级体系，不同于由权力和财产不同而形成的等级体系，它在本质上是一种权威结构。权威的行使和对权威的信仰、服从，完全是建立在双方自愿的基础之上的。这种自发形成的等级体系结构在许多方面都适合科学技术活动的需要，它理应引起对正式科技组织进行设计的重视。

①可以将这种无形的结构体系外化为正式科技组织的有形结构。譬如，正式科技组织的正式结构的领导中心数量与相对地位、等级层次的多少与幅度等都可以根据在一定程度上对非正式组织结构模拟得出。

②可以直接利用这种无形的组织结构力量。如果能清楚地意识到这种无形组织的力量发生作用的条件和效果，那么在正式组织的某些范围内，就可以有意识地直接利用。从外观上看，科技组织就是无结构的，它依靠无形结构来运转。当然，在何种程度上能够利用无形的组织结构力量，既依赖于对这种力量的全方位认识，也依赖于正式组织的具体情况。

③如果认识到科技组织中无形组织的作用，就能更好地认识到正式的科技组织力量的范围。进行正式组织结构设计时，就须思考，应该怎样使正式组织结构适应于非正式组织。组织需要协调相关资源并完成组织目标，除了正式组织内部成员之间的有效联系，成员与组织外无形组织的联系也是必需的。这种联系的广泛存在就意味着正式组织边界的模糊和内部正式结构的松散。

第三节 组织结构网络

企业组织形式的选择从根本上讲是为了获得一种有效的协调机制，它的存在旨在引导人、财、物的合理流动，以最低的成本达到企业的生产经营目标。因此，采取什么样的企业组织形式在很大程度上受到协调技术的限制。信息沟通方式的革命将彻底改变企业内、外部传统分工协作的组织结构。当进行内部交易，即在公司的边界以内进行交易较为经济时，企业组织的规模就会增大，但降低的沟通成本将把集权的等级管理结构改造为系统控制的网络结构。当与外部进行交易，即在公开市场上同独立企业交易较为经济时，企业组织则会维持在较小规模或者进行必要的收缩。随着知识经济的到来，新的信息技术使我们能够回到前工业时代的小企业组织模式。但是，现时的小公司已经可以享受大公司的许多益处而又不牺牲其灵活性和创造性。在社会分工越来越细的知识经济中，如此众多的小企业就构成了庞大的网络。

网络是各种行为主体之间在交换、传递资源活动过程中发生联系时而建立的各种关系的总和。它广泛存在于企业内外，在升级人们对组织结构理解的同时，释放出了令人震惊的能量。网络的类型有多种：如果强调行为主体是企业，则可称之为企业网络；如果强调网络中的活动是为了创新，则可称之为创新网络；如果强调知识、技术资源，则可称之为技术网络。但实际上"网络"这个概念本身范围是非常宽泛的，如社会网络等。它的概念甚至已超出了组织结构（如因特网）的范围，而被看成一种广义的协调方式。企业要不断创新，知识和技术上的传递与合作是关键，这时，网络便是为了适应环境而建立的一种组织形态。企业网络的形成，是对高风险、高不确定性市场环境的一种回应。由于知识领域的风险和不确定性更高，所以企业网络的形成就更为普遍。

一、以员工为节点

在高效创新的组织之内，员工的关系须重新定义。要强调每位员工在贡献智慧方面的作用，层层命令、控制的关系必须改变。组织绩效的提升，重要的是员工观念的更新、智力的激发与知识的不断学习积累，即采用恰当的组织关系把员工的智慧综合发挥到极致。管理者与员工之间不仅仅是等级链条中的上下级关系，每位员工都应该是一个资源中心，类似于网络中的节点，可以和其他节点自由地交流。

1. 客观的要求

员工是资源，企业要通过他们延伸触角，与社会建立绵密的关系网。同一企业的员工间应是战友与合作者的关系，某些企业士气低落的原因在于管理者割裂地看待员工、产品与市场，未能让员工真正参与其中并与企业共同成长。以员工为节点，则可将企业指数级的发展从梦想拉到现实。

（1）默会性的要求

知识的可交流性实际上决定了组织采用何种结构。首先，知识可交流性的程度越高，中间的治理结构就越倾向于松散型，反之则紧密。如果无法交流，知识完全是默会的，治理结构就是一体化的组织。其次，当知识的默会性和专用性增强时，默会性的特点决定了它不能一次就被传递，这就要求交易双方必须重复多次交易并且双方愿意努力互相合作而不加保留。专用性的特点决定了合作双方的联系紧密，双方合作满意能带来协同效应、系统效应。反之则双方的价值都会有较大的折损。总之，知识的默会性和专用性增强时要求组织能提供更好的合作环境，使员工乐于交流信息。这时，或许只有网络这种功能强大的结构模式，才能更容易地使知识有效地传递和交流。同时，默会性和专用性的要求也意味着网络对有形个体依赖的重要性。可见，网络的节点势必为员工。

（2）价值链的要求

企业的任务是不断创造价值。企业创造价值的过程，是由一系列互不相同但又相互联系的增值活动组成的，它包括研究开发、设计试制、原材料与设备采购、产品生产、运输、仓储、营销、服务等环节，这些环节形成一个完整的链状网络结构，即价值链。在知识经济时代，企业价值链其实就是一条知识链。传统观念认为，人只是填充固定工作岗位的可替换工人；而新的管理理念则把人看作具有独特竞争力的知识节点。只有激活每一个节点，只有善于开发员工的智慧与潜力，企业核心能力才能持续提升。从管理角度看，企业应首先把员工意识与企业的管理哲学、管理行为联系起来，建立一种从员工角度出发的网络管理体系，把握知识创新的机会，提供激化知识创新的氛围。即在个体层面上保证企业平稳运行的同时，不断接近创新。

（3）人性管理的要求

现代社会中，企业是由若干个体组成的有机统一体，这些单个的分子对企业的发展会产生或多或少的影响。企业可以从深层次上来调动员工积极性，提升其素质，发挥其创造潜能。这种积极性的调动不是依靠单纯的物质刺激来完成的，而是在对精神需要和物质需要双重满足的情况下借助制度建设和机制安排来完成的。受到普遍推崇的人性管理方法突出重视人存在的观点，包括重视人的参与、学习等方面的要求，其实质就是把员工看作高于利润的重要存在。以重视员工的存在为中心，去安排企业管理。员工只有不断被证明是存在的，才会产生接受组织目标和理念的义务感。而员工存在又应当如何得到公平与最大价值的体现？恐怕答案还是在建构个体节点的网络之上。

（4）有机企业的要求

企业不是无生命的生产经营工具，而是一种虚拟的生命活动；它不仅是一个社会组织机构，还是带有自然属性的有机生命现象。当企业试图由上而下地强制贯彻适应性变革计划时，效果往往欠佳。而在有机企业中，适应性变革源自企业全体成员求生存的本能，根植于企业管理层与员工之间相互信任、相互扶持的有机契合。在这种企业氛围中，员工受到鼓励去承担责任。毕竟他们才是最经常与客户见面并交流的人，与供应商并肩共事的人，以及亲手生产出公司产品的人。当然，也只有他们才是最清楚企业问题所在的人。所以，只有他们真正地行动起来，"推行变革以适应环境"方可真正落地。这种以员工为节点搭建起来的有机企业能够顺应市场发展的趋势，快速处理信息，领会其中隐含的危险或者机遇，并及时采取恰当的行动，从而在新的动态竞争环境下持续创造优势。

2. 企业的选择

如果把企业间的互动视作以企业为节点，那么它的运作就是按部就班的，或是中规中矩的，也完全有可能是循规蹈矩的。官僚机构时代要求员工公私分明，八小时内外分明的做法事实上压抑了员工的激情与创意，也限制与束缚了企业的进步与发展。如果把视角切换为以员工为节点的互动，企业就会惊喜地发现诸多市场与创新机会。如是行之，结合股权等激励举措，企业就会愈发感受到员工才是企业最宝贵的财富。

（1）制造型企业

制造型企业所需要的是一个包括顾客在内的开放系统：能够及时收集和处理市场信息的系统；需要建立客户服务部和快速反应部队，按照客户需求进行开发与生产；需要制定一个涵盖顾客的经营战略，而不是让有限的相关人员闭门造车。如何探测产品的市场效果，客户的意见和信息如何被快速反应，答案是功能强大的员工网络。

（2）销售型企业

员工是企业与市场联结的节点，人力资源工作的核心是绩效，人力资源之于企业几乎就意味着工作绩效。"抓大不放小，拓展客户群"是许多企业的市场策略。在倾力争取大客户的同时，公司深知其利润由众多节点构成，所有客户都要经历成长期和培育期。如果可以发动员工参与到这些节点中去，并以他们为节点施以激励、控制，企业将以线性的投资换取指数级的回报。以订单方式链接为数众多的节点，构造覆盖企业、员工和客户的利益共同体，同时可在中短期内达到规模扩张的目的，并以此为稳定的资金来源，更新改造设备，创新技术工艺，实现企业增效和员工增收的双赢。通过员工招商引资，特别是针对货量少的客户提供服务，不仅可以降低企业成本，更能赢得客户，使长期、稳定的小客户连年增多。

（3）服务型企业

服务型企业须保证高水平的服务质量，在多数情况下，这意味着权力分散，管理层次减少，管理方式灵活。在多样化、复杂化、个性化的顾客需求的强力驱动下，市场上企业间的竞争日趋激烈，每个竞争者都努力抓住转瞬即逝的市场机会。在如此快速多变而又充满不确定性的市场中，组织结构面临的挑战是使其保持弹性与自适应性，从而把握市场中多变的商机。当企业关注的重心聚焦到客户的完整体验时，组织结构才能说是成功的。这意味着，公司要能够提供优秀的信息系统，使客户能够从单个接触点上获取完整的信息。这还意味着，公司要甄选出能够反映客户满意度的绩效考核标准，并把激励措施与这些标准挂钩。可见，企业成败始终离不开员工这个节点。

二、企业集群

企业的创新资源在一定程度上会受到时间和地域等因素的限制，表现出动态性、变化性和有限性，所以仅依靠企业自身有限的资源来开拓创新，难免会遭遇弹尽粮绝的尴尬境地。企业集群是指在某一特定领域中大量联系密切的企业和相关支撑机构在空间上的集聚，并形成强劲、持续竞争优势的现象。企业集群的生成源于同类型企业的选址决定。虽然个人的行为是有意识和有目的的，但是大量的例证表明人类行为认知具有局限性，对认知和信息收集过程具有重大影响力的社会因素决定了新企业的形成或选址。

1. 行为生态学特征

企业集群具有类似于生物种群的若干行为特征，主要表现在四个方面。

（1）互惠共生

在生物群落中，互惠共生是指两物种相互有利的共居关系，彼此之间有直接的营养物质的交流，相互依赖、相互依存、双方获利。在企业集群中互惠共生的各方尽管分离后能够独立生存，但如能在某种方式下紧密结合，通过功能互补，可以创造更广阔的生存发展空间。知识包括技术、信息、经验等，这些知识一旦被创造出来，拥有的人越多则扩散的速度越快，为企业带来的外部性就越大。企业技术学习能力和创新能力的提升，并不只是企业个体的行为，而通常是在本地企业集体所构成的创新网络环境中，通过生产联系而得以实现的。从经济学的角度来看，企业集群可以带来外部经济，包括外部规模经济和外部范围经济。不同企业分享公共设施和专业技术劳动力资源，可以大幅节约生产成本，优化企业之间的分工和生产灵活性。从社会学的角度看，企业相互靠近，可以在长期交往中，逐渐建立起人与人之间的信任关系和保障。这种信任关系的社会制度和安排，会为企业积累社会资本，降低交易费用。特定产业的空间集聚有助于加强企业的本地化联系，获得研究开发、人才、信息等方面的外部经济和集体效率，帮助企业从低价竞争的陷阱中走出来，进入创新的轨道。

集群的发展有利于吸引更多的企业加入，促进新企业的建立，从而形成更大规模的集群。一方面，良好的创新氛围、激烈的竞争环境以及完善的配套体系，使集群在吸引新企业进入时具有竞争优势；另一方面，地理集中性和良好的外部环境，不仅鼓励产业新丁的出现，也有利于现有企业的增长和规模的扩张。在集群形成后，不仅使吸引来的工厂根植于本地，还使很多新创企业在本地繁殖成长。集群规模的不断扩大，使集群企业的整体发展速度远远超过孤立的企业。集群内新业务的形成与共享使规模经济成为集群发展的主要动力。一个扩展的集群可以增强所有上述利益——竞争性资源的总量，这将使集群内的所有成员受益。其结果是，相对于其他地区的对手而言，集群内的企业发展得更快更好。

（2）协同竞争

在生物群落中，有机体既竞争又协作，从而促进相互依赖和协调。同一种群的不同个体之间为争夺有限的资源进行竞争，而在抵御外敌时又采取协作行为，最终促进了生物群落的平衡发展。集群中的企业是以专业化分工与协作为基础的，类似于一个生态系统，集群是一个有机的、相互作用、相互依存的社会。正如生物种群一样，竞争在企业群落中普遍存在，使得企业个体始终保持足够的动力以及高度的警觉和灵敏性，在竞争中发展壮大。企业彼此在地理空间上的接近使它们更加熟知对手的情况，由于企业间竞争的加剧，后入企业更容易模仿先入者，而先入企业为保持竞争优势会更努力创新。尤其当一个强有力的新竞争者出现时，模仿效应会使新竞争者的新思想迅速产生前向、后向、侧向的联系，集群企业可以因那些先进企业的竞争而提升其竞争力和创新力。

企业集群虽然加剧了竞争，但这种竞争并不排斥企业间的合作。竞争对手为赢得和保留客户要进行激烈的竞争。如果没有激烈的竞争，集群就会走向失败。竞争迫使各企业不断降低成本，改进产品与服务，追赶技术变革的浪潮。企业群居一地，竞争对手毗邻而居，企业永远不能满足，必须不断进取。竞争的结果由零和博弈转为正和博弈，竞争者为了不断地从对手那里得到信息和激励，不断地改进管理，以更加有效的方式组织生产，不断地发现新的市场机会。竞争并不仅仅表现为市场的争夺，更多地则表现为追求卓越的压力。在不断的技术创新过程中，难言一家企业独立完成一件产品的研究与开发。同时，企业要应付复杂多变的外部环境，也必须与其他企业结成网络，共同解决问题。与竞争的同行交流合作，共同分享本行业的知识与信息，这不仅是可能的，也是必需的。竞争对手不是敌人，而是伙伴。因此，协同竞争是集群企业创新的显著特点。竞争的结果是，各个企业不断创新，集聚的企业比其他单打独斗的企业更具有竞争优势，更容易进入行业的前沿地带，同时使整个集群的竞争能力得以提升。

（3）领域共占

在生物群落中，动物为了个体和群落发展的需要，通过领域共占，共享食物、信息来提高抵御外敌和延续自身的能力。创新资源主要包括人才、资金和技术等，创新资源越容易获取，创新越有优势。在创新过程中，创新资源不足是制约企业创新的关键因素。众多相互关联的企业聚集在一起形成集群，进行集群式创新，可以实现创新的资源共享、优势互补，克服单个企业创新资源不足的缺陷。知识的溢出效应使得企业更容易获得相关技术。创新资源的便利可大大降低企业成本，提高其竞争力。集群内的个体可以利用共同的交通、实验基地等基础设施，分享共同的信息资源，拥有共同的专业人才市场，共同吸引风险基金，相互利用对方的创新特长，互为创新成果的传播者和使用者。

集群使得衡量和比较公司业绩更为便捷。因为集群企业是在相同的环境下经营，如劳动力成本和当地市场渠道一样，同时它们还从事相似的经营活动。集群企业都非常熟悉其供货商的生产成本。管理者也可在成本和员工表现方面与其他企业进行比较。企业集群形成过程的实质是一个网络外部化的过程，只不过这里的网络外部化不是体现在产品需求上，而是体现在企业的区位决策上。集群发展是组织间相互依赖、相互促进的一种企业成长模式，是企业受利益驱动的创业和市场化的成长过程。从这一视角出发，可以更深入地理解企业集群的实质和发展问题。当大量的企业进入特定行业而形成区域的企业集聚时，其区域规模经济效应将吸引更多的专业人才、技术和资金的进入，由此进一步强化企业集群，优化其共生领域。

（4）结网群居

在生物群落中，有机体或生物种群以亲缘关系、互惠关系为基础，聚集于某一地理区域内，在适当的环境中结网群居。企业集群实际上是以产业关联为基础，以地理靠近为特征，以设施配套、机构完善为支撑，以文化融合为纽带的区域创新网络。集群内广泛积累了市场、技术和竞争的信息，集群成员优先获取这些信息。另外，个人关系和社会联结能培育信任，促进信息的传递。所有上述条件都有利于信息的传播。在有活力的集群内，公司可以充分利用现有的各种专业化、有经验的员工，从而降低其在招聘过程中的搜索成本和交易成本。因为每一个集群都意味着机会的存在，能减少重新安置员工的风险。

一个发展状况良好的集群即一个深层次、专业化的供应商基地。企业就地取材而不是从遥远的供应商那里获取资源，可以降低交易成本，这有助于降低存贷款需求，减少进货成本以及避免生产延误，而且其本地声誉可以起到重要作用，有助于降低供应商抬高价格或违约的风险。地理位置的相近性有利于改善通信联络，有利于供应商提供辅助性服务。因此，如果其他条件相同，就地采购比从远处采购更为方便快捷，即使某些投入要素需从远地获取，集群也仍然可以提供某些优势。那些致力于抢占一个广阔而又集中的市场的供应商，将会使其定价更具竞争性，因为他们知道，其做法能够实现营销和服务的高效率。每个集群总是在持续不断地提高其在某个地区特定领域的声誉，这一行为使得买者转向卖者聚居地的可能性更大。此外，集群成员还能从大量的联合营销机制中获益，如商品交易会、贸易杂志以及营销代表团等。互补性使客户倾向于购买集群的产品，因为他们有众多的供应商可供选择。

2. 集群与创新

集群化实际上是在催生一种新的创新模式——集群式创新。从概念上来看，它是指以专业化分工和协作为基础的同一产业或相关产业的企业，通过地理位置上的集中或靠近，产生创新聚集效应，从而获得创新优势的一种创新型组织形式。借助这种组织形式，集群内的企业既可以发挥自身的创新活力，又可以弥补单个企业创新资源不足的缺陷，因此，集群式创新是企业进行技术创新的一种有效组织模式，而其影响主要体现在三个方面。

（1）提供氛围

知识是非常难以标准化的，特别是大量的隐性知识，只能通过非正式的、偶然的、面对面的，以及口头的方式交流和传播。这类知识的扩散成本较高，很难借助市场机制进行交换，需依靠非正式交流来进行。而且隐性知识的交换不是一次性市场的交易行为，它必须以相互信任为基础，建立在长期合作关系的基础上。隐性知识的重要性和传播与交流的困难使得创新活动在新时期面临新的困难。产业集群恰恰通过为隐性知识提供交换机制而解决了这一难题。产业集群内部企业地缘上的接近，以及集群内部形成的共有的亚文化，为隐性知识的获得和传播提供了极大的便利。在集群内部，企业之间相互信任，存在长期合作关系，各种非正式的、偶然的、面对面的，以及口头的交流方式是常见的。竞争对手乐于提供必要的帮助，并相信这种行为在未来会得到回报，这种交流方式使得在区域内聚集的企业和机构在创新方面可以获取独有的优势。此外，生产企业、供应商、用户在地缘上的聚集缩短了反馈回路。由于知识活动的外溢效应，地缘上的接近使得相互竞争的企业或者具有互补性生产活动的企业可以彼此受益。随着时间推移，知识不断积累，技能在人员之间传递，集群内部的知识和技能逐渐成为集群内的公共知识。当管理者和具有专门技能的劳动力在区域内流动时，可以促进知识和技术的扩散。从整体来看，集群内部的共生机制为创新活动提供了一种其他组织模式难以获得的动力来源和传播途径，可以提高集群内组织获得创新资源即隐性知识的能力，从而极大地促进了创新活动的发展。

与传统市场相比，集群内的信息分布更广泛、更密集，多个参与者都进行创新，并通过信息的对接和企业间的互补依赖，形成知识传播的有利机制。集群是培育企业学习与创新能力的温床。创新是个体和群体共同参与的演化过程，它一方面是特定部门、特定技术的个体活动，另一方面也是一种集体行动，不同部门、企业之间的互动学习在其中起着重要的作用。企业创新所需要的知识部分来自企业内部，更多的新知识来自企业外部。集群内不仅存在大量有创新压力的企业和研究机构，而且拥有稳定的促进学习、交流和进步的共生机制。因此，集群为企业创新活动提供了合作平台，也为其提供了个体和群体两方面的优势。与单个企业不同，集群创新能力的大小不仅取决于某个创新个体，同时也取决于产业集群的结构和共生机制，取决于集群内部组织间知识的生产与分配，取决于对基础知识的依赖和利用程度，更取决于完成创新并产生经济价值的整个系统。

（2）促进扩散

集群与知识技术扩散之间存在着相互促进的增强关系。集群内由于空间接近性和共同的产业文化背景，不仅可以加强显性知识的传播与扩散，而且更重要的是可以加强隐性知识的传播与扩散，并通过隐性知识的快速流动进一步促进显性知识的流动与扩散。集群内由于同类企业较多，竞争压力激励企业的技术创新，也迫使员工相互攀比，不断学习。企业拥有更多现场参观、面对面交流的机会。这种学习、竞争的环境可以促进企业创新。集群内领先的企业会主导产业技术发展方向，一旦某项核心技术获得创新性突破，集群内企业很快会协同创新，相互支持，共同参与这种网络化的创新模式。事实证明，集群内知识和技术的扩散要明显快于非集群企业。

集群内部的压力包括竞争性的压力、同行之间的压力、持续不断的比较压力。企业间相互竞争就是为了彰显卓越。集群之所以持续创新，正是由此所致。企业彼此接近，竞争的隐性压力迫使其不断进行技术创新和组织管理创新。由于存在着竞争压力和挑战，集群内企业需要在产品设计、开发、包装、技术和管理等方面，不断进行创新和改进。一家企业的知识创新很容易外溢到其他企业，因为这些企业通过实地参观访问和经常性的面对面交流，能够较快地学习到新的知识和技术。在集群中，由于地理接近，企业间密切合作，可以面对面打交道，这样将有利于各种新思想、新观念、新技术和新知识的传播，由此，企业能够获取学习信息，增强了其研究和创新能力。企业有共同利益基础（目标是实现长期共同发展），因而有利于营造一种创新的气氛。

（3）降低成本

由于地理位置接近，相互之间可以进行频繁的交流，这为企业提供了较多的学习机会，尤其是隐性知识的交流，更能激发新思维、新方法的产生。学习曲线的存在使集群内企业学习新技术变得容易且成本低。同时，建立在相互信任基础上的竞争合作机制，有助于加强企业间的技术创新合作，从而降低新产品开发和技术创新的成本。

集群化对企业创新的影响同时表现在需求与供给两个方面。从需求方面看，集群化可以促使企业在相关产业领域内培养市场优势，从而形成一定的规模效应，既可以吸引供应商，也可以吸引用户。当供应商为某些企业提供创新信息或技术时，同样也可以为集群内其他企业服务。由于一个发展完善的集群包括一些相关产业，这些相关产业通常能吸引相同或极其相似的要素投入，因此，供应商拥有扩张的机会。哪怕企业创新失败，退出的风险也相对较低。对用户而言，集群内大量同类企业的聚集，降低了用户的市场搜索成本，为用户与企业建立长期合作关系提供了条件，用户的聚集反过来又能成为主要的信息来源。从供给方面看，在同一地区聚集一群从事相同生产活动的企业，可以促进专业化分工的深化，专业化分工有利于在某一专门领域内建立较强的能力，培育知识基础。集群常常会成为创新过程所需要的产业独特技能或能力的聚集地。创新费用和压力可以分散到集群的各个组织中去。

三、网络技术

随着信息网络技术的不断发展，网络化、信息化已然成为时代趋势。企业的经营活动日益依赖互联网，网络技术成为企业竞争的利器和企业经营不可缺少的工具。可以说，对网络化机会的把握，将最终决定企业的命运。著名科学家王选教授曾深刻指出："谁错过了互联网，谁将犯历史性错误。"网络化管理提升了管理的技术含量，使其更为廉价、高效，突显出其巨大的优势。可以说，网络技术的发展既为人力资源网络化管理创造了良好的条件，又使人力资源的网络化管理成为必然。

1. 信息技术让"组织网络"名副其实

网络信息技术使组织内甚至不同企业间可共享信息，这进一步促使组织结构演进为网络组织。在网络组织中，关键活动由总部负责，其他功能则外包给个人或其他独立的公司，通过网络保持及时的沟通。信息技术作为一种便利的低成本沟通手段，使得部门间横向联系协作不再受空间距离的束缚，促使组织向横向组织变迁，使网络组织成为公司低成本扩张的工具。组织网络化描述的就是这种新型企业间的组织关系。组织网络化是以某一企业为核心，由相关企业联合而成的一种企业组织网络，网络中的其他企业可看作核心企业组织边界的扩展。由于计算机与互联网在管理中的应用，组织的信息收集、整理、传递和控制手段趋于电子化、无纸化，一线员工可以轻易地通过电子邮件直接与高层管理者沟通。

2. 一"网"就灵

现代企业管理必须面对复杂繁重的日常事务，如快速变化的组织结构、纷乱庞杂的资源信息、急剧膨胀的管理空间等，管理部门要想适应企业发展，发挥自身作用，从容应对挑战就必须转变原有工作职能和作用，从事务性工作中解脱出来，转向能为企业创造更多价值的战略性工作上来。而事务性工作的完成是实现战略性管理的基础和前提，因此必须采取一定的方法和手段提高管理者从事事务性工作的效率，减少事务性工作占用的时间。虽然企业已经意识到管理部门角色转变的必要性，但现实中仍有很多企业的绝大部分日常工作围绕着大量的事务性工作展开，而对人力资源规划、员工发展等战略性工作很少顾及。这种情况的出现，主要在于管理部门缺少能提高处理事务性工作效率的工具。网络化管理的出现，使得这一事务瓶颈被轻松突破。许多定量性的工作，如员工考勤、薪酬计算等，相对于手工操作，信息技术更为快捷准确，从而大大降低了这些工作所占用的时间。这样一来，管理工作的技术含量得以提升，处理事务性工作的效率大为提高。诸如企业信息流分布更广、工作场所更分散之类的挑战也不再困扰管理者。

3. 节约成本

信息技术降低了信息传播、存储、处理费用，减少了组织内部的交易费用，在很大程度上取代了中间管理层。网络化管理的高效快捷使管理者成功实现了职能角色的转变。以网络化管理中的自助服务功能为例，传统管理者亲自处理一项业务已然使其大伤脑筋，一旦出现错误，让他跟踪并改正过来则将令其绝望。而采用自助服务技术，管理者只需关心更正的项目。如果错了，将由出错的员工自己去改正，纠错的费用也可节省下来。网络招聘、网上培训也会为企业节约不少费用。报纸上一期广告的价格往往不菲，而通常这笔费用可以在门户网站做一个月的广告宣传。网上培训，尤其是远程异地培训，更能节约大量的人力、物力和时间，知识信息的获取也更为容易和广泛。网络化管理可以节省的成本费用包括：员工名录（免去名册的印刷、邮寄费用并且压缩查询信息的时间）；提交费用（实时提交）；沟通费用（共享沟通平台，从而大大降低沟通费用）；招聘费用（通过网络直接招聘，免去舟车劳顿）；培训费用（差旅费、误工费等归零，师资费用可多期分摊）；其他费用（避免雇用更多采购员、办事员或管理员）。

4. 秉公无私

数据库完整记录了员工的人事、考勤、培训、薪酬福利等各方面的信息，系统可以方便快捷地获取各种资料进行统计分析，为管理者提供公正客观的管理要素决策支持，从而有效提升决策质量。就绩效考评而言，传统的考评方式存在种种弊端。例如，在经过一个较长时间的工作后进行绩效考评，被考评人的考评结果就更多地受到近期表现的影响。网络化管理可以对员工的工作表现进行全程观测，从而形成对员工工作行为的全面客观记录，为实现公平公正的绩效考评和根据考评结果制定正确决策创造了条件。

商品经济社会中，速度成为时代的主旋律，如联系的速度、交易的速度，快人一步就会占尽先机，网络化管理为企业的发展插上了翅膀。对外界变化更加快速的反应，帮助企业在网络化社会的竞争中获得成功。可以预见，网络化管理将拥有越来越广阔的舞台，成为越来越多的企业不可缺少的管理手段。

四、企业网站

网络资源的最大优势在于快速、便捷、低廉、高效，且具有互动性。网络的发展为企业品牌的整合传播开辟了一条新途径。网络时代的迅速到来加速了企业销售、交流的网络化，促使了处于萌芽状态的虚拟团队、虚拟企业走进组织。网络就这样带给企业不分地域、不分国别的大量客户，引爆无限商机，也进一步梳理了企业的组织结构。在互联网时代，企业没有自己的网站犹如公民没有住址，商店没有门面一样。所以企业拥有自己的网站等于在网络上增设据点，这个据点使更广范围内的客户都可以通过网络了解企业及其产品，打开企业的创新空间。在互联网上拥有一席之地，企业何乐而不为？

1. 公共关系

一般而言，企业网站不大可能马上带来新客户、新业务，也不大可能马上大幅度提升业绩。企业网站的作用更类似于企业在报纸和电视上所做的宣传公司及品牌的广告。不同之处在于企业网站容量更大，企业几乎可以把任何想让客户及公众知道的内容嵌入网站，从而可以全面详尽地介绍公司及其产品。企业网站是企业在互联网上的一面旗帜，直接反映了企业的形象与品牌。它好比一个超级推销员，具有企业画册、户外广告等所有宣传品的作用，而且具有互动性。企业形象及业务，将被位于地球任何角落的感兴趣之人浏览。通过网站，企业可以向新闻媒体和员工及消费者即时发布公司的政策变化，与新闻界建立友好的关系，也可以对招募人才产生重要的影响。通过网站，企业还可以及时纠正网上社区、论坛或邮件列表中关于企业的不准确信息，消除误导。

2. 客户服务

网站可以使企业与潜在客户建立商业联系，使潜在客户能够便捷地检索企业和产品，从而成为企业的新客户。对现有客户而言，网站可以提高客户服务的效率。它可以回答大多数客户经常提出的问题，及时得到客户的反馈信息，知晓顾客对公司产品的满意程度、消费偏好、对新产品的反应等并做出回应。通过回应顾客的问题，及时向他们传送公司新产品信息、升级服务信息等，保持与顾客的长期友好关系。能够及时发现不满意的顾客，了解他们不满意的原因，并进行妥善处理。客户也可以通过网站了解他们所关心的问题。企业还可邀请对公司产品非常了解的忠实顾客介入公司的网络运营，建立忠实顾客数据库，甚至邀请其介入公司的绩效考评系统。他们能帮助公司解决消费者提出的问题，回答一些技术上的问题，同时他们还会提醒企业哪些消费者会在网上发布对公司不利的信息等。

3. 运营管理

除却广告媒体的角色外，因特网还应充当企业扩展业务的工具。网站是企业的全天候业务代表，是企业忠实的接待员。企业网站就是一个 24 小时营业的业务门市，且永不壅塞。如果企业有一个精美、完善的网站，可以增加客户的信任感，同时可以使管理者在短时间内了解企业情况、产品信息、资质认证等信息，减少业务员的拜访次数，有效节约管理资源。企业可以实时、互动地发布资料，迅速进行信息管理，并借此控制企业的运营事项。网络化管理使信息流突破了部门限制而延伸到企业内外的各个角落，使得业务流程再造成为可能。各级管理者及普通员工也能参与到管理活动中。这些使得运营管理变得更为开放和超前，使企业决策和工作质量大为改善。员工有了更好的工作环境，沟通渠道更为直接和广泛，管理过程更为透明，信息获取更为快捷，这些使企业在进入良性运作的同时，也促使其竞争力不断增强。

4. 网络营销

网络用户是数量巨大的潜在客户群体。一般大客户的采购量会很大，所以他们也比较谨慎，会精挑细选，货比三家。如何低成本检索货源？答案是网络。公司网站为企业提供了被选择的机会，如果连网站都没有，企业则连被选择的机会也不具有。网站是企业开展网络营销的前沿阵地。虽然有很多商务平台能够为没有网站的企业提供产品信息发布、企业形象展示等服务，也起到了网络营销的部分功能，但这种商务平台外部依赖性强，不利于企业开展长期的网络营销活动。拥有自己的网站，企业才能有效开展各种具有针对性、时效性的网络营销活动，将网络营销落到实处。网站最令企业看重的就是它可以实现电子商务功能。企业可以在网站上嵌入实时新闻系统、实时报价系统、在线下单系统、在线支付系统和客户留言板、在线调查、客户论坛等。利用互联网进行市场调研可以跨区域缩短调研周期、节约费用。网站又是实现线上品牌推广营销的根据地，线下的广告、公关、促销等系列营销活动都可以结合网络同步进行，放大其效应。

5. 厚积薄发

尽管企业网站建设已是大势所趋，并已有相当一部分企业成功建站，但是其运营仍体现出诸多问题。建设了网站的企业，有些尚能用其发布信息或更新企业的产品，有些则在制作完成并运行一段时间后就变成"晒网"状态。有些企业在建网初期对公司网站设计并没有深刻的认识，尤其是一些中小企业，初期建网多为试探性操作，有的只是简单的几页介绍而已。网站信息有限，技术含量较低，再加上设计公司鱼龙混杂，所以网站在企业运营中的作用参差不齐。

企业建网不是面子工程，而是要从中获得切实效益。网站的制作不能只求美观，而要根据企业经营的需要，构造适合自身特点的模式，以最小的投入换取最大的回报。只有把网站做成企业和外界之间有效的沟通桥梁，以其调整企业决策，修正员工行为，企业创新与绩效提升方可有效落实。当然，网站建设是一个不断完善的过程，企业网站应该多关注特定的客户群，通过多种形式和客户保持沟通，吸引客户不断通过网站和企业进行交流。再者，网站推广是建站之后的基础工作，利用搜索引擎、电子邮件、网络广告等方法和手段，其效果是明显的。网络是载体，信息价值在于企业对信息的重视程度。如何通过这个载体，高效地推进业务，需要企业缜密设计，精心安排。网站工作厚积薄发，企业才会逐渐感受到网站带来的巨大效益。

第六章　人力资源薪酬保障

薪酬与保障是人力资源管理的经典模块，在实务中因受到员工的普遍关心而更显敏感。如能在这两方面导向创新，员工士气将可提振，企业绩效将有望大幅度提升。

第一节　薪酬

理想的薪酬制度应包含四个要点。第一是提供具有市场竞争力的薪酬。在市场经济中，薪酬无疑是吸引优秀人力资源的有效工具，虽说并非薪酬越高越能吸引人才，但是薪酬系统的完备一定能吸引更多、更优秀的人才。第二是要确保组织内部的公平，也就是要做到同工同酬。一个完备的薪酬系统能够为企业留住优秀的人力资源，使员工认识到，在该企业工作的回报是公允且值得的。第三是奖励工作绩效突出者。优秀的薪酬系统应该使员工自觉地为企业目标努力工作。许多公司在员工达到预定的业绩时，以绩效奖金奖励，或利用物质激励传达公司对员工的期望。第四是保证薪酬制定与发放的透明度。和谐企业的建设目标要求其薪酬系统应该既满足企业的需要，又满足员工的需要。

一、薪酬的竞争性

企业之间，难免互相比较，薪酬即经常被拿来比较的内容。在某种程度上，它体现了企业绩效，可以从侧面看出公司的创新方向。

1. 万能与万万不能

薪酬的高低之间，企业如何取舍？扣发奖金使得士气低落，滥发奖金可能分裂团队。发与不发之间，如何安排？对于企业而言，设计与管理薪酬制度是困难且敏感的工作。如果薪酬制度有效，组织就会进入"期望－创新"的良性循环；反之，将导致员工心灰意冷。古语云："军无财，士不来；军无赏，士不往。"物质刺激是使员工努力工作的重要力量，欲提高员工绩效，企业应该充分重视这一点。日本经济友好协会曾对第一至第三产业的各大、中、小型企业进行调查，结果表明：在激发士气的因素中，工资仅排在第八位；而在打击士气的因素中，工资则排在首位。这就充分揭示了一个朴素的道理：金钱不是万能的，没有金钱却是万万不能的。

2. 竞争与高薪

薪酬战略须先考虑外部的竞争性，即须以同行业、同职位的工资水平为基准，对于市场稀缺的高端人才，须以高于市场的价位才能聘请过来。与此同时，还须考虑内部的一致性，即须有科学的工作分析和相对合理的职位价值评价，须将重点放在核心员工、关键岗位之上，从而真正构建起企业的核心竞争力。为员工提供有竞争力的薪酬，使其珍惜工作机会，吸引并且留住那些出类拔萃的员工。较高的薪酬带来较高的满意度和较低的离职率，但也会增加企业的人工成本，薪酬差距过大则会带来企业内部人与人之间的矛盾。而企业创新的愿景又在提示管理者，适当拉开薪酬差距是有必要的。

3. 外在报酬与内在报酬

外在报酬是使用最为普遍的一种激励方式，对员工行为有直接的影响，最常见的方式包括：奖励、福利、晋升、表扬以及社会接纳等。内在报酬是和外在报酬相对而言的，亦应受到重视。它是基于工作任务本身的报酬，如对工作的胜任感、成就感、责任感、受重视的程度、影响力、个人成长速度和富有价值的贡献等。事实上，对于知识型员工，内在报酬和员工的工作满意度关系密切。企业可以通过工作制度、员工影响力、人力资本流动政策来制定内在报酬，让员工从工作中得到满足。这样，企业可以减少对高薪资制度的依赖，转而满足和推动员工，使员工更多地依靠内在激励，也使企业从仅靠物质激励与加薪来留住人才的模式中摆脱出来。

4. 绩效导向与绩效评价

企业强调以绩效为导向制定薪酬方略，其实就是在贯彻竞争的原则。制定"论功定酬"薪金原则时，确定一个公正的评估体系，将工作绩效视作薪酬的重要依据，与之建立起紧密的动态联系，并严格实施考评制度。这里的关键点是如何管理绩效，让员工专注于绩效的提升。要使绩效导向的薪酬制度有效发挥作用，须首先做好绩效评价工作，保证绩效评价的客观性和准确性。对于真正为企业做贡献的员工给予合理的回报，而且须拉开员工薪酬的差距，在企业内形成一个有效的竞争机制。

二、薪酬的公平性

如果失去了公平，再好的回报也不会让员工满意，但是怎样才算公平呢？如果简单操作的话，容易"一刀切"，出现平均主义；如果进行有形奉献和无形奉献的综合评估，量化的标准又是一个难题。要做到公平，确实很难。

1. 系统公平

对薪酬满意度的研究引导人们把注意力从对笼统的"薪酬"概念转移到对薪酬的情感反应方面上来。公平作为一种感受原则，对管理者制订薪酬方案有着很强的指导作用。公平是薪酬系统的基础，只有在组织成员认为薪酬系统是公平的前提下，才可能表现出认同和满意。薪酬制定公平并不是指"大锅饭"，即按年龄、学历、职位等指标设定均值，而是根据整体业绩水平和公司发展状况，对职位和员工个人做整体评估，并根据地区和行业整体状况，制定合理的薪酬待遇标准。要做到薪酬公平合理，企业薪酬设计须反映岗位责任和能力贡献的大小，即薪酬差别必须合理。职位评价和分析是现代企业薪酬设计的基础，也是从根本上解决薪酬对内公平的关键所在。

2. 将"薪"比心

组织成员对公平的感受可以被分解为程序公平和分配公平两个方面。分配公平是员工对于分配结果的公平感，这个公平感不是简单地取决于得到薪酬的多少，而是取决于与其他人相比较之后所获得的内心满意程度。这个结果是如何得出的，对组织成员来说同样重要。这方面的公平，即程序公平。公平，不管是分配公平还是程序公平，都是预见个体对薪酬满意与否的关键因素，也是薪酬满意度的核心。薪酬满意的各个维度经过公平感的调节，分别有差异地影响着组织的绩效。如果组织欲提升其成员对组织的贡献，首先须提高员工对程序公平的满意度。如果组织欲全面实现公平，在提高程序公平的同时亦须提高分配公平。让员工将"薪"比心，从薪酬上获得满足，是现代企业应当努力把握的课题。

工作报酬是人力资源成本与员工需求之间经权衡后得到的劳动力价值。最佳的、绝对公平的薪酬制度是不存在的，全体员工均满意的理想薪酬制度也是没有的。现代企业所要建立的应该是一种基于大多数员工满意又能保证企业利益的双赢薪酬制度。

三、薪酬的激励性

欲使薪酬引入企业创新，必须体现其激励性。

1. 激励方向

薪酬所涵盖的无外乎两个方面：对历史奉献的回报和对未来付出的激励。回报一般是比较确定的，而激励则是需要企业量体裁衣的。既然需要激励，首先就要确定激励的方向在哪里。企业之间的竞争，知识的创造、利用与增值，资源的合理配置，最终都要靠知识的载体——知识型员工来实现。知识型员工更重视能够促进他们发展的、有挑战性的工作，他们对知识、对个体和事业的成长有着持续不断的追求；他们要求给予自主权，使之能够以自己认为有效的方式展开工作，并完成企业交给他们的任务；获得一份与其贡献相称的报酬并使其能够分享他所创造的财富。因此，对知识型员工的激励，不能只以金钱刺激为主，而应兼顾其发展、成就和成长。在激励方式上，强调个人激励、团队激励和组织激励的有机结合；在激励的时间效应上，把对知识型员工的短期激励和长期激励结合起来，强调激励手段对员工的长期正效应。

薪酬激励远不只是支付多少工资的问题，它是一个可以细分为外在薪酬和内在薪酬的体系。外在薪酬通常分为直接薪酬、间接薪酬和非财务性薪酬。直接薪酬的内容包含基本工资、加班及假日津贴、绩效奖金、利润分享、股票期权；间接薪酬的内容包含保健计划、非工作时间给付、服务及额外津贴等；非财务性薪酬的内容较多，它甚至包括员工较喜欢的办公室装潢、较宽裕的午餐时间、特定的停车位、较喜欢的工作安排、业务用名片及耀眼的头衔等。内在薪酬包括参与决策、担负较大的责任、个人成长的机会、较大的工作自由度及自由裁定权、较有趣的工作、活动的多元化等内容。人各有志，其需求也不尽相同。企业如能有效辨别员工需求，搔其痒处，通过内外兼修的薪酬方式给付，则可抢占创新管理的制高点。

2. 薪酬瓶颈

员工的时间资源是确定的，精力是有限的，在其收入超过基本的生活需求之后，他就会有社会交往和休闲娱乐方面的需求，而这些安排最终会侵蚀他对工作投入的激情，从而导致效率下降。仅通过满意的薪酬已不能激发员工在这一阶段的工作热情和创造力，尤其对缺少培训和发展机会的中高层员工。企业要根据员工不同的特点采取相应的非经济性薪酬措施。例如，可以对员工进行平级调动，使其尝试新的工作，接受新的挑战，发挥其创造力。

3. 按贡献分配

传统薪酬制度在假设员工都是经济人的前提下，仅从劳动力价格的角度来思考和确定薪酬水平。劳资对立的一个方面就是薪酬问题，薪酬制度考虑的主要是按照市场价格合理购买劳动力的问题。进入知识经济时代，随着科技逐步成为社会发展和市场竞争中最具决定性的力量与要素，员工的角色逐步从提供劳动转变为提供知识、技能、技术，这决定了薪酬制度必须从解决劳动力的劳动价值合理性问题，向解决员工以知识和技术为主的创造能力价值问题转变，由简单的工资支付向系统的激励机制改进，从而形成多元要素参与分配的格局。确定以劳动、技术、管理和资本作为要素参与分配，才能发挥薪酬制度的激励约束功能，充分调动各类员工的积极性和创造性。按贡献分配机制，正是从企业的实际出发，确立了管理能力、技术成果、劳动技能作为参与分配的重要因素地位，从而使以上要素充分迸发出创新活力。按贡献分配制度重视人的潜能激发，通过薪酬激励机制充分调动了员工投身企业改革与发展的积极性。

4. 加薪

追求卓越的公司，如何做到重视创新与创新型人才，薪酬制度影响重大。针对创新可能性高或创新期望值高的岗位，赋予员工申请加薪的权利即具有一定突破性。只要企业严格考核，创新型人才将会更快地脱颖而出，获得更多更好的创新成果。明确规定员工有自己提出加薪的权利，让他们在自助的基础上自动控制投入与产出，此举甚至可以省却企业的监控成本。实行加薪申请制度，人力资源部要打消员工的顾虑与观望心理，鼓励军令状式的薪酬挑战。

5. 动起来

薪酬应该是稳定的还是浮动的？为了发挥激励效应，切忌死板、单一的薪酬体制，原则上须保证员工的期望收入无明显减少，并允许大额浮动。薪酬调整要注意两点：第一，避免明显抵触；第二，施加激励效果。避免抵触的关键在于不让员工认为改革的目的是收入的减少，要让员工意识到是机会的增加，而非失去。浮动的部分要让员工看到：只要努力工作，就有加薪的机会。换句话说，如果不努力，则以前的收入也难以保证。如此调整，员工的压力与动力就会被激发出来。再者，在平时工资比较固定的基础上，以年终奖的形式兑现员工当期奖金，对企业来说，这种方法收放自如，比较灵活，激励性也较强。

四、薪酬的透明度

有关薪酬管理的透明与否，一直在业界存有争议，甚至饱受诟病。

1. 透明还是保密

有些企业青睐薪酬保密，他们认为，薪酬保密可省去烦琐的考评程序，可以减少员工攀比所带来的摩擦，并且利于留住核心人才。管理者认为薪酬保密可以防止员工之间的攀比和猜疑，防止企业内部出现混乱。薪酬不公开，就不会因为公平问题而影响员工的工作积极性，管理者也可以节省许多精力。但保密的薪酬发放方式有时也会挫伤员工积极性。"背靠背"发放薪酬的方式使得员工普遍怀疑他人所得比自己的多，自己的辛苦付出没有得到公司的认可。公司的超额支付非但没有换来员工的凝聚力，反而买来了"离心力"。保密的薪酬发放方式扼杀了管理的人性化——只要求员工低头干活，不准抬头问话的思维更接近于泰勒的科学管理思想，而后者是已经被证明仅在特定阶段（20世纪前叶）才占据主流。企业亦须考虑，薪酬方案能够保密多久？如果薪酬制度仅靠保密的方法维系，那么它的脆弱性可想而知。企业主可能担心员工收入差距大会引起矛盾，但是遮蔽的矛盾一旦爆发将更为强烈。各行各业、各地区均有其工资标准，有可参照的市场价格。这种客观性尽管在个例中会有所偏离，但是其统计意义是必须重视的。

2. 呼唤透明

薪酬仅是管理工作的若干对象之一。管理是一门科学，更是一门艺术。管理实践普遍存在于各行各业中。然而由于沟通的匮乏、思想的守旧、技术的徘徊及部分人的抵制，管理似乎总是被误解为"少数人的游戏"。这种被局限的认识在某些领域占据了主流。揭开管理的面纱成为理论研究者与实践工作者案头卷宗的重头。突破组织责任与形式的限制，即无论在商业企业、非营利组织、还是政府机构，管理透明的呼声越来越占据主流。资源得到优化配置，并以最大效能发挥作用、创造效益，是各层管理者与被管理者的初衷。对被管理者来说，"透明"应该是被恪守的一大原则。幕后交易、暗箱操作是被广为诟病的行为，组织利益往往就这样被个人的利益削弱。在某些人看来，公众对管理或管理者似乎总有这样的观点："那是少数人的游戏""一切都内定了"……"自管自理"似乎成为特色，"内部人控制"等现象油然而生。公众的怨气终究有一个极限，忍耐的终点就是一个躁乱的局面。从社会成本上来看，增强管理的透明度是各层管理者迫切需要解决的问题，也是还其清白的机会。因为失去了民众的支持，任何管理实践都将落为空谈！透明是大势所趋，这不仅是员工私下沟通的结果，也是企业发展所要求的。企业势必要直面人力资源市场的供求竞争——明码实价的人力资源争夺战。

五、薪酬建议

除却薪酬的竞争性、公平性、激励性和透明度，下面几条建议对企业薪酬制度的建设亦有借鉴之处。

1. 参与设计

有一点应该得到承认与理解，就是个人与组织都有其特定的目标指向。个人参与某个组织是为了实现个人目标，而组织目标往往与个人目标存在矛盾。就薪酬而言，个人和企业都有各自的薪酬目标。员工为了实现自己的价值，希望获取高报酬；而企业为了有效利用资源和降低运营成本，希望以较小的投入换取较大的回报。结果，两个薪酬目标之间没有合适的接口，企业付出的薪酬没能激励员工，更不能换来高回报，而员工的愿望和目标同样被压制，于是产生怠工心理，造成企业对员工不满，员工对企业抱怨的局面。所以，管理层在制定薪酬制度时，有必要让员工参与进来，找到劳资双方都满意的结合点。尝试让员工参与企业薪酬制度的设计和管理，会令员工感受到更多的公平。权变理论认为员工对薪酬的要求因人而异，即有些人倾向于外在报酬，另一些人则偏好内在报酬，还有一些人既追求外在报酬也重视内在报酬。因而，传统的报酬模式不能产生较强的激励作用。员工如果能够参加薪酬设计，在心理上就会感到自己是企业团队的一员，而非单纯的被管理者，工作积极性自然会增强。让员工参与还可以减少其对薪酬制度的怀疑，增加上下级之间的信任感。员工在参与制度设计的过程中，可以针对企业薪酬政策和管理层进行必要的沟通，让薪酬制度中的缺陷充分暴露出来，如此，利于针对企业不足有的放矢地改进和完善，构建更为有效的薪酬制度，这样的方案获得通过的可能性也将更大。

薪酬制度作为驱动公司战略的工具之一，担负着引导员工行为方式使之符合公司战略需要和与企业文化相融合的任务。企业要注意不同部门、不同背景和身份、不同学历、不同年龄、不同性别和不同层级人员的比例。企业可征集员工的意见和建议，然后将这些意见用图表的方式公示。组织讨论并分析影响工作效率的因素：如果是刚性障碍就调整工资结构，如果是柔性障碍（人为因素的考评不公正等）就完善配套制度。结合外部市场的调研，制定员工可以接受的企业内绝对工资数，这一工资数和同类企业员工的工资相比，能更大限度地满足员工的心理需求。

员工参与薪酬设计的一种典型做法是"自助餐式报酬"，实施时应注意以下三点：第一，企业可为员工提供和列出一组成本相等的"报酬套餐"供员工选择，使员工在满足其需求和个人偏好的前提下有一定的选择自由度；第二，无论员工怎样选择，企业的成本支出总是相同的，但是对每个员工来说，报酬的心理价值提高了，这就等于企业未进行超额支付而实现了加薪；第三，让员工在与其利益相关的工作领域担任设计者、决策者，而不是扮演被动角色，这种机会本身就是满足高层次需要的内在报酬因素，与创新极为接近。

2. 现金还是股票

向员工提供股权或者期权以取代现金薪酬的方式逐渐在市场上发展起来。企业实施股票薪酬的初衷是激发核心员工的归属感，以此降低公司的委托代理成本，提升企业绩效。但其实施效果不是很理想：有的员工对企业主的这种做法持怀疑态度，质疑股权的价值及其变现能力。我国企业股票流通性较差，大部分没有上市的企业授予股权使其员工几乎难以变现，唯有期盼公司早日上市，但往往遥遥无期。上市公司的情况改观也不大。中国股市很不稳定，涨跌很不规则，市场价格与企业运营效果未直接挂钩，信息不对称现象比较严重。所以，在上市企业中享受期权的人也对股票薪酬颇有微词。但薪酬全部以现金支付就可解决问题了吗？也不是的。对于企业来说，最好的员工莫过于在企业内部有长远打算，既为企业的今天，也为企业的明天而努力工作的人。如果对员工单纯给付现金，这就存在着两个危机：行为短期化和归属感缺失。因为每一份工作都已经得到偿付，所以员工会觉得其与企业之间在每次薪水发放后都是互不相欠的，因此可以很坦然地离开。对于那些忠诚的员工来说，当企业所支付的只是流动性很强的现金，而没有远期承诺的话，员工会逐渐失去对企业的依附性。

知识经济时代，薪酬确实与之前不同。工业经济时代的薪酬发放风格就是简洁明快，从不拖欠，也不希望有后续的牵连。在前知识经济时期，这种风格很受员工欢迎：只要按时足额发薪，便无他求。但是，随着员工知识、技能与能力的增长，企业主开始慌乱了：为什么员工会跳槽呢？原因在于企业没有给员工一个承诺。创新型人才普遍接受过高等教育，所以其需求就不止于每个月的收入，可能他会问自己：我的未来在这里吗？所以问题的根源不在于是现金还是股票，这只是问题的表象，能够让员工产生一种持久的眷恋才是重点。股票薪酬可以实施，但必须释放它的流通性，否则会适得其反。此外，稳定员工的办法肯定还有，如为员工购买二十年期的商业保险：因受益期晚，交费期长，且商业色彩浓重，员工肯定会珍惜。

3. 灵活调薪

薪酬制度一定要灵活。所谓灵活，是指不论个人工作调动还是公司业绩有所起伏，员工的薪酬都不会长久停在某一额度。薪酬不变会使绩效能力俱佳的员工感到沮丧，选择离开，也使绩效能力欠佳的员工仍鲜有创新动力。

所以，薪酬系统如果能活性化，则市场不景气时，新进人员和表现好的员工也可提薪，有资格晋升的人也可提薪。如果遇到景气时仅个别调整，降薪时却人人有份，那么员工士气又怎么能够维持呢？所以，薪酬制度不应该因为单纯的因素或决策者的好恶而僵化，这是薪酬设计应该有的理念。

4. 薪酬禁忌

薪酬制度的设计，容易使企业误入禁区。有些企业在员工有创新成果产出时，考虑到此前的重重压力与债务缠身，将承诺打折兑现。这样做对员工造成的伤害是很大的：员工创新的贡献因企业诚信与历史债务而透支，其创新热情何以为继？

类似的薪酬禁忌还包括以下几个方面。

①岗位工资。企业的基本薪酬体系与岗位价值联系不大，工资体系更多与行政级别、资历挂钩。

②绩效薪酬演变为固定薪酬。绩效薪酬设计不合理，最后当固定工资发放，失去绩效导向性与牵引性。

③绩效薪酬指标体系设置不合理。不合理可能导致一个能力强、绩效好的员工，根据这套体系得不到奖金，绩效不好的却拿了高额奖金。

④薪酬局部发力，总量失衡。例如，有的企业搞局部浮动工资，没有根据岗位价值控制该岗位的工资总量。结果有的低价值岗位员工，其加上浮动部分后的工资总额大大高于该岗位价值允许的最高工资。

⑤薪酬体系与战略、文化不匹配。企业文化鼓励创新，实际却只根据职位、资历发放薪酬。例如，创新型企业应该允许犯错误，但企业实行的是犯错扣分制度。导致经常创新的人被罚，不创新、不犯错的人却得到了奖励。

⑥一味要求员工讲奉献、讲忠诚，却不注重薪酬与外部市场接轨。

第二节　保障

企业期望得到员工的高绩效回报，就要移除阻碍其工作发展的后顾之忧，提供条件保证其高绩效实现。员工保障关心的就是如何对员工提供全方位的保护，使其敬业、乐业。福利是除工资外企业为员工提供的主要保障。事实上，深得人心的福利，比高薪更能有效地激励员工。高薪只是短期内人力资源市场供求关系的体现，而福利则反映了企业对员工的长期承诺。正是因为这点，众多追求长期发展的员工，更认可福利而非高薪。其他一些保障工作，亦须引起企业的重视，真正落实对员工全方位的保护。

一、个性化的福利

福利计划是增强公司竞争力的特色因素，而不仅仅是传统意义上的额外考量因素。福利可以体现公司的价值观，以福利提升企业品牌，确实是可行的。福利计划是一种充满生机、充满想象力的创新机会，它们要真真切切、精确地展示出公司的价值观和信念、公司对未来的看法以及公司将采用哪些措施来创造未来。为了让福利经费产生更佳的效果，必须进行很好的沟通，福利计划必须被充分理解，并使之同企业文化联结起来。理想的情况是，员工可以选择是否覆盖家庭成员或伴侣；强调身心健康、强调正能量；为家庭提供工作生活福利；弹性工作安排；有需要时，可享用有薪假期。

1. 个性化的魅力

按照国家规定，企业须为员工设立住房公积金。值得注意的是，对于住房公积金的满意度主要来自企业内部个性化的福利政策，并非仅仅是国家制订的住房公积金计划。结合职业生涯发展，可对年轻员工与年长者进行投其所好的区别对待：25岁至35岁的员工，安排靠近工作单位的住房；35岁至45岁的员工，安排靠近学校的住房；45岁至55岁的员工，安排靠近父母的住房；55岁至65岁的员工，安排靠近医院的住房。对于家里有学龄儿童的员工，企业可以为其提供教育福利，报销子女的教育经费。有条件的企业甚至可以创建幼儿园、小学、中学，以减少员工的后顾之忧，让其安心投入工作。

良好的福利政策的确对留住员工有非常积极的意义，个性化的福利政策也确实能够提升员工的满意度。个性化的福利政策，离不开一个"软"字。所谓"软"是相对于"硬"而言的，通常可以认为除了国家强制规定的"五险一金"外，企业单独制定的个性化的非现金福利政策。从企业的角度看，在员工"软福利"

方面的投入更具技术性；从员工的角度看，"软福利"更具诱惑力。面对种种福利，如果员工可以自由选择，那么企业花费同样的资金就能取得更大的效用。

2. 知识型员工的个性化福利

传统员工的福利是普适于所有员工的，与工作绩效无关，为知识型员工设置专门的福利计划是福利与绩效挂钩的新趋势。高绩效员工可以获得额外的福利，这是增加企业吸引和留住优秀人力资源的筹码，并能激励他们更加努力地取得更高的绩效。货币报酬具有较大的激励性，但是由于知识型员工已经拥有了较高的薪酬，而金钱的边际效用是递减的，因而此时非货币报酬——福利的激励作用就更趋明显了。货币报酬的激励作用具有短效性，而且很可能成为对员工的一种"贿赂"，而福利的激励作用具有长效性，可以增加知识型员工对企业的情感投入和对组织的承诺与忠诚度。

知识型员工工作压力大、工作强度大，容易出现心理疾病如抑郁症。因而企业需要为其提供心理服务方面的福利，让其拥有健康的心理。近年来普遍出现的过劳死和猝死等现象应该让企业提高警惕。为员工提供带薪休假、出国旅游、健身房运动等福利计划，放松其身心，增强其体质，提升其工作的效率。

3. 个性化的需求

知识型员工福利计划设计的要点在于要了解他们有什么样的需求。譬如，员工希望通过不断学习来提高自己，企业就应该为其提供适当的学习和培训机会，以孕育创新。员工都很重视其在企业的发展空间，希望了解他在企业中的晋升路径。企业应该将员工的职业生涯设计和规划作为一项重要福利，让员工获得更好的职业发展，实现事业上的梦想。员工越来越重视工作环境的质量，这是影响其工作满意度的重要因素，企业应努力营造良好的工作环境，以使其在愉悦的状态下更加高效地工作。

工作和生活的平衡是员工追求的目标，企业需要根据不同员工的个性和生活习惯为其提供多种多样的福利。例如，为时尚女性提供美容、高级时装等方面的消费卡；对于已婚的员工，可以为其配偶和孩子提供专门的福利计划；对于夫妻两地工作的，企业可以为其提供定期的家庭聚会，甚至可以在一些特殊的时期如结婚纪念日等为其安排一次偶然的相聚，这样可以增进家庭成员间的感情，稳定和温馨的家庭能给员工带来巨大的工作动力和支持。

4. 个性化的健康管理

健康是员工创造财富的基石，所以健康计划是非常重要的。企业不仅要为员工提供必要的医疗保障，更重要的是预防和减少员工疾病发生的概率。员工亚健康带来的直接后果是工作效率低下、创造劳动价值减少。这不仅是企业的损失，更是社会的损失。企业及其员工需要革新健康管理观念。通过健康管理，企业可以提高劳动生产效率，降低人力资源损失，减少医疗费用支出；而员工更可以对自身健康状况有所了解，超前控制疾病状况。

虽然国家已经实施了强制型的社会保险制度，并提供了医疗保障，但是中国目前的保障体制是，企业在为员工购买社会保险后原则上没有义务购买其他补充的健康保险。知识型员工需要更好的医疗保障，而现有的医疗保障仅能满足员工基本的医疗需求。基本医疗保险只有当员工生病之后才能使用，当员工处于"亚健康"状态以及"高危"状况时，基本医疗保险不能提供任何解决方案。因此，社保的费用基本涉及不到健康管理。追求创新的企业应以此为突破口，以个性化的健康计划充实福利管理。有的企业尝试在保险领域为员工提供更具个性化、更有创意的福利项目。它们甚至认为，由企业与保险机构直接建立关系，签订保险协议，比完全执行国家规定效果更佳。企业在福利方面依然需在"软"字上多做文章，加大力度设计与推行个性化的保险项目。从执行国家规定发展到企业和保险机构合作设计安排，将是个性化健康管理的趋势。

二、尽可能多的福利项目

希望与员工建立长期关系的公司会尽其所能地帮助员工营造未来。这就意味着，不只包括全面的、员工负担较轻的医疗保健福利，这些公司还会为员工提供营建财务安全以及领取退休基金的机会，为员工的家庭和生活方式提供福利项目。平庸的管理可以把福利工作做得不费吹灰之力，创新就这样与企业渐行渐远。卓越的福利工作意味着创新与个性化，公司对员工无微不至的关怀得以彰显。福利项目品类繁多，琳琅满目。当高薪不再成为吸引人才、留住人才的撒手锏时，企业就需在员工福利上下功夫，设计尽可能多的福利项目。

1. 培训进修

为跟进知识经济的发展，员工要随时更新、补充专业知识。知识型员工普遍对培训进修的机会感兴趣。企业强调教育的资助，引导创新的同时，会带来更高的员工满意度。完善、系统的员工培训体系值得赞赏，支持员工学习与工作相关的技能，给予不同百分比的报销比例，就会受到员工的欢迎。培训被认为是公司赋予员工的一种奖励，也是员工应享有的一种福利，更是增强员工凝聚力的有效方法。为创建个人未来，企业应通过提供再教育的机会推动员工职业生涯的发展。学费返还项目、培训赞助、在线学习机会、研讨会、证书课程、汽车驾驶培训、考虑周到的成人扫盲课程和与社区学院合作提供新技能培训等都显示了公司对员工未来的职业生涯成长负责任的态度。

2. 文化轮值

福利是公平且普惠的，体现了全员参与的原则。如果企业可以放大这一原则，福利则有望提升员工的满意度。企业可以将固定的周末企业文化活动交由员工轮流筹备。所有员工轮流担任活动负责人，体现了企业对员工的信任，增强了员工主人翁的精神。集体活动又必然能增强团队的合作精神，加强企业凝聚力，可谓"一举多得"。

3. 出差交流

出差是因为业务原因外出并与企业外部进行有目的的交流。它是一种职务行为，连带着企业出资的职务消费。所以，出差是对员工能力的肯定，可谓"出差福利"。员工可以享受全额的公务出差保险，在出差时自动受保。出差的目的与目的地又可因不同的动机、国别、城市等而加以细分。

结合不同需求的员工及其兴趣来设计福利包，由其自行选择。实用的、不实用的，都可以成为福利项目。前者，如医疗福利，包括员工日常就诊费用，含住院费等，企业予以一定比例的报销。而后者，不实用的为什么能成为福利项目呢？其实，某些用不掉、吃不掉、送不掉又扔不掉的物品，才更能为人所铭记。譬如说送给每位员工一尊他的雕像、一本关于他的精美相册等——如果能附上企业主与员工个人的签名，效果会更好。再如面向员工和家属的免费医疗、健康设施或健康俱乐部的会员资格，设置免费咖啡吧等；员工可以享受洗车、购买生日礼物、送花、洗衣、相片冲印等服务；员工每天可以免费或以较低的价格在企业用餐。福利设计有赖于企业文化和预算，有赖于企业区别于同行业竞争对手的手段。其他福利品种还可以有很多，如出差补贴、节假日（生日、生育）礼金、新婚员工贺礼、生日蛋糕、年终聚餐、各种娱乐活动、电话费、交通费、水电费等。

三、保险甚于房和车

尽管员工热衷于讨论诸多焦点问题，但保险始终是员工保障绕不开的话题。

1. 保障与保险

保险是员工保障不可回避的话题。人生需要三大保险：意外、疾病和养老。养老保险是覆盖面最大的也是企业执行得最好的，最难预知和控制的要属意外和疾病，而保险的保障意义，很大程度上就体现在这两类保险上。但有的员工感觉保险费一去不返，或者返还很晚或很少，算不上是投资。可见，最具保障意义的保险居然未能受到足够的重视。

2. 择偶与保险

员工是家庭开销和压力的焦点，万一有了闪失，其家庭生活会立即受到影响。保险是员工安身立命的根本保障，给家庭的主要支柱购买保险即可有效控制这种影响。在日本，女青年择偶时最看中的居然是男方的保障问题，简单地说，是男方有没有能力购买足够的保险。换句话说，就是要看看"保单的金额够不够满足双方从结婚一直到子女独立甚至到退休"的整个过程。不期而至的金融危机和意料之外的裁员风险等，事实上已经影响到了许多人的择偶条件。

3. 房、车与保险

如果在贷款买房后还没有保险，是一件很不科学、很危险的事。很多购房族已经感受到了其中的压力，在买房之前过的是一种自由自在的生活，但在买房后压力陡增。为什么？二十年的房贷，意味着这二十年间工作不能中断，一旦由于意外、疾病中断工作，则会中断收入，压力将会更大。而更难保证的是二十年间不生病、不出任何意外。如果出现大的人身意外，如身故或残疾，收入将永远中断。如果没有其他的办法，房子是要被收回的，受到最大伤害的是员工的家庭。

4. 投资与保险

保险产品发展至今，已经远远超出原有商业保险中的保障财产或是人身的范畴。随着金融市场的繁荣，公众开始注重理财，关注并购买基金、股票、国债等理财产品。保险作为稳健的投资品种，有着它独到的特色。在理财规划的不同层面，保险产品均可发挥作用。保险的投资类产品是用来做长期投资的，长期规划即可保证长期收益。基于这个原因，为了保证在长期市场波动中维持稳定的收益，保险公司的投资会比较保守。它的这个特点，可以帮助员工锁定一些长期的消费目标，如子女的教育金、婚嫁金和自己的养老金等。

四、安全和谐的工作环境

办公室福利如果巧加设计的话，完全可以成为"束缚"员工的"温柔陷阱"。中国某IT公司"腐败生活"的组图给人以强烈的感官刺激：摆有开心果、甜麦片、杏仁、木糖醇口香糖等数十种零食的四层高零食柜；盛满香蕉、樱桃、葡萄、圣女果、苹果的水果篮；摆放着佳得乐、王老吉、雪碧、农夫山泉的饮料柜。此外，上班时间也可以使用的台球桌、KTV超大包房兼瑜伽房、健身房和需要提前预订的按摩服务也让看客妒意骤生，更何况，还有极具诱惑力的食堂为员工提供免费的一日三餐。

如此体贴的工作环境，的确能赢得不少人心。公司成功地"购买"了员工的归属感，从而会换回员工加倍的忠诚与加倍的努力。这样的企业懂得一个非常浅显的道理，再高级的员工，除了对薪水的预期之外，还需要被尊重。是否除了睡觉的时间，员工愿意在公司任意停留？是啊，颈椎酸了订个推拿，眼睛乏了去跑会儿步，嘴巴干了找饮料柜。既然不必出公司，不必再到外面的世界游荡，那么省下来的时间做什么呢？工作啊！怪不得其企业主自豪地说：我们的员工，每晚披星戴月地走，第二天一早还是开开心心地来上班。企业当然永远知道自己在做什么，这些通过优厚的待遇培养起来的员工正全天候地推进企业的创新工作。

五、隐私保障

隐私权是公民的合法权利，从企业角度看，为了入职匹配、安全生产、提高效率和杜绝腐败等原因，须在诸多环节了解员工隐私。隐私管理就此成为人力资源管理的敏感区域。管理者在人才引进、考核选拔、人才流出等环节不得不了解员工隐私。为了防止员工上班炒股、微信聊天和网上购物等私人行为的出现，越来越多的企业采取摄像监视、网络监控、手机定位等措施，大量的个人隐私因此暴露在企业管理者的视线下。

1. 敏感环节

一般来说，敏感环节企业必须进行有效的隐私管理。

（1）员工受聘前

员工简历往往会涉及个人隐私，如姓名、住址、个人照片、联系电话、身份证号、工作经历等，如果管理者粗心大意或不负责任，可能会导致准员工的个人信息被泄露，从而侵犯其隐私权。求职者作为相对弱势的一方，往往须配合企业的调查要求。管理者在操作过程中如果没有一定的能力和经验，则有可能侵犯员工的隐私权。有的企业将未获录用的求职者的简历丢进垃圾桶，被发现后受到该求职者的谴责。这样的做法既破坏企业形象，又可能泄露求职者的隐私，触犯法律。

（2）员工受聘中

①监控搜查。在工作环境下，企业往往通过一些先进的电子设备对员工进行监控，并且经常对员工的工作地点进行搜查。从员工的角度来说，受到监控不是一件令人舒服的事情。对企业来说，如何对员工监控，怎么处理监控结果，如何向上级反映、向员工公布监控情况，则是难以处理的问题。

②隐私处置。在人力资源管理过程中，企业为了经济上的考虑，往往须知悉员工的个人资料。如经常要求员工检查身体，并公布身体检查的结果，以督促员工重视身体健康。这些做法客观上或许对员工有利，但是其隐私可能会被泄露，有的员工甚至因此形成较大的心理压力，影响正常工作。

③网络监控。由于科技的发达以及互联网的普及，企业开始通过各种网络工具对员工的电子邮件以及上网记录进行监控，多数员工因此失去安全感。

（3）员工解聘后

员工辞职或被辞退后，有关员工的档案仍会在公司保留一段时间。另外，员工在受聘期间的表现也属于员工的个人隐私，如出现未经个人同意将员工资料出售给猎头公司或人才市场；向前来调查员工背景的企业反映不符合当事人实际情况的信息等，原企业管理者将面临管理不当的谴责。

2. 管理原则

保障员工的个人隐私，维护其合法权益，企业的隐私管理需要依原则行事。

（1）告知原则

告知隐私管理活动的原因和过程以及结果的处理方法，既体现了对求职者和员工的尊重，也在一定程度上减少了由于侵犯隐私而被起诉的法律风险。给予管理对象对于隐私的获取权和更正权，员工应被告知收集、利用、披露其个人信息的情况，并可以获取该信息。当企业以此为依据做出对员工不利的决定时，该员工有权对这种信息的准确性和完整性提出质疑，并对其进行适当的修正。

（2）正当原则

作为企业管理者，无论是在求职面试过程中还是指导监督员工的过程中，都必须明白，对员工进行隐私管理是出于企业的正当利益。监听、监视等只能是出于保护企业的正当权益，如保障安全生产、提高劳动生产率和经济效益。同时，使用的设备也应具备合法性，即该设备应为国家机关批准使用的或不违反法律法规的。

（3）相关原则

每个人都有隐私，有些与工作相关，有些则与工作无关。因此，管理者在管理员工时必须把握替员工保密的原则，不能为了满足自己的好奇心而肆意调查员工的隐私，也不能超出工作需要去了解员工的隐私。例如，对员工的监察时间仅限于工作时间，因而员工在休息间隙和下班后的言行不应作为监察对象；监察空间仅限于工作场所中的必要地点，如车间、办公室等，而洗手间、更衣室等地点不应安装监察设备。

（4）保密原则

除非获得司法授权或法律另有规定，企业不能将其所掌握的员工信息向第三人泄露或公开。一般的员工信息如身高、学历、姓名以及联系方式等仅适用于业务使用，与个人身体状况、婚姻状况、过往经历相关的信息则在公司范围内保密，仅在工作需要的范围内公开，与个人尊严有密切关系的记录，如精神状况、司法犯罪等信息则要严格保密，仅在责任范围内公开。

六、压力管理

工作当中的人都会感受到压力，无论是企业主、管理者，还是普通员工。身处社会变迁不断加速的时代，个体所面对的压力：有工作上的，如组织变革、工作环境恶劣、工作量超载、员工角色冲突或模糊、职业生涯受挫、人际关系紧张、工作与家庭冲突等；有社会上的，如社会地位、经济实力、生活条件、财务问题、住房问题等；有生活上的，如夫妻分居、失业、车祸、拘禁、家庭成员死亡、外伤或生病、离婚、复婚、退休等。此外，还有信息压力、时间压力、经济压力等。调查表明，多数员工感到压力过大，有的甚至出现心理问题。因此，越来越多的企业开始重视员工的职业压力与心理亚健康对企业造成的影响。压力并不全都是负面的影响，适当而正面的压力可以增进工作效率，带动工作情绪，更可以促使个体更积极主动地投入工作与生活中，个体也因为在一紧（适当的压力）与一松（放松、休息）之间，得以调整工作与生活的节奏。因此，压力需要正确疏导，使其成为个体成长的动力。企业应认识到员工压力并应用适当的管理手段，以舒缓个体的压力感，方是帮助员工"与压力同行"的明智选择。

1. 压力识别

要对工作压力进行管理，企业首先要依据员工的态度和行为来考察员工的工作压力程度，从而采取相应措施。下列现象是员工一些压力信号的表现。

①工作失去动力。比如对工作安排有消极抵触情绪，对公司的发展漠不关心等。

②工作质量下降。比如产量减少或者生产效率降低，生产中损耗量和错误率增加，决策拖沓等。

③高旷工率。比如缺席次数增加。当人感到有压力的时候，第一反应是产生逃避和厌恶情绪，所以如果企业给予员工太大的压力，员工一般都会采取消极的方式来躲避工作以缓解压力。

④流动性大。由于企业让员工承受不适当的压力，使得员工在沉闷、压抑的环境中工作，很容易产生离职的念头。

⑤员工之间关系恶劣。比如同事之间的关系紧张，有冲突；客户关系紧张，违纪问题增加等。

这些情况都是源于企业给予员工不适当的压力，使员工对工作不满意，进而表现出来的一些现象。当这些问题较严重时，企业就要进行反思，如果是企业自身的问题，就应该找出问题所在，并采取相应措施。

2. 管理原则

压力产生的原因是多方面的，同时它又具有主观性、评价性和活动性，结合我国企业员工工作压力的特点，企业在进行压力管理时一般应遵循五个原则。

①适度原则。就是说不能不顾企业的经济效益而一味减轻员工压力。企业要在激烈的市场竞争中立足并谋求发展，就必须使员工努力工作，不断创新，不断挑战极限。

②具体原则。由于压力在很大程度上属于主观感受，因此在进行压力管理时要根据具体对象在学历、年龄、性别、性格等方面的不同而采取不同的策略。

③岗位原则。不同部门、不同岗位的员工面临的工作压力大小与受影响程度不同。一般来讲岗位级别越高，岗位责任越大，所承受的压力就越大；岗位的创新性越强，独立性越强，变数越多，所承受的压力就越大；员工履行岗位职责失败后造成的后果越严重，造成后果的责任越明确，所承受的压力也就越大。

④引导原则。由于压力的产生是不可避免的，对员工来讲有些外部因素是不可控的。比如面对强大的竞争对手，为了企业的利益和生存，必须战胜对手。这时变压力为动力，引导压力向积极的方面发展就显得很重要。

⑤区别原则。在消除压力的来源时，应区别对待。有些压力的来源完全是可以避免的，比如因员工之间不团结、人际关系复杂而造成的压力；或者是因

岗位职责不清、分工不合理而造成的压力。而有些压力，比如来自工作本身的压力，只有通过提高员工自身的工作能力和心理承受能力来解决。

3. 管理策略

有效的压力管理，可分成三部分：第一是处理外部压力源，即减少或消除不适当的管理和环境因素；第二是处理压力所造成的反应，即对情绪、行为及生理等方面的症状进行缓解和疏导；第三是消除自身的弱点，即改变不合理的信念、行为模式和生活方式等。如此分门别类，则可对压力各个击破。

（1）压力源控制

从源头控制，即可减轻压力。

①针对工作环境中的压力源，员工可以将办公室按照自己的喜好布置，这样能创造舒适惬意的工作环境。企业应充分利用空间为员工提供放松和交流的场所，如开辟可供员工自由交流和讨论的聊天室，备有咖啡、豆浆、柠檬茶和各种汽水饮料的座谈区等。另外，还可以把公司从闹市迁往绿化区，改善整体工作环境，为员工提供移动办公设施等。

②针对公司变化中的压力源，可以向员工解释原因，提供辅导。比如在面临机构重组时，设置意见箱或网上论坛等，让员工公开谈论工作问题，以缓解压力。

③针对人际和日常生活中的压力源，可以聘请专业人员，协助员工鉴别压力症状，并提供相应帮助。

（2）反应控制

亡羊补牢，为时未晚，反应控制让员工在压力面前不至于缴械投降。

①运动。运动是缓解压力的一种迅速且有效的方法。公司可以设置一个专门的运动室，以供员工在闲暇时进行体育锻炼。另外，员工可以在其办公室内进行简单的四肢伸展运动，同样能达到放松的效果。

②交流。当个体由于压力闷闷不乐时，一般都会主动找好友或父母进行倾诉，并且征求对方的意见，这样的交流可以有效释放压力。有时，倾诉本身就可以达到控制压力的目的。

③活动。可以不定期地安排公司员工聚餐或旅游，或利用休息时间给员工庆祝生日等，以促进公司员工间的交流，培养团队合作精神。也可举办一些娱乐活动，来转移性格内向员工的注意力，并且培养员工健康的兴趣爱好，从而缓解压力。

④宣泄。宣泄是一种发泄，即通过某种途径把员工的压力排挤出去。宣泄

的途径很多，性格外向的员工可能会找个地方高声大叫，或借助某个机会与他人产生冲突等；性格内向的员工可能会把心中的不快写在纸上，寄给远方的朋友。"宣泄室"的设置，可为员工提供不错的发泄场所。

（3）个体改变

改变员工自身的弱点，即改变其不合理的信念、行为模式和生活方式等。

①全员培训。通过压力管理、挫折应对、保持积极情绪等一系列的培训，帮助员工掌握提高心理承受力的基本方法，增强对心理问题的抵抗力。掌握员工心理管理的技术，在其出现心理困扰时，能够掌握适当的解决方法，进行缓解和疏导。

②心理咨询。组织多种形式的员工心理咨询。对于受心理问题困扰的员工，提供咨询热线、网上咨询、团体辅导、个人咨询等服务，解决其心理问题。

③清单整理。在压力面前，员工可能会抱有非理性的观念，致使情绪低落、失常。因此，在平时就应该注意促使员工发现自己的不良情绪以及引发不良情绪的原因，并把它们一一记录下来，尝试使用合理的观念去替代这些非理性的观念，这样也能有效控制压力。

第七章　人力资源培训开发

同样是人力资源管理的经典模块，培训开发往往未能像薪酬保障那样受到企业与员工的足够重视。但是对企业的创新贡献最大的，也是最为根本的工作，却是培训与开发。

第一节　员工培训

在知识和人才的激烈竞争中，企业要想获得竞争优势，必须拥有一支高素质的员工队伍。而高素质员工队伍的建立，需要企业不断培训，增强其能力。许多企业已经认识到培训是必不可少的投资活动，不仅有利于企业创新的持续产生，也有利于员工职业生涯和潜能的开发。但也有一些企业对培训兴趣不足，认为其回报甚微。培训只有与企业的业务发展目标结合起来才能真正产生回报，它不应该是后台的支持者，而应是前线的牵引者。培训部门应该看到企业的发展趋势是什么，这种趋势对企业的竞争能力会产生怎样的影响，对竞争优势有些怎样的要求，根据这些才能决定需要培养什么样的人才，在技能方面还需要怎样的投入。

一、定期定额的培训投入

培训是产生创新的基本途径。培训管理不仅可以评价员工的现有能力，更能提高其技能和素质，充分挖掘其潜能，为企业带来无法估量的增值效应。当然，培训需要的是企业定期定额的培训投入。

1. 工作友谊

企业努力培养人才，加强员工的教育训练，根据长期人才培养计划，开设各种综合性的系统研修、教育讲座。从新进大学毕业生的入职培训到核心员工的海外培训，从普通员工的技能培训到管理人员的领导能力培训，从英语课程培训到工商管理类硕士研究生（MBA）课程培训……现代企业提供的员工培训确实包罗万象。是否能提供良好、充足的培训是吸引、留住优秀人力资源的关键。某些拓展性培训项目需要员工之间彼此信任，甚至是把生命交托于对方，以此训练员工良好的合作精神。员工以培训中的合作为基础，在实际工作中，建立起相互间的信任和深厚友谊，而这种感情纽带将成为员工创新的基因，员工之间通过培训即可构建肝胆相照的工作友谊。由此可知，企业的培训投入的确是值得的。

2. 创新源泉

工业经济时代前期，提高产品质量是每个企业追求的目标，产品质量意味着企业的竞争力；而在后工业经济时代，出售优质的产品已经被企业普遍关注，各种各样的提升品质的管理方法让人眼花缭乱。在这样的大环境下，企业的竞争力如何提高呢？管理学研究者在此基础上付出了艰苦的努力，如设计招聘、绩效管理等，但是这些方法多是从现象上去考虑的，未能从本质上去解决问题。招来的现成人才忠诚度难以确定，绩效的执行只能评价员工现有的能力和业绩。企业的成功，在19世纪靠资本，在20世纪靠技术，在21世纪则要靠培训。培训管理虽然成本较高，但是可以解决前述的矛盾。为了激励员工的创新欲望，促进创新成功的进程，在内部可以采取一系列别出心裁的激励创新人员的制度，如规定对有创新成功经验者，授予某种荣誉资格，对获得这种资格的人，给予一定的时间和必要的物质支持，使其有足够的时间和资金进行创新活动。这种以创新为导向的培训是激发潜能、培养高素质人才的有效途径。可以说，培训效果直接影响企业的人力资源素质和竞争力。企业斥巨资于培训活动，体现了企业对员工的关怀。

3. 长线投资

一些企业的培训未能真正产生可见的效益，关键是其对培训的重视不够和缺乏一套培训管理的科学体系。其实，企业对培训的重视可归结为时间的问题，因为培训带来的是一种观念，这种观念和企业原有的观念多少会产生一定的摩擦，这就需要企业主的远见和胆识。一些企业觉得培训是成本支付，培训后又留不住人才，令其他企业受益。其实这种想法是很短视的。短期内企业要发展，培训时间不够，就高薪聘用人才，人才来到公司很快需要进行再学习，而企业又不提供培训机会，员工很快觉得自己的职业生涯不能这样度过，所以仍会离开。如果企业谋求长期发展，就需要对培训有规划，进行长线投资，它不是三分钟热情，而应是定期定额的恒久坚持。只有在培训的效益越来越明显的情况下，才会有大量的企业去模仿。而培训本来是种长线投资，其所需要的正是时间。员工接受培训的同时，感受到企业对自己的重视和培养，就十分乐于把自己的职业规划和企业的愿景紧密相连，企业就会在中长期受益于培训。培训确实需要花费很大的财力去进行，但是随着科技的发展，信息技术的成熟，可以很明显地看到，培训成本正在降低。现在有专门针对培训管理而科学编制的管理软件，通过购买这些软件，不但可以把管理制度明确下来，而且可以汲取别人的管理思想，不失为一种简洁、快速而且有效的方法。只要企业保持对培训始终如一的重视，保证定期定额的投入，经过一段时间的沉淀，培训所带来的效益终会得以展现。

二、自行设计的培训规划

做好培训工作离不开科学规范的培训管理，它能帮助企业通过培训实现其战略目标。有的企业通过购买培训服务来满足员工的培训需求，但即便如此，其培训管理工作也应以自行规划为宜。搭建健全的培训管理系统，实现培训工作的全面管理，这样企业才不会在培训方面受制于人，且可充分利用外部的各种机会。所以培训规划工作还是由企业自行设计为宜。

1. 培训要有针对性

培训课程应为企业战略目标服务，要依据培训内容确定。具体而言，建立培训课程体系的过程：先确定差距，即找出企业目标与现状的差距，无论目标还是现状，最为清楚的只有企业自身；再针对培训内容设置系统、全面、关联性强的课程体系。市场所提供的一些培训服务未必贴合企业实际，系统解决方案须由企业来决定。培训信息系统应包括培训需求信息、员工职业发展信息、培训计划信息、培训实施信息、培训课程信息、培训费用信息、培训师资信息、培训公司信息、培训协议、合同信息、培训效果评估信息等。

2. 培训需引起共鸣

为防止员工在培训后离职，企业应着力构建与员工之间的"心理契约"。"纸面契约"已经不足以让员工与企业达成"价值共鸣、愿景共建、事业共干、发展共求、利益共享"，所以企业应使员工的个人发展与企业的目标规划相结合，以凝练塑造有组织的学习文化。通过这一文化导向，企业向员工灌输期望的理念和价值观，从而形成价值共鸣的学习氛围，以之巩固双方的心理承诺，提升员工的离职门槛。

3. 培训需科学分类

培训内容是企业培训所看重的。如何让员工便捷地浏览并了解众多的培训课程？培训课程有深有浅，学员的水平参差不齐，如何让员工自主选择适当的课程？培训对象虽然都在企业内部，却可能来自不同部门，他们有着不同的职涯规划。如何将培训课程进行科学分类，让学员做到有的放矢呢？培训方式众多，分为内训、外训等，繁多的安排需要协调处理。尤其是外训，必须严格监督培训是否真的对员工有效，对企业有利。前述工作需要专人去处理，因为其涉及太多企业内部信息，所以规划者不能是外人。

企业持续购买外部培训服务，一方面不经济，另一方面也不利于学习型组织的构建。加强内部培训师队伍建设可以解决这个问题。事实证明，内部培训师培训更有针对性，教与学双方彼此熟悉，交流起来也很容易，有利于学习型组织的营造。培训师的选择对象应从管理能力强、技能突出、综合素质高的管理层和骨干员工逐步过渡到有专长、特长的普通员工。在此基础上建立广泛的交流、研讨平台，通过不定期的跨部门工作交流会、专题研讨会、经验介绍会，在企业内部实现最大限度的资源共享。

4. 防人之心

培训方面的高投入能否给企业带来高回报，不仅取决于员工的个人意识，还取决于其所处的工作环境是否有利于培训成果的转化。如果培训成果不能转化，员工会产生挫败感，培训投入可能就会落空。阻碍培训成果转化的环境因素有：缺乏部门管理者的支持；缺乏同事支持；工作本身的限制，如工作中经常面临时间紧迫、资金短缺、设备匮乏等现象，让受训员工难以应用新技能等。工作环境须利于促进培训成果转化，这项工作要在规划阶段即有所安排。为了做到"知己知彼，百战不殆"，企业还应了解竞争对手的培训信息，在一定程度上避免被"挖墙脚"，这也是防止人才外流的措施之一。

培训规划的自行设计，可使企业利用而非依赖外部培训，以便在培训管理过程中能够洞悉全局，收放自如。

三、学习型组织的建设

在知识经济的背景下，彼得·圣吉提出了"学习型组织"的概念，受到广泛的认同。有人甚至预言，21世纪最成功的企业将是学习型组织。

1. 五项修炼

在学习型组织里，有五项新技术被汇聚起来，使学习型组织演变成一项创新。虽然它们的发展是分开的，但彼此紧密相关。

（1）第一项修炼：自我超越

自我超越的修炼是学习不断理清并加深个人的真正愿望，集中精力，培养耐心，并客观地观察现实。它是学习型组织的精神基础。精熟自我超越的人，能够不断实现他们内心深处最想实现的愿望，他们对生命的态度就如同艺术家对艺术作品一般，全身心投入、不断创造和超越，是一种真正的终身学习。组织整体对于学习的意愿与能力，根植于个体成员对于学习的意愿与能力。员工追求卓越，组织因之而出众。这种超越的心态，是需要组织加以灌输的。

（2）第二项修炼：改善心智模式

心智模式是人们心中影响个体如何了解这个世界，以及如何采取行动的诸多假设、成见，甚至是图像、印象。人们通常不易感知自己的心智模式，以及它对行为的影响。企业管理中，决定什么可以做或什么不可以做，即一种根深蒂固的心智模式。这种隐藏的心智模式影响既深又广，尤其是当它成为组织成员共有的心智模式时。企业要在变动的环境中稳健成长，修炼期望的心智模式有赖组织化的学习。个体的勇气需要由组织推动，借以发掘内心世界，使潜存图像浮上表面，并严加审视。

（3）第三项修炼：建立共同愿景

有了绘制的蓝图，员工会为之振奋，因为该蓝图包含其个体贡献与成就分享，这是员工的共同愿景。这项修炼的高明之处在于将个人的愿景整合为共同愿景，所以其技术复杂性也很高。共同愿景的整合，涉及发掘共有未来景象的技术，它帮助组织培养成员主动而真诚地奉献和投入，而非被动地遵从。员工和管理者需要着重修炼的就是个体与组织的完美结合，而非趋向任何一极。

（4）第四项修炼：团体学习

团体的集体智慧高于个体智慧，团体还拥有整体搭配的行动能力。当团体真正在学习的时候，不仅团体整体表现出色，个体成员成长的速度也比通过其他的学习方式所取得的成长速度要快。团体学习的修炼从深度会谈开始。它包括找出有碍学习的互动模式，即那些未被察觉的根植于团体互动的模式。通过有效探测，并使其浮现，学习的速度便可提高。团体学习之所以重要，盖因这种修炼所产生的强大力量可支持组织层面的创新。

（5）第五项修炼：系统思考

企业活动是一种系统，受行动牵连而彼此影响。保证组织绩效，就需要系统的思维方式。譬如，部门本位主义是机械地、割裂地看待问题，是反系统思维的。系统思考可帮助企业及其员工认清整个变化形态，了解应如何有效地掌握变化，开创新局面。学习型组织落地开花，终将取决于第五项修炼，即系统思考。第五项修炼是整合其他各项修炼的理论基础，防止组织在真正的实践中，将各项修炼列为互不相干的名目或一时流行的风尚。少了系统思考，就无法探究各项修炼之间如何互动。系统思考可强化其他每一项修炼，通过融合整体以得到大于各部分汇总的效力。

2. 组织学习

学习是一个终身的过程，一个人学得越多，越会觉察到自己的不足。因而，一家企业不可能达到永恒的卓越，它必须不断学习，以求更加精进。

（1）落地建设

学习型组织的建立首先要求企业里的人在观念和方法上进行改变，这一点必须借助五项修炼来完成。学习型组织不是空中楼阁，要有自己的骨骼框架，这就涉及企业的战略、组织、流程、制度等要素。建立学习型组织的目的是有效提升企业人员的学习能力，并保证知识的有效利用和传播。因此，必须建立相应的制度体系，以保证其不但能够学习到新知识，还能够将知识加以保存和有效利用。企业要构建完善的培训体系，建立各种制度来维持组织的持续学习，还要建立相应的考核机制，以确保学习的效果。没有这个框架体系，学习型组织建设就无法落地。这就尤其需要由企业协助员工制订个人发展计划，明确提出通过实践和教育、培训要达到的学习目标，使之不仅有利于个人事业的成功，也有利于企业的创新发展。

（2）必要条件

企业虽然是由员工个体组成的，但其吸收能力不等于员工个体吸收能力的简单相加。除了自外部吸收新知识外，企业的吸收能力还包括新知识在组织内的扩散、利用与再创新，因此它是一种外部学习与内部学习的整合。不少企业在建设学习型组织时，认为只要做了培训，学习了五项修炼，组建了学习小组，就是建成了学习型组织，其实不然。五项修炼是学习型组织建设的"软"功夫，是对管理者和员工的技能要求：五项修炼是对团队中个人的内在要求，要求团队成员必须具备这五方面的技能，才能使企业成为学习型的组织。但要建设学习型组织，更为关键的是必须在企业内部构建一套面向学习型组织的基础管理平台和运行机制，这是外在的要求。培训是学习型组织的一种表现形式，而非学习型组织的实质。换句话说，有培训未必会建成学习型组织，而没有培训则不可能建成学习型组织。那么，要不要培训呢？答案当然是要！而且是要以优秀的培训促成学习型组织的有效构建。只有做到内外兼修、软硬相宜，企业才能真正学习起来。

（3）新知传播

企业引进新知还需要扮演新知引进者的角色，这种角色既具备吸收外部新知的能力，又知道如何将新知转化为组织内其他人可以理解的内容。同样，知识在组织内不同部门间扩散时，也需要有类似的角色，起到接收、沟通的作用。纵然引进者将新知引入组织内，也不代表组织就能有效率地进行扩散与学习吸收。组织内部的知识扩散，将与组织文化、价值观、沟通机制密切相关。如果新知不能符合组织的价值观或利益，也会很难扩散或被利用。如果组织内部过于封闭，则会减弱对外部新知的吸收能力。有的企业经营策略较为保守，对于外部创新成果较为排斥，因此成员对于吸收新知兴趣不足，新知就很难在企业内部扩散与被利用。这种文化认知的差距，显然不利于企业吸收能力的发挥。因此，增加组织内部个人与部门的知识广度与吸收能力，也是建立组织学习机制的目的。如果组织成员能与外部知识源，如顾客、供货商、设备厂商等，有更多的知识交流，会有助于提升组织整体的吸收能力。总之，组织内应强调知识流通与分享，推动跨部门的项目活动，进行跨部门的团队学习，这将有利于组织学习机制的建立。

四、培训技术的与时俱进

企业经常采取的是课程讲授、课后考试的培训模式，这种传统的培训方式，无法有效提高被培训者分析问题、解决问题的技能。在员工培训方式的创新上，应根据被培训者的不同层次，采取不同的方式。例如，对于基层员工，其培训方式应更多注重培训的互动性、实用性及连贯性，应让其在接受培训的过程中，不断有亲自动手实践的机会，以增强其对培训内容的理解和掌握；而对于中高层管理人员和技术人员，则应注重培训方式的灵活性与挑战性，从而增强其团队协作能力、概念形成能力。培训方式根据岗位关系可分为在岗培训和脱产培训。培训技术的创新可在此基础上进行。

1. 在岗培训

所谓在岗培训，是指员工在不离开工作岗位或工作场所的情况下参加培训。

在岗培训具有操作简便、成本低廉、实效显著的特点。

（1）交叉导师

传统的师父带徒弟，由有丰富工作经验的人员（主要是直接上级或资深员工）充当导师，导师对受训员工在工作现场进行一对一或一对多的辅导，这种辅导方式能帮助受训者迅速掌握相关的工作技能。但是员工在企业里的导师往往从一而终，承袭优点的同时可能造成工作方式雷同，不利于创新。所以需要让导师动起来，即实行交叉导师制，让员工受训于某导师一定期限后，轮换其他导师；或者让员工同时受训于不同的导师，在不同的业务方面接受至少两名资深员工的指导。这样员工就会形成更多的问题与思考，创新则更可能产生。

（2）技能比武

技能比武是指根据一定的标准和制度，在员工之间开展竞赛和评比，最后评选出优秀的个人和团体，并予以奖励。从本质上讲，技能培训是一种间接的培训，它通过竞赛引导员工与新工艺、新技术发展保持一致，提高员工掌握现代化生产技术的能力，利于营造学技术、练技能、比技艺的氛围。这种方法可以激励员工和团体的工作热情，增强其荣誉感、责任感和进取心，提高工作技能和效率，最终提升企业绩效。如果企业将技能比武与绩效考核、职务晋升相挂钩，更可刺激员工钻研技术、锤炼技能的主动性。

（3）放权试水

放权试水是指由上级向下级下放一定管理权力，使其能在一定的监督和指导之下，对本职范围内的工作进行决断和处理。这种方法适用于对中基层管理人员的管理能力、决策能力、组织能力、创造能力的培训。放权试水的特点是将培训与工作紧密结合。例如，项目管理，其打破了传统的以部门为单位分配工作的格局，由经过上级授权的项目负责人牵头，从不同部门抽调人员组成临时项目小组开展工作。项目负责人被授予完成项目所需的人、财、物的调配权，并直接对项目成败负责。这样促使一部分权力由上级转移到项目负责人手中，使其领导能力、决策能力、沟通能力等得到锻炼。

（4）电子学习

电子学习作为培训的创新模式，它是信息科技发展到一定阶段的产物。电子学习打破了时间、地域的限制，是一种利用多媒体通信网进行远距离教学的集语音、图像、数据、档案资料、程序、教学软件、兴趣讨论组、新闻组于一体的交互式学习模式。按照实际信息交流的时效性，它又可分为同步培训和非同步培训两种形式。电子学习使员工能够自由地分配学习时间，制订专属的培训计划，使员工个性化的自主学习和交互式合作学习相得益彰。无论何时何地，只要能够连接到互联网，就可以进行知识的学习。课程内容可以根据需要反复学习观看，终身学习因此有了技术支持和物质基础。该方法适用于培养员工各方面的知识和技能，企业也可受益于压缩的时间和成本，所以被许多学者认为是高效的知识传递方式。

（5）咨询顾问

咨询顾问是指由企业邀请有关专业人士就企业存在的问题进行全面的分析和评估，以顾问式的引导、咨询、答疑的方式，结合企业的实际情况，给予符合企业个性的解决方案。咨询顾问的服务范围包括企业事务的方方面面。与许多学者所倡导的"干中学"不同，咨询顾问更接近"问中学"。企业通过向外购买咨询顾问服务，在接受服务的同时，为员工提供了学习、借鉴的宝贵机会。

2. 脱产培训

所谓脱产培训，就是员工暂时脱离工作岗位，在企业外部参加培训。这种培训需要专门安排时间，对正常工作有一定的影响，为保证达到预期的培训目标和效果，策划和组织脱产培训需耗费较多的培训经费和资源。脱产培训模式不断被赋予新的概念，传统的课堂讲授演变为多媒体培训已司空见惯。在这些创新技术中，较具特色的有四种。

（1）模拟实战

模拟实战是指将受训者置于模拟的情境下进行仿真的分析、决策与运营，该模拟情境与现实企业运营及市场竞争相对应。这种培训旨在让受训者身临其境，提高自身的适应能力和实际的工作能力。模拟实战可以训练员工系统思考问题的能力。它不仅适用于刚刚走上工作岗位而缺乏经验的新手，也适用于对某项新任务缺乏能力的在职人员。比如近年来流行的沙盘模拟就使员工通过亲身体验，盘上谈兵，体会市场竞争的精彩与残酷，增强员工的团队意识和凝聚力，使其深刻认识到企业运行的实质。

（2）亦步亦趋

亦步亦趋就是指针对某一特殊环境或事件，组织员工对标杆企业做实地的考察和了解。有计划、有组织地安排员工到标杆单位参观访问，让员工追逐热点并向标杆看齐。这是一种具有跟随性质的培训方式。员工有针对性地参观访问，可以从其他单位得到启发，巩固自己的知识和技能。员工通过亦步亦趋的方式开阔视野，丰富实践经验，接受形象化的启迪和教育。亦步亦趋主要适用于某些无法或不易于在课堂上讲述的议题。通过考察帮助员工了解标杆企业的真实情况，以及理论与实践、自身与标杆之间的差距。

（3）游戏之间

游戏之间就是把受训者组织起来，就某个模拟的情境进行合作、竞争或对抗式的游戏，增强培训情境的真实性和趣味性，提高受训人员解决问题的技巧、领导才能及团队精神。游戏培训不同于传统的培训模式，不需要黑板、粉笔、讲义和照本宣科的培训师，而是运用先进的科学手段，综合心理学、行为科学、管理学等方面的知识，积极调动学员的参与热情，使原本枯燥的概念和晦涩的理论在游戏之中变得生动易懂。

（4）野外拓展

野外拓展训练又被称为户外训练，是一种让参加者在不同平常的户外环境下，直接参与一些精心设计的程序，继而自我发现、自我激励，达到自我突破、自我升华的新颖有效的训练方法。野外拓展训练是借鉴先进的团队培训理论，由传统外展训练发展而来的。它利用大自然的各种条件，通过设定具体的任务与规则，结合大自然环境本身存在的各种险阻、艰辛、挫折等困难来提升个人意志力、团队的沟通能力、协作能力、应变能力。从某种意义上来说，野外拓展的本质就是生存训练，它可同时提升个体和组织的环境适应能力与发展能力。

现代企业的竞争是知识与人才的竞争，培训正是传播知识、培养人才、实现知识共享的有效途径。因此，培训管理是企业在 21 世纪追逐创新、取得成功的关键所在。

第二节　人力资源开发

成功的管理者大都敢用、善用比自己强的人，能否做到这一点，取决于管理者的视野、胸怀和理智。若能大胆任用能力比自己强的人，被起用者得到的是机会、锻炼，起用者得到的是员工的勤勉尽职及卓越的成效，结果是双赢的。企业要加大人力资源开发力度，势必要避免嫉贤妒能的现象发生。主管级员工若在一确定期限（如五年）内不能培养出称职（由上级部门评定）的替代者的话，则他本人的晋职只能被搁置。管理者如果只能做到自己的最佳而无法群策群力、集思广益，一旦自己决策错误，很可能全军覆没。所以说，开发人力资源，要让能者上，平者让，庸者下。

一、职业生涯开发

职业生涯是指一个人在其一生中遵循一定道路或途径从事工作的经历和历程。职业生涯的进步和提升是依时间来进行的。随着时间的推进，工作年限的增长，其工作经验也会增加。对绝大多数人来说，其职业生涯都会跨越其人生中精力最充沛、知识经验日臻丰富和完善的几十年，职业已经成为其生活的重要组成部分。职业生涯开发是指企业根据发展战略需要，为员工提供符合其特点的职业发展通道，帮助员工确定个人发展目标，并通过有计划的培训、岗位交流、岗位晋升，帮助员工实现发展目标的过程。企业为员工制订的职业发展计划可以使员工充分把握机会，发挥能力，使其价值不断提升并超越自我。

1. 职业通道

根据工作性质和工作内容的差异，工作岗位可被分为技术、管理、技能三大类别。技术类工作岗位包含从事产品开发设计及各类技术研究应用的岗位，包括产品研发、工艺技术、设备技术等岗位；管理类工作岗位包含在企业生产经营活动中履行各项管理职能的岗位，包括生产管理、财务管理、人力资源管理、综合管理、营销管理等岗位；技能类工作岗位包含从事产品生产与制造的各类技术工种岗位，包括直接生产岗位和辅助生产岗位。技术类员工的兴趣在于专业技术内容及活动本身，如追求专业方面的成就，他们对人际关系不敏感，害怕脱离或丢弃本专业。选择这类职业发展的员工有两种可能：一是技术职称的晋升及技术成就的认可；二是已任职于技术方向且对管理有一定兴趣的员工，他们可以扩大知识面，打好技术基础，在技术部门担任管理职务。该类员工职业生涯的成功取决于其在专业上的造诣。管理类员工对地位、影响力、荣誉、待遇较为重视，也善于与他人打交道。选择该类职业的员工的目的在于培养胜任管理工作所需的个人素质、思维能力及人际关系技巧等。这类员工的职业方向一般是先在最基层职能部门工作，表现出才能与业绩后获得提升。技能类员工是针对工人身份的，技术类员工是针对干部身份的，前者为技术工人，后者为技术干部。由此可见，技能类员工可以在一定条件下（如通过在职或脱产进修等）转换身份为技术类员工或管理类员工。根据员工职业发展方向的不同，职业通道可分为四种，但现实情况往往是，在企业中员工职业发展是混合的，即多种发展方向兼而有之。

（1）纵向职业通道

纵向职业通道被认为是传统的职业通道，它是基于过往组织内员工的实际发展道路而制定出的一种发展模式，是指沿着组织的等级层次按序发展，获得某一类职业内部职务晋升的纵向运动。在纵向职业通道中，员工当前的工作被认为是下一个较高层工作的必要准备。

（2）横向职业通道

横向职业通道即职业转换，是指员工在满足岗位任职要求、具备相关专业知识的条件下，在不同的职业类别之间转换，是跨越职能边界的横向运动，如员工由生产部门转到市场营销部门或后勤部门等。这种职业发展有利于员工扩大个人的专业知识与经历，对员工的职业生涯具有重要的作用。横向职业通道允许在企业内进行横向调动，有助于员工焕发新的活力、迎接新的挑战。虽然没有获得加薪或晋升，但员工可以增加自己对组织的价值，使自己获得更多的认同感。

（3）网状职业通道

网状职业通道既包括纵向的工作序列，也包括一系列横向的机会。网状职业通道承认在某些层次经验的可交换性，以及晋升到较高层之前需要拓宽本层级的经历。这种通道比传统职业通道更真实地代表了员工在组织中的发展机会。这种纵向和横向的选择可以减少通道堵塞的可能性，但其缺点是向员工解释其职业发展的特定路线会比较困难。

（4）双重职业通道

双重职业通道最初被开发出来是用于解决有关受过技术培训且并不期望在组织中通过正常升迁程序调到管理部门的员工的问题。双重职业通道认为，技术专家能够而且应该允许将其技能贡献给企业而不必成为管理者。双重职业通道为管理人员和专业技术人员设计了一个平行的职业发展体系，管理人员使用管理类型的晋升阶梯，专业技术人员则使用研究开发类型的晋升阶梯，使专业技术水平高的员工不必进入管理层，也可以得到较高的报酬。

2. 系统化与多通道

员工在各工种与身份之间是可以切换的，这种切换应是对信息综合评估之后进行系统设计的结果。对员工来说，多元通道发展的每一步都有得有失。例如，财务部门的会计被提升为财务部门经理，他不得不放弃自己的部分专业技术，损失自己在工作中的一些成就感与胜任感，却可获得地位、影响力等。

（1）信息利用

系统化的职业通道设计要基于对员工的能力和潜力做出客观公正的评估信息。这些信息主要来自对员工的绩效评估，也包括反映该员工的受教育状况和此前的工作经历等信息记录。组织对员工个人的评估通常应由人力资源部和员工的直接管理者共同进行。员工要确立现实的职业发展目标，就必须知道可以获得的职业选择和职业发展机会，并获得组织内有关职业选择、职业变动和空缺岗位等方面的信息。组织要及时为员工提供有关组织发展和员工个人的信息，增进员工对组织的了解，包括职位升迁机会与条件限制、工作绩效评估结果、训练机会等的信息，帮助员工了解其职业发展通道。在职业发展过程中，有可能出现许多员工无法预测或必须面对的难题，如职位升迁、跳槽、职能转换、人际关系等。对员工提供职业咨询可以为其解决职业发展中的困惑，为其做出明智选择提供参考意见和决策支持。

（2）系统设计

系统化的职业通道设计旨在减小组织刚性指标对人力资源的制约，释放员工的潜在能量，将员工的个人发展和企业的愿景相统一，具体内容包括组织目标梳理、岗位体系梳理和职业发展通道设计三项工作。组织目标梳理是分析组织未来的发展方向，并预测组织规模与组织资源的变化，由此分析组织发展所能带来的职业发展机会，包括晋升机会、新增职位机会、职责扩展机会、价值提升机会、能力提升机会等。岗位体系梳理则以现有岗位体系为基础，结合组织发展趋势，综合梳理组织未来的岗位体系，进行职系、职类划分，为职业发展通道的设计提供框架。职业发展通道设计则对各类岗位、各个岗位在组织内的多种发展路径做出安排，明确每个路径的实现条件与步骤，为每个岗位设计多元化的发展通道。

（3）多元通道

所谓多元通道就是多通道职业路径。随着现代企业组织结构的调整，员工的职业目标趋于多元，单一传统的职业生涯已不再适应时代发展的要求，开设多通道职业生涯路径势在必行。它要求调整人力资源管理重心，把专业技术人员尤其是技术人员的职业生涯规划放在与高级管理人员同等重要的位置，完善员工职务系列，铺设成长台阶，改善技术工人等级结构，加强对青年技术工人的培养。企业在组织行政职务阶梯之外，还要为专业技术人员设置一个平行的、与行政职务并行的、有序的、开放的技术能力阶梯，并与待遇挂钩。这种双重职业路径的设计，有利于调动技术人员和管理人员的积极性，实现各尽其能、各展其长的目的，从而获得企业与员工的双赢。

3. 企业目标与员工目标

在人力资源开发过程中，企业目标与员工个人目标交织并抵触，这是不容回避的问题。

（1）需求趋同

组织的发展依靠个人的发展，企业的成功很大程度上取决于其员工，而成功的职业生涯需要员工与组织双方的共同努力与配合。它关系到解决组织人力资源的配置与定位、利用和培养以及赢得员工的积极奉献精神和充分调动发展员工潜能的问题，关系到员工个体与组织未来的发展。企业必须了解员工需求——多样化的需求，即不同员工有不同的主导需求。企业只有准确把握员工的主导需求，才能采取针对性的措施满足其需求。有效的职业规划能够把组织的需要转化为员工的个人需要和其倾向的职业目标。企业只有为员工提供良好的职业发展通道，加强职业生涯规划指导与管理工作，才能促进组织和员工的共同成长，才能在市场竞争中赢得优势，达到员工自我实现与组织长远发展的互动双赢。

（2）目标相容

现代企业能否赢得员工献身精神的关键因素之一，就是能否与员工确立共同的目标，使员工感到企业、部门的发展目标与个人的发展目标息息相关，从而激发他们的主动性和创新意识。企业在制定目标时，要使企业目标包含个人目标，通过有效的沟通使员工了解企业目标，让他们看到实现企业目标会给自己带来利益。组织通过引导、帮助和协调员工的职业规划，能提高员工的工作质量，使其形成积极向上的工作态度并增加他们对企业的忠诚度。在企业目标实现后，企业要兑现承诺。实际上，也只有使员工的职业生涯发展目标与组织的发展目标保持一致，将员工的职业生涯发展与组织的发展紧密结合起来，才能真正发挥出员工职业生涯开发的作用。

（3）跟踪开发

员工职业生涯目标的设计必须有跟踪开发制度。职业生涯目标并非一成不变。由于人与人之间的学习能力与适应能力的差异，在职业发展过程中，将对预先制定的员工职业生涯目标进行一定程度的缺陷性修补。职业生涯计划制订好后，员工将沿着设计的发展通道从一个岗位转移到另一个岗位，从较低层次上升到较高层次。员工须不断接受新岗位和层次的变化，提高自身素质，改善素质结构。为此，企业需加强对员工职业生涯计划的跟踪和指导，定期或不定期地对其工作进行反馈和评价，肯定积极方面，帮助其克服存在的不足，协助员工按照职业生涯设定的目标方向发展。

4. 阶段开发策略

企业在进行员工职业生涯规划时，应当根据不同职员的特点采取不同的方法，一般可以依其职业生涯阶段进行操作。下面以年龄为依据，每十年为一个阶段进行示范性阐述。

（1）二十岁至三十岁：职业定位

这一阶段的主要特征是，员工从学校走上工作岗位，是人生事业发展的起点。年轻人步入职业世界，表现如何，对未来的发展影响极大。如何起步，关系到日后的成败。有些年轻人，特别是刚毕业的大学生，认为自己有知识、有文化，到单位工作后不屑于做零星小事，这对其发展不利，可以说是职业生涯早期的一个危机。这一阶段的主要任务就是确定职业，企业要帮助员工在充分做好自我分析和内外环境分析的基础上，选择适合的职业，设定人生目标。如果经论证后，员工不适合本企业，组织要有勇气放弃。另外，新员工对企业各方面了解较少，而且经验不足，容易产生一些不现实的行为或想法。如何在最短的时间内增进企业与员工的交流，使员工尽快适应工作，是新员工管理的重要一步。入职培训主要是帮助新员工了解企业文化、规范、价值观及工作内容等，力求以最短的时间、最低的成本引导新员工通过学习对工作有大概的了解，使其具备公司要求的基本价值观、文化观，为其以后在工作中更快地适应企业、适应群体做好初期准备工作。企业应该开诚布公，对涉及员工利益的各方面进行详尽说明，为其提供真实的企业前景展望。

（2）三十岁至四十岁：目标修订

这个时期的员工风华正茂，是充分展现才能、获得晋升、迅速发展事业之时。此时员工的任务，除发奋努力、展示才能、拓展事业以外，对很多人来说，还有一个调整职业、修订目标的任务。人到三十多岁，应当对自身、对环境有着更清楚的理解。看一看自己选择的职业、选择的路线、确定的人生目标是否符合现实，如有出入，应尽快调整。所以对于企业而言，这个阶段就是对员工深入"摸底"阶段，不仅探测其工作能力、水平，而且探测其工作性向、职业生涯目标。一般来讲，必要的修订是需要做的。这个年龄段的员工已经逐渐成长为企业的中坚力量。企业开发他们的一个方法就是利用他们去开发与帮助年轻员工，即担任年轻员工的教练或导师。这样做会使各方都受益，因为这个年龄段的员工刚刚走过年轻，更有言传身教的新鲜经验，可与年轻员工进行沟通。在帮助年轻员工的过程中他们会不知不觉地保持自己的旺盛精力，并在指导实践中提升自身的实力。年轻员工在他们的帮助下可以开阔眼界，从其职业和生活经验中得到启发。

（3）四十岁至五十岁：二次开发

这一阶段，是人生的收获季节，是成功人士大显身手的时期。提拔晋升的措施主要施用于有前途、有作为、有担当的员工。当然，这一年龄段的员工可能也会面临可怕的职业生涯平台，因为他们的资历与职位已经达到一定的层次，获得晋升的难度较大。的确，对于某些员工来说，人到中年是不祥之兆。现实中绝大多数员工早已放弃了自己早年的梦想，有些人甚至连他们最初的志向有多么远大都已不记得，这表明多数人已经接受了他们停滞不前的职业状态，并已适应了这种状态。但对另一部分人来说，却并非如此，他们在现有岗位上总是会有一些想法。当然，他们的这些想法比起早年梦想要现实得多。所以说，员工的职业生涯可以由个人掌控；企业也完全可以进入这个过程中，对员工的职业生涯进行影响。企业很重要的一个任务就是对这部分员工"充电"。很多人在此阶段都会遇到知识更新问题，特别是科学技术高速发展，知识更新的周期日趋缩短，如不及时充电，将难以满足工作需要，甚至影响事业的发展。尽管许多职业中期的员工不再期望得到晋升，但他们对成功和自主权的要求更强烈。公司可以让他们承担更重要的任务，充分地进行授权，公司高层不应过多干涉，而应提供更多的支持。还有一些大公司的某些员工由于升迁机会渺茫，选择离职创业。公司可以与其探讨内部创业、职业切换甚至提前退休的可能性。

（4）五十岁至六十岁：晚年规划

此阶段是人生的转折期，无论是在事业上继续发展，还是准备退休，都面临转折问题。由于医学的进步，生活水平的提高，人类寿命已明显延长，所以做好晚年生涯规划十分重要。日本的员工一般是在四十五岁时开始做晚年生涯规划；美国的员工是在五十岁时做晚年生涯规划；我国的员工按退休年龄提前五年做晚年生涯规划即可。企业应当积极做好这部分员工的退休工作，不能忽视这类群体，不要因为他们即将不再为企业做贡献而漠视。在工作中，企业可以制定出针对该群体员工的合理而科学的绩效考核标准并进行及时反馈，实施弹性工作制度，因为如果让他们接受和年轻员工一样的工作他们可能会无法适应。落实对他们的非歧视政策，让老员工深切感受到企业并没有抛弃他们的同时，企业要为他们制订完善的退休计划，主要内容可以包括四个方面：一是确定退休之后员工的生活重点，然后根据目标，制订行动方案；二是过渡退休后的工作生活技能，最好是在退休前三年开始着手过渡；三是了解退休后的有关政策，尤其是再就业的有关政策；四是如果客观条件允许的话，寻求退休员工返聘的工作机会。

二、员工能力提高

个体能力的提升，很大程度上取决于他的智力水平。予以支持的还有其体能，即强健的体魄能够保证员工从事更多、更复杂的工作。不容忽略的还有一点，就是个体的理财能力，它与企业的绩效甚至直接相关。

1. 智商

作为心理学中个人聪明才智量度的概念，"智商"概念从出现至今已有近百年的历史。特别是在现代文明社会，人们对科技教育越发重视，智商成为社会关注的焦点。

（1）何谓智商

智商，又称"智力商数"，指个人心理年龄与实际年龄的比值，是个体智力发展水平的一种指标和参数，也可以表现为一个人对知识的掌握程度，反映了人的观察力、记忆力、思维力、想象力、创造力以及分析和解决问题的能力。智商主要是由人的先天性遗传基因所决定的智力发展能力和智力发展水平决定，它不是固定不变的，通过学习和训练是可以开发增长的。

（2）智商构成

智商的基本构成要素为：注意力、观察力、记忆力、想象力和思维能力，其中思维能力是核心。从其基本构成要素来看，可以认为，智商所测定的是个体认识客观事物，并运用知识解决实际问题的能力。

①注意力。注意是指人的心理活动对外界一定事物的指向和集中，具有注意的能力称为注意力。注意从始至终贯穿整个心理过程，只有先注意到一定事物，才可能进一步去集训、记忆和思考等。注意包括被动注意和主动注意。注意力是智商的五个基本构成要素之一，是观察力、记忆力、想象力、思维能力的准备状态，所以注意力被称为心灵的门户。由于注意，人们才能集中精力去清晰地感知事物，深入地思考问题，而不被其他事物干扰。没有注意，人们的其他智力构成要素——观察、记忆、想象和思维将得不到支持而失去控制。

②观察力。观察是有目的、有计划、比较持久的知觉，是人对客观事物感性认识的一种主动表现，是有意知觉的高级形式，人的这种能力就是观察力。观察能力的强弱决定一个人智力发展的水平。因为观察力是智力活动的基础。观察力是以感知为基础而形成的。人们通过观察获得大量的感性材料和对事物具体而鲜明的印象。观察必须先有一定的目的性，有选择地去感知某种事物。观察总与积极的思维活动相联系。譬如，对事物进行比较，以便了解它们的特征和本质。

③记忆力。记忆力，就是记忆的获得、保存、回忆知识经验的能力。记忆力的获得是通过各种器官把外界信息输入大脑的过程。信息输入并得以保存，依赖有效的记忆方法。记忆力的保存即信息储存，就是将通过记忆获得的知识

在大脑中巩固下来。对个体来说，储存信息量大、保持时间长，是良好记忆力的基础。记忆力的回忆，这是指已储存在大脑中的信息，在需要的时候能及时提取出来。在这里，检索能力极为重要，在学习或解决问题时所需的知识能否迅速、准确地被提取出来，是记忆力好坏的主要标志。记忆力的敏捷性、保持的持久性、回忆的准确性和及时性是形成良好记忆力的重要条件。

④想象力。人在认识客观事物时，不仅可感知当时直接感受到的事物形象，而且还能在头脑中创造出新的没有直接感受到的形象，这种特殊的心理能力称为想象力。在创造性想象中，个体运用想象力去创造其所希望实现的事物的清晰形象，并持续不断地把注意力集中在这个思想或画面上，给予它以肯定性的能量，直到最后它成为客观的现实。想象力的伟大是人类比其他物种优秀的根本原因。想象力使创造发明、发现新的事物成为可能。如果没有想象力，人类将不会有任何发展与进步。

⑤思维能力。思维能力是指人们采用一定的思维方式对思维材料进行分析、整理、鉴别、消化、综合等加工改造，能动地透过各种现象把握事物内在的实质联系，形成新的思想，获得新的发现，制定出新决策的能力。它包括记忆储存能力、逻辑加工能力、思维想象能力、直觉思维能力等多项内容。思维能力是智商构成要素的核心，甚至有的学者认为，思维能力训练是提升智力的唯一途径。

（3）智商开发

脑健康为躯体健康赋予了更高标准的含义。脑健康能发挥智能，创造效益。脑健康是最大的智慧、最好的节约。脑健康能构建和谐，更能使个体享受生活的美好。珍惜并提升智力财富，就要维护好脑健康。

人的大脑分成左脑和右脑，右脑是祖先脑，它储存了祖先一代代繁殖进化的种种信息，包括智商信息，可以说是一个巨大的信息库。同时右脑又通过与左脑间的互通交换，不断地储存现代人的新信息，然后又传给下一代人。几十万年来，人类在生存与发展的过程中，右脑通过左脑接受传递所积蓄的智慧信息，与现代人的智慧信息之比，可以说是几万比一。倘若用现代的方法去教育训练几十万年前的祖先猿人，因为我们的祖先右脑所积累的各种信息还属初级，所以要达到或接近现代人的水准，难度是非常大的。现代人的智慧是多少万年来人类的智慧在右脑的积累。欲想提高智商就要设法把祖先储存在右脑中，包括将现代人瞬间储存在右脑中的信息有效快速地挖掘出来。要有效地摄取右脑储存的各种信息，就要设法降低左脑的主观意识，使大脑处于一种飘飘然、似睡非睡、似醒非醒的状态，正是处在这种状态下，许多科学家、艺术家的灵感才得以发挥。

综上所述，降低左脑的主观意识，提高右脑潜意识，在这种状态下，挖掘摄取右脑储存的各种智慧信息。这种方法是开发智力、提高智商的理想方法。类似的思路是交替运用左右脑以结合形象思维与抽象思维——这需要有意识的培养，并养成抽象思维与形象思维对照的良好习惯。其他的思路可以是，对大部分员工进行右脑开发；对左撇子员工则进行左脑开发。

2. 健商

健康是人生最大的财富。健康是"1"，事业、爱情、金钱、家庭、友谊、权力等是"1"后面的"0"，只有"1"的人生是远远不够的，但是失去了"1"（健康），后面的"0"再多也没有意义。

（1）何谓健商

健商，是个人所具有的健康意识、健康知识和健康能力的反映，代表一个人的健康智慧及其对健康的态度。健康意识是指人们对健康价值的态度和对能否获得健康的信心；健康知识是指有关人类健康方面的知识；健康能力是指人们在健康意识和健康知识综合作用的基础上，表现出有关健康的行为。

（2）健商构成

健商的五大要素是自我照顾、健康知识、生活方式、健康心理和生活技能。健商即由此入手，根据医学的最新发展情况，使个体在可信数据和可靠事实的基础上，做出关于自我健康的决定。

①自我照顾。主宰自己的健康命运，不要把一切都交给医生。通过健康的生活方式、乐观的信念以及对身体固有的自我康复能力的认可，来控制疾病，达到最佳的健康水平。自我照顾也称自我保健，一些基本的常识如下：穿衣戴帽，保暖为要；即脱即着，好过服药；春捂秋冻，一年无病；夏衣要透，冬衣要厚；裤带越紧，疾病越近；颜色适当，心里亮堂等。

②健康知识。这是照顾好自己的基础，是拥有高健商的前提。健康知识有助于提高个体对健康内容、保健制度、健康维护以及健康监测的风险因素和工具的了解。欲有高健商，须增长健康知识。个体对健康知识了解得越多，就越能够对自己的健康做出明智的选择。健康知识的概念似乎很明确，即有关健康的知识，但是，按照新的健康概念，它应该是包含从生物、心理到社会的众多内容所构成的庞大知识体系，是个体用尽毕生精力也难以学完的。当然，让普通人都掌握这些知识显然是不可能，可那些基本的、对健康影响较大的从衣、食、住、行到心理、家庭、工作单位及人际关系方面的知识还是需要掌握的。

③生活方式。这与个体的作息、饮食、生活观、价值观以及情感友谊等生活习惯和方式有关，它对健康的影响是举足轻重的。健康观念的落后和健康知识的不足导致生活方式的不健康。应予倡导且受到推崇的是不生病的、简单而平和的生活方式。它让人们在生活中保持健康，在琐事中保养身心，既不会耗费太多的金钱，也不耽误时间。因此更适合现代人远离疾病、独善其身的朴素需求，不给自己的健康暗埋"不定时炸弹"。

④健康心理。其作用是克服焦虑、愤怒和压抑。健康心理与下文即将探讨的健商开发至关重要。员工作为成年人，需要承担各种家庭、工作与社会的责任，或多或少会面临环境适应、学习竞争、人际交往、友情爱情、生活自理以及理想与现实等方面的问题。如果没有正确的认知和应对策略，在遭遇挫折、遭受创伤时，处理不善，那么就会逐渐形成心理困扰。个体应尽快通过自我心理调适或积极寻求帮助等方式适应环境。

⑤生活技能。它是指通过重新评估个体和环境，包括供养系统、工作和人际关系来改善其核心生活技术，从而掌握健康的秘诀和方法。生活技能除了生活自理能力，如打理日常生活等常规劳动外，更重要的是生存技能（如野外生存）、人际交往（如拒绝技巧）、生活适应性（如独立决策）、实践技能（如动手操作）以及处事能力（如获取信息）等。

（3）健商开发

在商品经济时代，常常有一些员工废寝忘食、夜以继日地忘我工作，忘记对健康的维护和投资。颈椎增生、骨质疏松、脂肪肝，这些常见于50岁以上的人身上的疾患，却惊人地出现在青年白领的身上，"出师未捷身先死，长使英雄泪满襟"，有的甚至积劳成疾，英年早逝。人们说知识型员工是"高智商，低健商"。许多知识型员工"用青春和健康赌明天"，不懂得锻炼、补充营养与劳逸结合，严重透支体力，压力、焦虑使他们饱受"亚健康"的困扰。

作为健康智慧的健商，随人的生长、发育、成熟逐渐演变，终其一生，影响着人们的生活态度、情绪与工作效率。一般而言，健商高者精力充沛，乐观开放、积极高效；而健商低者力不从心，易悲观自恋、消极低效，容易陷入"疲劳—工作—更疲劳"的恶性循环，甚至产生对外界事物的厌倦情绪。因此，做好员工的健商开发，增强其健康责任是企业必须重视的工作。

①健康意识。正确的健康意识对于保持身体健康至关重要。只有意识到健康的重要性，了解到健康可以通过努力去获得，危害健康的因素可以通过有效措施加以消除或控制，才能激发员工接受健康教育，纠正不良生活方式，建立健康生活方式，方可将其工作生活与健康联系起来，消除危害健康的因素。所

以，正确的健康意识是人们学习健康知识，获得健康的先决条件之一，而错误的健康意识是阻碍人们学习健康知识、获得健康的大敌。特别是要彻底破除"不干不净，吃了没病""生死有命，富贵在天"的落后观念，更不能从自己所看到的个别现象出发，否定科学工作者通过长期系统的科学研究得出的科学结论。人类社会和医学发展到今日，大部分危害健康的原因都已查明并且有了防治的办法。

②健康计划。员工的身体是企业的本钱。关怀员工身心健康的企业是睿智的企业，重视员工健康的公司是有竞争力的公司。美国某公司曾经推出"员工健康关怀计划"，慷慨奖励为健康做出努力的员工：当月一周锻炼3次，可获奖7美元；不吸烟，再加3美元，若全部做到，一年可以多得300美元以上。此外，全年出满勤的员工还可以得到300美元奖励。"员工健康关怀计划"在实施十个月后收到了效果，部分员工过高的体重降低了。据测算，如果人人都成为健康员工，公司可以少付三分之二的医疗费用。西方国家有一个普遍承认的成本核算：健康管理投资一元可节约后期医疗费用八九元。"员工健康关怀计划"是企业开发员工的重要内容，它应当包括人身、健康保险计划，医疗补助计划，以及健康咨询、心理咨询、健身运动、员工服务等，以培养员工日常健康习惯和普及科学保健知识为目标。

③健康科普。随着人们对健康关注度的增加，随之暴露出的问题也越来越多。许多员工健康观念的落后和健康知识的不足导致其生活方式不健康。企业可以有针对性地购买健康读物，为员工提供关于保健、养生方面的信息，组织员工学习交流，引导员工变经验养生为科学养生。开展各种形式的健康知识宣传、讲座，向员工灌输现代健康理念，引导员工平衡膳食、适当运动、戒烟、戒酒、心理调适，改变不良生活方式，储蓄健康。不断收集有关文章，编写有关小贴士、顺口溜在局域网发布，或在大厅张贴，可营造企业健康环境，增强员工健康意识。

④健身运动。企业可以开展丰富多彩的健身运动，提高员工健康体质。让员工利用工作的间隙运用身边的器械行动起来，根据各自的爱好及身体素质，做适合自己的健身运动，如打太极拳、跳广播操、跳绳、跳舞、打球、散步等。定期举行的趣味运动会既可活跃员工的文化生活，又能增强员工的体质。

⑤心理保健。关注员工思想动态，营造员工健康心理环境。企业工作紧张，压力大，如果得不到及时调整，就可能产生心理障碍，导致严重后果，所以健康的定义中还包含心理健康。了解员工的思想，就可以加以引导，舒缓不良情绪，排解压力。企业可以举办有关身心健康的讲座，开展心理咨询、心理调理，

与员工进行必要的交流与沟通，增进感情，帮助其树立积极的人生观，营造保证员工健康的心理环境。

⑥健康平台。搭建健康管理平台，努力开发"员工健康信息管理系统"。在企业健康管理过程中，根据企业特点开发不同的模式，以保障员工健康。这一体系中的个体健康状况是基础，还应该切实发挥其作用，多方位、多视角、立体地展示其功能，提升员工健康水平，促进企业和谐、可持续发展。

3. 财商

学者认为，存在富人和穷人的分野，是源于不同的金钱观念，穷人遵循"工作为挣钱"的思路，而富人则主张"钱要为我工作"的思想。

（1）何谓财商

财商，是指一个人认识和驾驭金钱运动规律的能力，即理财能力，特别是投资收益能力。没有理财的本领，个体只有坐吃山空。会理财的人越来越富有，一个关键的原因就是财商区别。特别是富人，何以能在一生中积累巨大的财富？答案是投资理财的能力。可以这样理解：智商反映人作为一般生物的生存能力；情商反映人作为社会生物的生存能力；而财商则反映人作为经济人在经济社会里的生存能力。智商拥有文凭，情商决定成功，财商则可让人成为富翁！

（2）财商构成

财商包括观念、知识、行为三个层次。观念是指对金钱、对财富认识和理解的过程，它是致富的动力和基础，没有正确的财富观念，就会缺乏致富的信心，或者即使走上致富之路，也会倒退回来；知识是指投资创业必不可少的知识积累，包括个人品质、会计知识、法律知识、商业知识、商业信息和文化知识等方面的修养和能力，是致富成功的基本保证；行为是观念的表现和载体，是观念和知识在个体与环境之间的实施，将观念和知识创造性地融进实际经营活动中，使财富的积聚成为一种现实的存在，可以表现为自我突破、自我激活、自我控制的素质和能力。财商如同智商，讲究天赋，但它更需要用实践来培养和激活。财商不是孤立的，而是与人的其他智慧和能力密切相关的，可以通过后天的专门训练和学习获得，是可以被不断开发的。人如果主动意识到了，就会先于别人致富；没有意识到，懒得学，就会落后与继续清贫。所以改变个体观念，唤起其潜在的信心和勇气参与理财、投资、创业，是很有积极意义的。具体而言，财商需要运用的知识由四个方面构成。

①会计知识。它是指财务知识，即阅读理解数字的能力。它是个体确立资金优势的基础技能。个体管理的金钱越多，就越需要精确，否则资金链就会断

裂。这是左脑要处理的，或者说是细节。会计知识能帮助个体读懂财务报表，记账的目的是让个体清楚资金的流向，以便于精打细算。记账还有助于查漏补缺，借助这种能力可以辨别业务的优势和劣势。

②投资理念。其俗称"钱生钱"的科学。一个金点子，一个新创意，一个新招术，往往能出奇制胜，改变人的一生，使个体发现致富的金矿，由失败转向成功，由穷人变为富人，从而奠定创业的根基。商海沉浮，波谲云诡，唯有巧妙应变方能取胜。创富人在商场如何立于不败之地？如何在千变万化的商战中把握商机，从而创造出无穷的财富？这就要看个体能否构思出卓越的方案，看个体能否亮出令人惊奇的绝招。投资涉及策略和方案，这是右脑要做的事，或者说是创造。孔子曰："君子爱财，取之有道。"此言不差，君子爱财，更应治之有道。资金的生命在于运动。如今，金融日益成为经济生活中的热点，债券、股票、信用卡、投资基金等充满诱惑的金融产品层出不穷。正确选择投资渠道，科学确定理财产品，能够让财富自我复制。

③市场知识。它是供给与需求的科学。提供市场需要的产品，要求了解其"技术面"。随着市场的发展变化，客户的需要会随之发生变化，即市场利润区会不断移动，要时刻注意利润区的移动，找出客户急切的需求，及时调整市场策略和切入点。市场的另一个因素是"基本面"，或者说是投资的经济意义。它注重金融、经济理论和政局发展，包括对宏观经济指标、资本市场以及政治因素的研究，从而判断供给和需求要素以研判市场运动。

④法律规章。它是指有关会计、法律及税收之类的规定。它可以帮助个体有效运营新创企业并实现扩张性发展。了解税收优惠政策和《中华人民共和国公司法》的人能比员工和小企业主更快致富，这就像一个人在走，而另一个人却在飞，若从长远看来，这种差距将会更大。公司可以做许多个体无法做的事，如将慈善捐赠列入税前费用开支，这是一个令人怦然心动而又名利双收的项目。若个体拥有自己的公司，其购车费用以及随之而来的车险费用和修理费用也将由企业支出，健身俱乐部会员会费由企业支出，大部分的餐费仍由企业支出，而且它们都在税前被合法支付。

（3）财商开发

由于传统文化和封建观念的影响，人们素来羞于谈钱。有的人在同事、朋友间不愿谈钱，觉得有伤和气，不想沾上过多的铜臭气，更有甚者视金钱为粪土，其实这都是对金钱的偏见。其实金钱只是一种观念，人们经常容易看到的是金钱的物质形态，却忽视了金钱的精神形态。让员工认清金钱的本质有助于培养他们对金钱、对工作、对事业的正确态度。因此，对员工进行财商开发真的很有必要。

①黜奢崇俭。中国有句古训：成由勤俭，败由奢。成功由勤劳节俭开始，失败因奢侈浪费所致。节俭是一个人的重要品质，很难想象，一个大手大脚、随便浪费的人能创造一番事业。节俭的美德是传家宝，在员工身上应得到继承和发扬。社会上关于奢侈消费的宣传与刺激、盲目消费的广告形形色色。这经常会使受众产生非合理消费的观念——攀比、从众、追求时髦、喜新厌旧等。时代变了，人们的消费观念确实应该改变。随着经济收入的增加，饮食更讲究营养，穿着更讲究时尚，这些自然无可非议，而且应该提倡。但盲目消费、随便浪费永远是坏事情，是不良品质的反映。膨胀的成本永远是企业的心头病，价值工程增收节支实践即是黜奢崇俭思想的朴实反映。

人的素质和对财富的占有欲望是两个既相互独立又相互联系的因素。有的人素质很高，但对财富的占有欲望很低；有的人素质很低，但对财富的占有欲望很高。例如：有些饱读诗书、学富五车、身怀绝技的人，可谓素质很高，但他们之中有很多人对金钱兴趣不大，对财富的占有欲望不强烈；相反，有些人虽然没有读多少书，文化程度不高，也没有什么值得一提的特殊本领，但他们对财富有着强烈的占有欲望。正因为如此，许多素质较低的人比素质高的人所赚的钱还要多。但是，如果一个人金钱欲望极强，其素质也很高，那么他的聚财力（赚钱的能力）将会无与伦比。譬如，知识资本家们既有赚钱的欲望，又有技术，还有经营和管理才能，所以，这些人能够财源广进。相反，如果一个人金钱欲望不强，且素质较低，那么他的聚财力就会受到抑制。所以，只有素质较高且对财富的占有欲望极强的人，才有较强的聚财力。当今世界大富豪多是才华横溢、懂技术、会管理的知识型资本家。企业指导员工熟练掌握基本的金融知识与工具，从短期效果看是养成员工知财、理财的习惯；从长远来看，将有利于企业压缩生产运营成本，使其在高度发达、快速发展的市场中，具有低成本的竞争力。

②财富资本。财富对于人来说，是至关重要的东西。人们常说，有钱能使鬼推磨。虽然人们都需要钱，但并不是每个人都能如愿以偿。有的人会赚钱，有的人则不会赚钱。要想在经营中取得成功，一方面需要拥有较多的财富，另一方面还要善于利用财富——资本运营。财富相当于万有引力定律中的质量或库仑定律中的电量。根据爱因斯坦的相对论原理，质量是相对的，一个物体的质量随其运动速度的增加而增加。在经济学中，财富的性质与质量一样也是相对的，其价值随财富运动速度的增加而增加。做好资本运营，加快资金周转速度，相当于增大投资总量。有的人看起来有很多财富，但是如果把财富都变成

不可流动的非生产性固定资产投资，他的财富价值就会打折扣。有的人手头有点资金，就会拿去做买卖，用钱生钱，这种人即使其财富（资本）不多，他的财富价值也很大。精明的商人不会允许资本闲置，更不会把资本变成不能流动的死钱。

一般说来，资本在流通领域的周转是较快的，所以，流通领域的利润也是较大的，但是，这并不是说，流通领域是利润率最高的。因为盈利能力不仅与财富（资本）的周转速度有关，而且还与个体的素质、其所获得的信息以及社会环境等要素有关。当然，加快资本的周转速度，提高利用效率，只是资本运营的一个方面。要发挥财富的最大效率，还应使财富的结构分布合理。否则，仍会影响资本的使用效率。

③财富环境。财富基本上可被分为两类：一类是依附财富，它们都拥有主人；另一类则是游离财富。它们是暂时没有主人或主人不确定的财富。依附财富还可分为紧密依附财富和松散依附财富。所谓紧密依附财富就是已经分配到每个人的财富，即私人财产；所谓松散依附财富就是为一部分人所共同占有的财富。一方面，社会财富的分配是由实力来决定的，即资本雄厚而又善于经营的公司往往较资本较少而经营管理不善的公司盈利多，在竞争中处于有利的地位。从公司的内部分配来看，拥有较多股份的人总比拥有较少股份的人所分得的红利多，有技术的专家一般要比没有技术的工人薪酬高。另一方面，游离财富一般较依附财富容易被瓜分，松散依附财富一般较紧密依附财富容易被瓜分。在我国经济体制由计划向市场转轨的过程中，许多国有及集体资产轻而易举地流进了个人的账户，其原因就是这些国有及集体资产都是松散依附财富，没有具体的人对这些资产行使管理和受益权。

环境的财富分布状况亦即环境财富的密度，包括依附财富，也包括游离财富。如果依附财富的密度较大，则说明当地的人富有；如果游离财富的密度较大，则说明当地资源丰富，有待开发。因此，个体适合到什么地方去工作、赚钱，要根据环境状况及本人条件进行具体分析。如果是去打工，一般说来，环境的财富密度越大（环境越富裕）便越好。因为打工者一般没有财富被人瓜分，而只参与瓜分（分配）其他的财富。倘若是去做生意，且为小本经营，那么最好是选择游离财富较多的地区或行业。倘若拥有较多的财富，最好选择富裕地区或富裕者消费领域和政治法律制度等约束小（政策宽松）的地区做生意。这样将有可能成为通吃的赢家。

三、员工动力增加

要使员工在工作中保持强劲的动力，就要锻炼他的胆量——唯唯诺诺的人不敢尝试，也不会成功。考察个体的动力，其在逆境中的表现是最有说服力的。开发他承受逆境中压力的能力，就很有必要。是否具有良好的意志品质，对个体的事业成败具有很大的意义，需要企业加以培养。

1. 胆商

大凡成功的商人、政客，都具有非凡的胆略和魄力，临危不乱、破釜沉舟、力排众议、"该出手时就出手"等，都是对胆商的绝好注释。

（1）何谓胆商

胆商，是一个人胆量、胆识、胆略的度量，体现了一种冒险精神。无论什么时代，人若没有敢于承担风险的胆略，就难成气候。胆商高的人有胆识和决策的魄力，能够把握一切机会，以最快的速度应对环境的变化。许多人胆商太低，使得头脑中的许多好想法被束之高阁，许多创意流于空谈，这样的情形现实中屡见不鲜。

成千上万的人做着创业梦，只有少之又少的人勇敢地付诸行动。在没有资金的情况下，敢想、敢说、敢做也是一种资本。当个体拥有足够的想象力，在资金短缺的原始积累初期，它能发挥出难以想象的资本威力。胆商并不是无知的莽撞，它是建立在一定知识水平基础上的勇敢。只有把胆识建立在渊博的知识和丰富的实践经验的基础上，它才会成为良机。正所谓，大智之外还要有大勇。商场如战场，企业家没有胆量，没有冒险精神，要取得高效益就是天方夜谭。企业家要抓住稍纵即逝的商机，需要胆识、胆略，容不得优柔寡断。做任何事情，都没有 100% 的保险系数。世上不存在万全之策，没有不需要付出成本，就能轻易承担风险的事情。想法太多、顾忌太多、瞻前顾后，手里拿着利剑却不敢刺出，利剑又有何用？等到有了 100% 的保险系数再去做，恐怕机会早已流失。华尔街的定律之一，就是"无风险则无回报"。

（2）胆商构成

如上文所述，胆商由胆量、胆识、胆略构成。

①胆量。胆量是指不怕危险困难的精神以及敢作敢为、无所畏惧的魄力。作为胆商三要素中最为基础的一个，人的胆量有其天生的成分。譬如，甲天生怕蛇，乙见到老鼠就会魂飞魄散。但胆量也可以通过后天训练加以改变。如前述情形，让甲与无毒的蛇共处，在乙的家里养上几只老鼠。个体的恐惧心理将逐渐消退，胆量就会渐渐增大。

②胆识。胆识是指个体的胆量和见识。它在胆量的基础上，增加了见识的维度。即对客观情形的经历与感触。一个人见多识广，就会对胆量的适用场合形成科学合理的判断，进而升华到胆商的第三个层次。

③胆略。胆略是指个体的勇气和谋略，它是胆商的第三个要素，也是最高层次，是前两个要素与层次的积累与综合。个体在具有一定胆量的基础上，通过胆识对形势进行研判，决定攻略打法：是莽撞应战，还是迎头痛击；是退避三舍，还是隐忍待发。胆略高的人，其行为收放自如，不拘泥于一城一池的得失，是胆商的最高境界。

（3）胆商开发

胆略来自主观能动性，它是一种渴望，想常人不敢想、做常人不敢做之事，这就是胆略的特质。职场路上风风雨雨，坎坷与荆棘密布，唯有智慧者、勇敢者才能撷取美丽的花朵。没有超人的胆识，就没有超凡的事业。有志者要具备超人的胆识，勇于承担他人望而却步的风险事业。在复杂多变、竞争激烈的市场环境中尤其如此，所谓狭路相逢勇者胜，胆商在某些关键时刻甚至决定着企业的兴衰成败。但凡富有创造性的人都是敢于提出问题的人，敢于提出问题的人就是善于思考的人，善于思考的人就是能够解决问题的人。对于创新型人才就要运用独特的眼光来审视，先让他们的胆子大起来。这样才能让问题浮出水面，创造性才会得以发挥，企业创新也确实需要这样一批"闯将"。

①精神不倒。要开发胆商，首先要解决的就是精神问题。生命的支柱不是肉体，而是精神。精神是生命的真正脊梁，一个人一旦从精神上被摧垮，那么其生命也就随之变形了。个体所处的绝境，在很多情况下都不是生存的绝境，而是一种精神上的绝境。只要不在精神上垮下来，外界因素很难将人击倒。怎样才能让精神不垮塌呢？这就要训练个体健康自信的心态，因为心态决定行动方式。企业可以多组织员工参加一些竞争性的活动，鼓励其勇于表现、勇于表率，敢于承担风险、抢占先机，增强其抵抗挫折的能力，从整体上提高个体的心理承受能力和决策能力，保持精神状态的阳光与正向。

②突破现状。企业要避免员工重复地做同一种模式的工作，过同一种重复单调的生活。这种模式表示个体已经积累了一些经验，可以应付日常情况下出现的问题，但从另一个角度来看，如果面对每一个状况，都用同一种模式去思考，用同一种方式来处理，就会陷入因循守旧的困境。长此以往，习惯就会成为束缚头脑的枷锁，创造力渐渐衰亡，胆子也不知不觉变小了。应让员工培养自我挑战的勇气，主动求变，掌握先机。

③思想独立。个体需要坚持自己的立场和主张，独立思考和判断；不人云

亦云，不盲目追随流行；不哗众取宠，不为了讨好上司、同事而放弃原则或立场。在多数意见面前，个体有没有坚持自己观点的勇气？是不是随波逐流、少数服从多数？真理和正确的抉择，并不在于人数的多寡，或者是否让别人的面子觉得好看。如果为了让自己不受歧视和孤立而追随大多数，如果面对思想上的冲突总是选择缄默，臣服于压力，终会使人格失去独立性，做事情就不敢有突破的胆量了。敢于超越常规，不走寻常路，将带来意想不到的机会。有时候人不被逼上绝路，是不会考虑去面对的。个体需要敢想敢做，不指望他人持久的挡风遮雨与呵护备至。个体最大的敌人是自己，最好的朋友也是自己。相信自己，鼓励自己，就会进步发展。

④敢作敢为。在工作生活中，难免会遭遇种种困难。个体需要有从容面对困难、战胜困难的魄力，除了全面周详地分析考察客观条件，做出科学决策外，还要靠果敢的行动。语言的巨人、行动的矮子，永远不会获得实质性的回报。修炼高胆商，果断行动是一种勇气。"晚上想起万条路，早起还是卖豆腐。"如果不付诸行动，目标将永远是幻想。非要等到万事俱备，机会恐怕早已错失。做出一个决定，如果迟迟不付诸实施，无论计划多完美，最终都不免纸上谈兵。无论多大信心，随着时间的推移，都会因为耽于行动而变成无用的空话。只有将自己的胆识、勇气付诸实践，才能产生实实在在的成果。好的策略不应局限于书面，最好的办法还是行动起来，按照完善的计划，一步一步地实施，并根据外界环境的变化调整策略。果敢地行动起来需要勇气，坚持下去则需要更大的勇气。敢想敢做，在确认了目标后竭力为之，这是个人进步的先决条件。渴望成功者的信条是，"别人能做得到，我也能做得到。"

⑤排除懦弱。敢是一种胜利，不敢就是一种失败。有多少"不敢"让个体与成功失之交臂，最终半途而废呢？"敢"是一种衡量胆商高低的表现，因为敢，与成功的距离将被拉近。因为不敢，在远离风险的同时，也将错过成功的机会，造成遗憾。在懦弱者面前，哪怕只是一块小小的石头，也会筑起一座坚不可摧的堡垒。挑战成功，就应该大声地对懦弱和"不敢"说不。

⑥有所不为。真正有胆有识的人，懂得看准尝试的时机。"该出手时就出手"的另一面是"该出手时才出手"，它包含两方面的意思：第一，该出手时绝对不能退缩，不能有半点畏惧之心；第二，不该出手时决不出手。从表面上看，这好像是一种近乎懦弱的表现，其实它是一种超越，是能够明察真相的胆略。勇敢的定义虽然只有一个，但表现形式有多种多样。真正的勇者，该前进时就决不退缩，该退后时也决不鲁莽。面对权威，有没有勇气说出相反的观点？面对错误的命令，有没有勇气反抗？也许这样的问题，应该在脑海中经常出现才

行。高胆商的人明白什么可为，什么不可为。什么都不敢为的人，是怯懦的人，不会成功；什么都敢为的人，也不见得是高胆商的人，充其量是鲁莽之人，也不大可能成功。勇敢和冲动，虽然只是差之毫厘，却可能导致谬以千里的结果。知道自己真正想要什么，知道自己能够做什么，然后勇敢地去做，这才是成功的必要素养。

2. 逆商

当今和平年代，拥有应付逆境的能力更能使人立于不败之地。

（1）何谓逆商

逆商，全称"逆境商数"，又称"挫折商"或"逆境商"，是指面对逆境承受压力的能力，或承受失败和挫折的能力。有些人只能适应一帆风顺的人生机遇，一旦遭遇逆境，即精神崩溃。失败乃成功之母。法国大作家巴尔扎克说过："苦难对于天才是一块垫脚石，对于能干的人是一笔财富，而对于弱者则是万丈深渊。"著名成功学大师卡耐基说："苦难是人生最好的教育。"名人之谈告诉我们：伟大的人格只有经历熔炼和磨难，潜力才会激发，视野才会开阔，灵魂才会升华，个体才会走向成功。正所谓"吃得苦中苦，方为人上人"。

在当今企业中，越来越多的经理人已经认识到了一个事实：智商、情商、逆商三个心商的主要组成要素相互影响、相互作用，共同决定了一个人的成功与否。在企业录用过程中智商很重要，而真正使其在职业道路发展中得到晋升的往往是情商，而面对逆境使其披荆斩棘，最终达到目标的却是逆商。逆商高的人勇往直前，无论环境有利还是不利，人生幸运还是不幸，他们都不会停止前行。他们在逆境面前保持着一种生命激情，绝不让年龄、性别、身体缺陷或者任何其他障碍阻挡其实现成功愿望的脚步。逆商高的人具有坚定的信念，这种信念存在于他们本身。每当他们遭遇困难时，这种信念就会释放一种巨大而神秘的力量。他们坚韧、顽强而有弹性，心中没有退缩。对待逆境，逆商高的人有自己的解决方法，他们会不断调整自己前进的方向，寻找更适合自己的道路。

（2）逆商构成

逆商由四个部分构成，即控制感、起因和责任归属、影响范围、持续时间。

①控制感。控制感是指人们对周围环境的信念控制能力。面对逆境或挫折时，控制感弱的人只会逆来顺受，听天由命；而控制感强的人则会能动地改变所处环境，相信人定胜天。控制感弱的人经常说，我无能为力，我能力不及；控制感强的人则会说，虽然很难，但这不算什么，一定有办法。

②起因和责任归属。造成个体陷入逆境的起因大致可以分成两类：第一类属内因，因为疏忽、无能、未尽全力，抑或宿命论，往往表现为过度自责、意志消沉、自怨自艾、自暴自弃；第二类属外因，合作伙伴配合不利，时机尚未成熟，或者外界不可抗力。因内因陷入逆境的人会说，都是我的错，我注定要失败；因外因陷入逆境的人会说，都是因为时机不成熟，事前怎么就没想到会发生这样的情况呢？高逆商者，往往能够清楚地认识到使其陷入逆境的起因，并甘愿承担责任，能够及时地采取有效行动，痛定思痛，在跌倒处再次爬起。

③影响范围。高逆商者，往往能够将在某一范围内陷入逆境所带来的负面影响仅限于这一范围，并将其负面影响程度降至最小。身陷学习中的逆境，就仅限于此，而不会影响工作和家庭生活；与家人吵架，就仅限于此，而不会因此失去家庭；对事争执，就仅限于此，而不致对人也有看法。高逆商者能够将逆境所产生的负面影响限制在一定范围，不至扩大到其他层面。越能够把握逆境的影响范围，就越可以把挫折视为特定事件，越觉得自己有能力处理，不致惊慌失措。

④持续时间。逆境所带来的负面影响既有影响范围问题，又有影响时间问题。逆境将持续多久？造成逆境的因素将持续多久？逆商低的人，往往会认为逆境将长时间持续，事实则会如他们所想的一样去演变。

（3）逆商开发

在市场经济时代，人们随时随地都会陷入逆境。俗语说："人生不如意事十有八九。"人生前进的路没有一帆风顺的，而一个人在逆境中的表现往往决定了个体的人生走向。个体成功与否，不仅取决于其是否有强烈的创新意识、娴熟的专业技能和卓越的管理才华，而且在很大程度上取决于其面对挫折、摆脱困境和超越困难的能力。学会应付逆境的能力是时代变迁的需要，它成为个体获取成功的先决条件和重要资源。面对逆境，有的人努力奋进，百折不挠；有的人在一番争取后，偃旗息鼓；有的人一旦陷入困境，就心怀恐惧，回避问题。不同的态度导致了不同的结局，或是到达理想的彼岸，或是缩手缩脚，碌碌无为。从个体角度来看，有相似智商、情商和教育背景的人，数年之后，成功的程度差别很大。究其原因，排除机遇的因素，往往取决于逆商的高低。这种体现人的生命力量和生命价值的能力很值得探究。因此，企业应该把员工的逆商开发作为着力点，积极进行逆商培养，使其在逆境面前，形成良好的思维反应习惯，增强意志力和摆脱困境的能力，从而提高其成功率。

逆商专家保罗·史托兹博士的研究表明，一个人逆商越高，越能以弹性面对逆境，积极乐观，接受困难的挑战，发挥创意，找出解决方案，因此能不屈不挠，越挫越勇，从而实现卓越。相反，逆商低的人，则会感到沮丧、迷失，处处抱怨，逃避挑战，缺乏创意，往往半途而废，自暴自弃，终究一事无成。在企业不景气的阶段，不论是在职或待业，突发状况的发生概率都会提高。因此练就响应逆境的好本领，就越显重要。到底该怎么做才能提升逆商呢？

①减少抱怨。人们一致认为未来的竞争将越来越激烈，生活的压力也将越来越大。这种挑战与压力会使个体随时随地遭遇逆境。如果逆境无法回避，那么又该如何面对呢？是沮丧、灰心、愤怒、绝望，还是消极地悲叹命运的不公？所有这些都无济于事。只有认真、辩证地对待逆境，逆境才会消失，才会变成一条崎岖的小路将个体引向成功的殿堂。

碰到不如意的情况，逆商低的人会怪东怪西，认为都是别人的错，害自己不能如愿，抱怨过后，心情往往更加沮丧，而问题依旧无解。逆商高的人通常没时间抱怨，因为他们正忙着解决问题。所以请减少抱怨的时间，因为少一点时间抱怨，就多一点时间进步。

②缺中选优。逆境也有可能成为孕育积极的机会，从中寻找积极的因素就会改变人的心态。伟大的人格无法在平庸中养成，只有经历熔炼和磨难，愿望才会激发，视野才会开阔，灵魂才会升华，个体才会走向成功。古今之成大事业者无不屡遭厄运，饱经磨难。但他们以不懈的奋斗在逆境中崛起，以艰苦卓绝、百折不回的努力，最终叩开了成功的大门。约八成创业富豪出身贫寒或学历较低，他们白手起家创大业，赢得了令人羡慕的财富和名誉。他们没有一个是一帆风顺、不经失败和挫折就获得成功的，有的甚至大起大落，几经沉浮。

逆境不会长久，逆境本身也并非一无是处。在弱势与缺陷之中寻找机会，是逆商高手转败为胜的技术。当挫折发生时，如果第一个念头是"完了，这下没救了。"那就很难逃脱悲观的诅咒。逆商高手的做法是，遇到状况，先问自己："现在有什么可珍惜的？"换句话说，在挫折中找优势，并把它转化成进步的推动力。例如，突然失业的消息令人错愕，但想一想，现在有很多时间可由自己支配，还有遣散费，可以再进修第二专长，似乎会是不错的想法，也许就此开创出另一番事业。毕竟，自怨自艾解决不了问题，懂得在逆境中寻找机会，才是高逆商的表现。

③正视不幸。看待挫折与失败，不能只是一味的负面理解。在逆境中，在遭受失败和挫折后，个体才会真正发现自己的不足。这些思考和经验都可为前进打下坚实的基础。挫折能给予个体警告，提醒他加倍小心。逆境，是一座警钟，它警告个体，之所以遭遇逆境，肯定是在某方面出了问题：或者观念不对、态度不对、立场不对、方式不对、方法不对、计划不对；或者客观条件不成熟，

天不时、地不利、人不和；或者主观与客观不一致，主观愿望违背了客观规律等。逆境有人为因素，也有自然因素，所以面对逆境时，不能怨天尤人、消极等待，而是要积极反思、客观地寻找病症。逆境也给个体警示：人生有喜有悲，有顺势必有逆势；顺势不要骄傲、盲目乐观，而应该未雨绸缪。

个体懂得了这些道理，逆境才能发挥其积极的功能，才能进一步激发斗志和求胜欲。具有这种心态的人，逆境犹如兴奋剂，激励其焕发斗志、热情和潜能。逆商高手清楚地知道，一时的成败并不能决定一生。因此，只要保持乐观，塞翁失马，焉知非福，逆商高手就能将当下的不幸，变成日后回顾时的幸运。

④逆境大学。面对逆境，如果选择放弃，就是选择失败。逃避逆境者往往想过得过且过的生活，他们会说："这就足够了。"他们找到一些堂而皇之的借口放弃梦想，放弃追求，选择自认为是一条平坦、轻松的人生道路。但是，随着时间的推移，他们将付出更大的代价，可能会遇到更大的逆境。一些人虽然也曾经努力过，但收效甚微。这是因为在前进的途中遭遇了困难，漫长的、看起来毫无结果的征途使其厌倦。于是，他们就会停下来，寻找一个避风的港湾，在那儿躲避风浪。没有什么比半途而废的放弃和丧失希望对未来威胁更大的了。放弃和丧失希望不仅不能解决现实存在的问题，而且还会让个体在未来陷入更大的困境。在追求成功的道路上，许多人都缺乏正确面对逆境的态度。他们遇难而退，拒绝机会，忽略、掩盖甚至放弃人类内在的追求进步的本能要求。

生命蕴藏着巨大的潜能，在逆境中崛起即例证。不能面对逆境的人就是忽视生命中这种潜能的人，是在有意或无意中逃避自己的人。"逆境大学"将挫折当成人生最好的教材，不断地去书写。企业有意无意地设置逆境以锻炼员工，可使其居安思危，提升员工反弹力的同时提升企业危机管理的能力。

3. 意商

著名教育家陶行知先生曾说过："学生的学习光靠智力不行，光有学习的热情也不够，还得有坚持到底的意志，才能克服大的困难，使学习取得成功。"可见，良好的意志品质对于成功起着极其重要的作用。

（1）何谓意商

意商，也称"意志商数"，是指用以反映人的意志品质及其发展水平的一个概念，包括意志的自觉性、果断性、坚毅性、自制性。个体如果扛不住风浪，顶不住赞美，就将失去理智，得意即忘形，失意就变形，从而陷入失望、努力、再失望、再努力的循环。"一鼓作气，再而衰，三而竭。"这些人不是不聪明，不努力，其原因就在于意商的缺失。

（2）意商构成

意商的构成因素包括自觉性、果断性、坚毅性和自制性。

①自觉性。自觉性是指在行动前能清楚地认识到行动的目的及重要性，并在行动中主导自己加强注意力，坚持到底的意志品质。例如，员工认识到遵章守纪的重要性，就能自觉地遵守，不需他人去督促；员工懂得生命的可贵，认识到人生的意义，就能珍惜生命，不会轻易自杀；具有自觉性的员工，在工作中就能自觉地完成工作任务，能独立发现问题、分析问题和解决问题，不需要领导、上级的监督，对外界诱惑的抵御力也较强。与自觉性相反的是受暗示性和独断性，这些都是意志力薄弱的表现。

②果断性。果断性是指善于迅速地明辨是非，坚决地采取和执行决定的意志品质。具有果断性的人，在紧急情况下能够全面、深刻地认识行动目的和采取方法，清楚地预料行动后果。与果断性相反的是轻率和优柔寡断。果断性在员工中有明显的表现，轻率从事、遇事犹豫不决在许多情形中占主导地位。这往往导致员工业绩不佳，甚至品德不良，违纪犯法。随着员工职业生涯的发展，知识经验不断积累丰富，认识能力与明辨是非能力的提升，果断性的发展逐渐趋于成熟。

③坚毅性。坚毅性又叫毅力，是一个人能够长期地保持精力、克服困难、坚持完成任务的品质。具有坚毅性的人，能克服内、外部困难，不屈不挠地向既定目标前进。坚毅性差的表现是意志薄弱，缺乏毅力。由于兴趣和需要的不同，对所执行任务的意义理解程度的不同，员工的坚毅性呈现出个体差异。意志坚定的员工往往能克服困难，循序渐进地推进工作，能够养成良好的工作习惯，而意志薄弱的员工往往朝三暮四、虎头蛇尾，常常半途而废、难以成功。

④自制性。自制性是人善于控制和支配自己行动的能力。自制性强的人能够驾驭自我，克服欲望和情绪干扰，迫使自己执行已经采取的并认为是正确的决定，或者坚决制止某些行为的能力。自制性差的表现是冲动、任性，不善于控制自己，不能自觉地去调节行动。员工的自制性与其等级是相关的。一线员工的自制性是初步的，往往易兴奋并带有一定程度的冲动性。由于他们的行为举止较易出格，就须加强控制。随着层级的擢升，员工意志行动的自制性逐步提高。特别到高级管理人员，他们的自制性很强，自我控制与自我调节行为的表现也较为突出。

（3）意商开发

对于企业及其员工来讲，意商就是忍耐艰苦、抵御引诱的人格意志。耐得住寂寞、受得了委屈、经得起颠簸的人，将是走得最远的人。这个过程其实就是对意志的考验与对意商的开发过程。

①雄心壮志。个体如果没有理想，没有目标，就不会有奋斗的热情，更不能充分挖掘潜力和发挥主观能动性，往往遇到困难、遭受挫折便丧失信心。立志是一件很重要的事情。工作引导志向走，成功随着工作来。立志、工作、成功是员工活动的三大要素，立志是事业的大门，工作是登堂入室的旅程。对理想的追求，树立远大的志向，确定明确的目标，这是员工成才、成功的先决条件。因此，在长期的工作过程中，要始终坚持对员工加强理想教育，引导员工早立志，立大志。企业要把员工的远大志向和具体的工作目标结合起来，把崇高的理想与工作行动结合起来，用理想来指导他们的学习、工作和生活。

②模范效应。榜样的力量是无穷的。对待工作有困难、意志薄弱的员工，管理者应善于运用模范榜样激起其为理想奋斗的热情，促使他们增强自信心，提高责任心，严格要求自己，自觉完成工作任务。管理者的情感意志对员工有模范效应的影响。管理者在工作中以身作则，持之以恒，时时处处为人师表，一言一行深刻地感染着员工。其矢志不渝的追求，顽强拼搏、刻苦敬业的精神，是激励员工奋发上进、努力工作的催化剂。

③情境孵化。参加各种实践活动是培养、锻炼员工意志的有效途径。企业应根据员工的年龄特征和意志发展的个体差异，有意识地在工作中通过各种活动令其独立完成任务。遇到困难和挫折，管理者应及时给予指导，鼓励他们增强战胜困难的信心和勇气，培养他们对社会、集体的责任感。在员工的亲身实践过程中，不断强化他们的意志力，使其逐步形成良好的意志品质。意志力的形成离不开体育锻炼，坚持体育锻炼，不仅能强健员工的体魄，而且还能培养其勇敢、坚强、机智、果断、团结、互助等意志品质。长跑、溜冰、登山、军训等都是锻炼意志的有效方法。

④激情澎湃。激情是一种强烈的情感表现形式，往往发生在强烈刺激或突如其来的变化之后，具有迅猛、激烈、难以抑制等特点。人在激情的支配下，常能调动身心的巨大潜力。企业的主战场就是市场，其背后的激情和意志非常关键。为了赢得市场，企业及其员工都需要激情与执着。赢取市场就好比一场马拉松，在途中掉队的不计其数，鼓舞个体承受寂寞、委屈、劳累与颠簸到达终点的就是他内心燃起的激情——人生也是如此。

⑤坦诚相待。顾名思义坦诚就是坦白真诚，用真心与别人交流。坦诚在现实中经常被亵渎，能够守住坦诚确实是很不容易的事，这是意志的体现。人都有保持心理平衡的需要，交往如果不能维持一方或双方的心理平衡，势必造成裂痕。当心理处于不平衡状态时，个体需要花费相当的精力去调整，时间短尚

且可以，时间一长，就会因耗费太多的精力而疲惫。而在繁忙的工作生活中，谁还会花时间和精力去维持一段没有充分理由却一定要继续下去的谎言呢？于是个体开始封闭自我。究其原因，是坦诚缺失消磨了人的意志。

⑥求真务实。求，就是探索、争取、创造、思考；真，就是本源、真实、真理、规律；务，就是用心做事、努力工作；实，就是真实、成果、实在、实效。结合起来，求真务实就是追求真理、探索规律、结合实践、讲求实效。概括起来，求真务实就是实实在在地做该做的事，用最简单的方法做事。求真务实的好处就是可以把很多没有价值的工作省略，如重复的报告、多余的制度、太多的喧哗等。

⑦拼搏进取。拼搏就是用尽全力搏斗或争取。拼搏是一种精神，是改变命运的法宝。只有拼搏，才能改变自己，进而改变不利的环境，扭转被动局面。拼搏是人类进步的阶梯，人类每一项发明创造无一不是拼搏的结晶。拼搏又是一种生存理念。人生处处充满竞争，要在竞争中取胜，必须拼搏。拼搏不一定取得成功，但是不拼搏必将一事无成。

四、员工空间拓广

拓广员工在工作中的发展空间，使其左右逢源，良好的人际关系不可或缺。这需要情商的培养。"得道多助，失道寡助。"个体德行水平的高低也是影响员工发挥空间的重要因素。打破常规，举一反三，是个体灵性的表现。如果灵性可以开发，无疑它会使人有更为自由的发挥空间。

1. 情商

如今，人们面对的是快节奏的生活，高负荷的工作和复杂的人际关系，没有较高的情商是难以获得成功的。

（1）何谓情商

情商，又称"情绪商数"，是指个体控制自己情绪、认知他人情绪并进行协调的能力。情商高的人，总是能得到众人的拥护和支持，人们都喜欢与其交往。同时，人际关系也是人生的重要资源，良好的人际关系往往能获得更多的成功机会。

员工在职场中经常会遇到许多困惑：不知道何时该说、何时不该说；不知道何时该严、何时可以松；不知道如何与别人建立情感连接；不知道世界不只是非黑即白；不知道帮助别人的方式是否有效；不知道自己怎样才能赢得上级、同事的好感……可以说这些都是情商匮乏的表现。

（2）情商构成

所谓"人贵有自知之明"就是情商的第一层次。自我控制和自我激励是情商的第二层次和第三层次。第四层次（理解和帮助他人）和第五层次（影响和感召他人）与前三个层次不同，前三个层次是情商的基础，是情商的自我修炼；后两个层次是与他人相处方面的情商应用，是情商高低的表现。

①自我认知。个体首先要清晰地认识自己。许多人虽然了解自己的优势与劣势，但对自己的劣势没有去控制克服，对优势也没有去挖掘发挥，而是不断在自己的劣势部分去挖掘、去硬拼，而对自己的真实优势却未加重视，只能说，其还是没有真正认识自己。职场道路的稳步推进，关键在于提升自我认知。如何提升自我认知呢？一个最简单而经济的方法，就是随机式自我认知。它随时都可用，即经常主动向他人寻求对自己的评价反馈，特别是要重视负面的反馈。

②自我控制。个体一旦失去控制，局面将难以想象。所以需要找到适当的方法，在感觉快要失去理智时使自己平静下来，做出理智的行动。当遇到突发事件时，理智的人让血液充满大脑，聪明地思考问题；野蛮的人让血液充满四肢，因此大脑空虚，疯狂冲动。当血液充满大脑时，个体头脑清醒，举止得当；反之，当血液都流向四肢和舌头的时候，个体就会做蠢事，冲动暴躁，口不择言。事实上，当个体在压力之下变得过度紧张时，血液的确会离开大脑皮层，于是就会举止失常。此时，大脑中动物的本性会起主导作用，使个体像原始的动物那样行事。要知道，在文明社会中，表现得像个原始动物会给个体带来大麻烦。

③自我激励。人是需要激励的，但总是依赖别人的激励是被动的。因为每个人都是处于矛盾复杂的工作、学习和生活环境中，时时都会有来自他人的埋怨、误解、中伤，甚至敌意。心态是积极的还是消极的、主动的还是被动的，所表现的行为是不一样的，其结果也不一样。能自我激励的人，比靠别人激励的人更强大，更有可能把握机会，也更容易获得成功。自我激励的方法很多：离开舒适区、加强紧迫感、调高目标、敢于竞争、多与积极进取的人交往、多读励志方面的书、多听励志方面的歌曲……认识到成功更多地由非智力因素等可控因子决定，即事在人为，那么个体就会信心满怀。

④理解和帮助他人。情商高的人是关注他人、关心他人、关爱他人的人。关注别人才能敏锐察觉别人的需求，才能精准满足别人的需要。善于理解和帮助他人的人，会拥有非常健康积极的人际环境。不关注他人、不关心他人、不关爱他人的人，也难以得到别人的关注、关心与关爱。"帮助别人就等于帮助自己"，乐于助人者所得到的帮助会比不愿意帮助别人的人得到的帮助多得多。帮助像存款一样，施与别人的帮助越多，在需要时得到的帮助也会越多。

⑤影响和感召他人。这是情商的最高境界，时下流行的"领导力"实际上就属于这一内容。某些人不能成为管理人员，得不到下属的尊重和追随，其根本原因就是缺乏影响和感召他人的能力。要具备第五层次的能力，必须有第一、第二、第三、第四层次的逻辑基础。第一，要对自己有清晰的认识；第二，能控制好人性的私欲、贪婪、情绪发泄等；第三，能在低谷中振作，有坚强的意志；第四，对人尊重，有仁爱之心；第五，拥有领导者沉着、坚毅、勇敢、负责的素质。以上五个方面，与专业无关，都是软素质，而这些软素质就是情商的组成。有些员工专业能力很强，个人业绩突出，却带领不了团队，他所缺少的就是情商。

（3）情商开发

与智商不同的是，情商主要是人在后天的人际交往与社会实践中培养修炼出来的。它形成于婴幼儿时期，成熟于儿童和青少年时期，但是成人的情商也可以改变。情商高的人其优秀人格和高尚情操完美结合，能准确地了解自己的真情实感并驾驭自如，能设身处地为他人着想并与之合作。无论是独处还是与许多人在一起时，情商高的人都能怡然自得。由于情商的重要性，情商的测试、培训与开发成为企业人力资源管理的重要工作。

①扫除纷扰。许多耗费精力的事务不利于情商的提高。精力是微妙的，个体平时意识不到精力的消耗，但明显的变化仍可以被体会到。比如，听到好消息时，肾上腺素会激增，而听到坏消息时，会感到精疲力竭。个体通常不会留意精力细微的消耗。譬如，与一个消极的人相处，或在办公室到处找刚刚写过的便笺等。这些琐事确实在分散个体的精力，每次接触之后个体都会感到精力被分散了，这就需要界定分散精力的事务的原因。个体去除浪费精力的事务，从中解脱出来，有助于提高情商——因为他将不再受琐事的纷扰。

②积极思维。任何事物都有两面性。尝试从正面切入，个体可以从多嘴多舌的人身上学会沉默，从脾气暴躁的人身上学会忍耐，从恶人身上学到善良。这些"难以相处的人"最终可能被证明只是与个体不同的人，而对所谓"难以相处的人"来说，该确定个体或许也是"难以相处的对象"。在与难以相处的人打交道时采用与之相同的方式会更有效率，而且会发现这些人并不是那么难以相处。个体可以尝试下决心找出这个人身上的优点，用积极想法代替原先消极的想法。为这个人祈祷，求上苍保佑他。改变对该人的看法，认定他是一个趋于完美的人。个体可能会对一直忽视或低估的人大吃一惊，与这些人的关系就会开始改善。个体也可以每周选定一条积极思维语录（开始时可参照一些名言），将其记录在卡片上，把这些卡片每天带在身上，每日阅读、思考几次。例如，用餐时，把卡片放在白天见到的地方，如桌上、皮包中，或镜面上，将

其作为该周思维的一部分。每周选定一天为"积极思维日",在这天从口语中消灭掉"不能""决不""不会"等字眼。当个体本来想说"这没用""从来没这么做过""我做不了"时,问问自己是否还有其他办法。

③勤奋学习。有一种说法,21世纪有四种人最容易被淘汰:一是知识老化的人;二是技能素质单一的人;三是单打独斗的人;四是不愿学习、不会学习的人。员工要端正态度,谦虚谨慎,甘当学生,虚心向同事请教;员工还要在"学、思、用、创"四个方面下功夫。"学而不思则罔,思而不学则殆"这句话在21世纪,应该有所创新,所以谓之"学而不用则废,用而不创则僵"。只会用还不够,要学以致用。照猫画虎,满足于按部就班、机械式地重复还不行,要敢于创新。学习的进步与工作的顺意是个体情感状态良好的保证。毋庸置疑,难点的突破与问题的解决,将会极大地唤起个体继续努力的热情,其心情自会舒畅。

④善于移情。作为心理学的用语,移情是人际交往中人们彼此之间感情上的互动,指"能设身处地地感受和理解对方的心情"。它包含两方面的含义:一是设身处地地站在对方的角度,体验对方的情绪情感;二是将自己内心的情感移入对方心里,感染对方。善于移情是一种人际交往的能力,体现在交际双方用语言或非语言手段进行情感交流。通过移情,使对方产生真实的、发自内心的思想感情变化,有助于自我同他人共享情感,容易引起亲社会行为的产生和友爱亲善的人际关系形成。情绪情感,是一种随感觉而来的心理现象,是人对客观事物的一种特殊的反映形式,即人对客观事物与人的需要之间关系的反映。它同需要紧密联系,促进和维系人们进行各类活动。人对客观事物采取怎样的态度,要以某事物是否满足人的需要为中介。设身处地、推己及人、角色转换等移情做法会激起情感共鸣,通过体验对方的情绪情感,提升个体控制自我情绪的能力。

⑤远离刻薄。员工在工作的时候需要着重把握的就是处理好高标准与刻薄的矛盾关系。所谓的高标准要有据可查、有法可依。目标设置难度要适中,切不可好高骛远从而令员工无所适从。刻薄则刁钻,引致冲突频起,个体的情绪状态势必喜怒无常。这会造成企业四面楚歌、腹背受敌,管理者只会身陷困境,令各方情绪更加糟糕。所以要保持员工的情绪稳定舒畅,工作标准不可制定得严苛,不可对员工提出过高的要求。

⑥内省自悟。内省强调自我的省察与认知,最早是由孔子提出来的。自悟的意思是,自己觉醒、自己觉悟、自己领会、自己理解。久而久之,个体的心态就会"阳光"起来。具备阳光心态可以使人深刻而不浮躁、谦和而不张扬、

自信而又有亲和力。要求个体内省与自悟，其目的不仅是要力求人与人和谐、人与自然和谐，还要注重人内心的和谐。由于缺乏内省自悟，人们的财富在增加，但满足感在减少；沟通工具在增加，但深入的沟通在减少；认识的人在增加，可以谈话的人在减少；房子越来越大，里边的人越来越少；精美的房子越来越多，完整的家庭越来越少；路越来越宽，心越来越窄……心态出了问题，那就要调整好心态，好心情才能欣赏好风光。塑造健康的心态，塑造知足、感恩、达观的阳光心态，就要从自省与自悟中寻得。通过自省、自悟和自我体验，个体就可以学会享受生活，学会释放，学会谅解、宽容。不原谅别人，等于给了别人持续伤害的机会。境由心造，相由心生，乐观的心态会像温暖的阳光驱散心里的阴云，提升个体的情商。

2. 德商

虽然情商可以使人具有高度的自制力和人际交往能力，但它在多数情况下是价值中立的，不能帮助人区分对与错，使人避免做错事。"德"是人才的根本和统帅。个体如果没有道德，不仅不会成为社会所需要的人才，还可能成为一个歪才，即使真有本领，也可能因为满身负能量而对社会造成较大伤害。

（1）何谓德商

德商，是指一个人的德行水平或道德人格品质。德商的内容包括体贴、尊重、容忍、宽恕、诚实、负责、平和、忠心、礼貌、幽默等各种美德。人们常说的"德智体"是把德放在首位的。罗伯特·科尔斯说，"品格胜于知识"。可见，德是最重要的。人才是"人"和"才"的统一，只有先"成人"，才能"成才"，人才须是德才兼备的。"成才"重在思想道德修养，学会做人，才能形成正确的世界观、人生观、价值观。

古人云："得道多助，失道寡助""道之以德""德者，得也"，就是说要以道德来规范行为，不断自我修炼，才能获得人生的成功。德不厚，无以载物。一些人的失败，不是能力的失败，而是做人的失败，道德的失败。一个高德商的人，一定会受到信任和尊敬，正所谓"德高望重"，自然会有更多成功的机会。职场竞争激烈，人心日益浮躁。如不对德商加以重视，诸多传统道德有日渐沦丧的危险。因此，企业挑选人才时，在同等能力下更应看重其品德。

（2）德商构成

德商由七个基本美德组成，即同情、正直、节制、尊重、和善、宽容和公正。

①同情。同情是人感受别人情感的途径，是人类相互理解的基础。同情意味着真诚热情地对待别人，主动帮助他人，帮助那些遇到困难的人。

②正直。正直是人内在的强烈需求，它能帮助个体妥善处理人际关系中的纠葛，明辨是非。正直使得个体一旦偏离道德的轨道，就会忐忑不安。正直使个体面对诱惑也能坚决抵制，增强抵御那些与善行背道而驰的力量。

③节制。节制使得个体面对自己的欲望时，能够三思而后行，约束其冲动，从而使得个体有正确的行动。节制的人可以避免因为匆忙做出选择而导致严重的后果，有利于形成独立思考和行动的能力。

④尊重。尊重是所有美德中最基础的，它使得个体在生活中可了解别人的感受、为别人着想，真正做到"己所不欲，勿施于人"。一个尊重别人的人很少会用暴力、辱骂、仇恨去对待他人。当尊重融入个体生命的时候，他能更好地去感受，体会人际关系的奥妙，在更加尊重别人的基础上，更加尊重自己。

⑤和善。和善使得个体在日常工作生活中充满涵养。拥有和善品德的人能够更多地考虑别人的感受，体会别人的生活，关心别人的疾苦。这些人通常还很谦虚，不认为别人比自己低一等，差一个级别，不会小看他人。和气生财，懂得和气待人的人不骄傲、不自卑，更受欢迎。

⑥宽容。宽容的人在对待与自己持有不同观点、不同见解的人时，有耐心去思考这些差异的来源，而不是简单地认为别人错了。宽容的品德使得个体在面对与自己不同种族、不同性别、不同信仰、不同文化、不同宗教、不同能力的人时，能够去伪存真，求同存异。

⑦公正。公正使得个体在人际关系中，光明正大、不偏不倚地对待别人。因此，个体会按规则办事，在做出判断之前听取各方的意见。公正的人尤其具有同情心，从而可增强其美德，保护那些遭受不公待遇的人。世界是公正的，公正对待别人的人，才会被别人公正地对待。

（3）德商开发

有人提出，智商决定人的学习能力，情商使人适应环境，德商决定如何做人。智育不合格是次品，体育不合格是废品，德育不合格是危险品。所以，开发员工的德商是企业成功的关键和根本，企业要不断加强员工的道德修养，陶冶其情操，不断增强其企业责任感，提升其道德品质和道德境界。"水能载舟，亦能覆舟。"虽说企业经营获取利润天经地义，但只有经得起道德检验的利润，才能赢得社会对企业的敬重。反之，如果企业及其管理者对德商视而不见、漠不关心，将会使企业形象蒙垢，使顾客渐行渐远。

前文所述的七种德商，即同情、正直、节制、尊重、和善、宽容和公正，也可以概括为四个方面：诚信、宽容、责任和感恩。诚信即诚实、诚恳、信用和信任。做到诚信，一方面要取信于人，另一方面也要给予他人信任。只有忠诚对人，诚恳待人，才会得到他人的信任。宽容是一种非凡的气度和胸怀，是对人对事的包容、理解和接纳，是一种思想成熟、心灵丰盈的境界。责任是个体应当承担的分内之事，责任心主要反映在行动中，表现为遇到再大的困难，都勇于担当。当然，承担这种责任，需要意志的支撑。感恩是一种深刻的感受，是一种增强个人魅力的体现。感恩能够提升德商的指数，时常怀有一颗感恩的心，会使个体显得更谦和，从而受到他人的欢迎。若想有效开发德商，就有必要从这四方面入手。

①诚信立身。只有诚实守信，做人做事的态度才会正确，才能找到为人处事的恰当方法，获得良好的效果。诚信于君为忠，诚信于父为孝，诚信于友为义，诚信于民为仁，诚信于交为智。诚信是最宝贵的美德，是我们取信于人的根本。生命不可能从谎言中开出灿烂的花朵。个体如果失去了诚信，就如同一叶孤舟，茫然在人际的汪洋中漂泊。只有讲诚信，内不欺己，外不欺人，才能成为受人尊敬的人。

诚信既是做人的基本准则，也是社会中人与人相互间的基础道德规范，一个充满欺诈和谎言的社会，会销蚀人的勇气和良善，消弭国家民族的团结精神。个体不妨先做一个善意的"老实人"。当然，这种善意、老实是讲究时机、分寸及效果的。

②宽容安身。宽容是一种豁达的风范，气量狭窄、无法宽容是不受欢迎的。中国自古就提倡"君子有容，其德乃大。""不责人小过，不发人阴私，不念人旧恶。三者可以养德，亦可以远害。"宽容待人，就是在心理上接纳他人，学会接受他人的缺点和错误，这是理解和尊重他人的原则。

个体当存有隐恶扬善、忠恕宽厚的美德，不揭发别人的隐私，不计较别人的过失。这才是立身处世之道，也能避免无妄之灾。首先，要敢于正视自己的怒气，心平气和地多从他人的角度考虑，这样就能避免诸多不必要的矛盾和麻烦。哲学家康德说："生气，是拿别人的错误惩罚自己。"成功需要宽容，不需要仇恨，只有理解才能带来更多机会。其次，要着眼于未来，放下烦恼。曾经发生的许多不快之事不要重提，重要的是未来。最后，要对误解和伤害过自己的人表示谅解。把对手看作朋友，这是至高境界的宽容。将敌人变成朋友，难道不正是消灭敌人吗？多一些宽容，公开的对手或许就会成为潜在的朋友。宽则得众，内心宽厚，必能得到部下的忠心；相反，若心胸狭窄，则难免众叛亲离。

③责任守身。人是社会的人，无论是对工作、家庭、亲人还是朋友，个体都具有一定的责任。正因为存在各种责任，个体才会对自己的行为有所约束。

个体责任感的强弱，决定了其做事是尽心尽责还是浑浑噩噩，这种态度又在某种程度上决定了其做事结果的好坏。对于渴望成功的人，个人的学识、能力、才华固然很重要，但如果缺乏责任感，这些素养就会被轻易抹去，成功也就无所傍依。没有责任感的人是自私的，他们虽然也有欢乐，但那只是轻浅而短暂的。

责任感的培养并非易事，强烈的责任感是在做事的过程中形成的。每个人所承担的工作不同，能力和作用就不同，但无论什么事情，关乎责任就绝无小事。一颗道钉足以倾覆一列火车，一根烟头足以毁掉一片森林。个体如果因为事小而不为，就是对工作、对自己的不负责，同样，逃避和推卸责任更是愚蠢的做法。懒散和敷衍一旦成为习惯，必然使工作变得糟糕。生活中失去责任感，会失信于人；工作中失去责任感，做事就会漏洞百出。人对自己履行责任的过程，就是建构自我主体意识的过程；对别人履行责任的过程，就是相互取得认同的过程。没有责任感、缺少认同的人，是不会被企业与社会接纳的。

④感恩养身。很多人以为，"感恩"就是"感谢恩人"，就是感谢于己有大恩大德的人。事实上，感恩是一种生活态度，一种能否善于从生活中发现真善美的习惯。对很多"理所当然的事情"心存感激，对每一件平凡的事物心存感激，是一种难得的心境。怀有感恩的心，个体就会对别人、对环境少一分挑剔，多一分欣赏，就会发现更多寻常生活中的闪光之处。

"感谢父母把我带到这个世界，感谢朋友热心的帮助，感谢兄弟姐妹之间的相互理解，感谢上苍、亲人、同学、同事、领导、部下……"其实这些话员工都应该经常默念。不要因为自己没有美貌、财富或者过人的智慧而抱怨上苍的不公——快乐健康地生活在世上，难道不是命运的恩赐吗？如果囿于某种不如意，难免会郁郁寡欢，生活自然会无趣。感恩之心，足以稀释心中的宿怨和愤恨，以坦荡的心境、开阔的胸怀应对工作与生活中的酸甜苦辣，给予别人更多的帮助和鼓励，原本平淡的工作与生活就会焕发出迷人的光彩。

3. 灵商

许多科学家、发明家和艺术家都认为，灵感出现在长期的紧张工作与思索之后的暂时松弛状态。其实，灵感并不是科学家、发明家和艺术家的"专利"，一般人只要头脑正常都会有，只不过发挥的作用没有那么大。平常我们说，某人脑子很"灵光"，指的就是其灵感思维，即顿悟性。为什么人往往在紧急关头，能急中生智、胸有成竹、随机应变？为什么有的人能过目不忘、过目成诵，有惊人的记忆力？东方智者素有"明心见性，顿悟成佛"之说，指的就是"灵商"的作用。

（1）何谓灵商

灵商，又称"灵感商数""灵性智力"，是对事物本质的灵感、顿悟能力和直觉思维能力。灵性智力可以打破常规、打破界限。实际上，灵商是指一种智力潜能，是以与生俱来的心灵感应原理为依据的灵感智力，属于潜意识的能量范畴。著名科学家钱学森说："灵感是潜意识，当酝酿成熟时突然沟通，涌现于意识即成为灵感。"灵感是人在神奇的创新活动中的心理现象，它是人脑的机能，是对客观现实的反映。灵感思维往往表现为灵感或意念的突然闪现或悟性的涌现，它是智力劳动的产物，具有突发性、飞跃性、瞬时性的显著特征。由于思维过程和概念运动都不是连续的和一致的，灵感思维在很大程度上只能任其自由发挥，很难对其进行控制与引导，或寻找出思维对象的来龙去脉。

（2）灵商构成

灵商的构成因素有灵感、顿悟能力和直觉思维能力。

①灵感。灵感是在构思探索过程中由于某种机缘的启发，或由于艰苦学习、长期实践，不断积累经验和知识而突然出现的富有创造力的思路，即豁然开朗、精神亢奋并取得突破的一种心理现象。灵感给人们带来意想不到的创造力，是思维过程中认识飞跃的心理现象。然而它的产生却是突然而来、倏然而去的，并不为人们的理智所控制，具有突然性、短暂性、亢奋性和突破性等特征。

②顿悟能力。顿悟是一种瞬间迸发的灵感，是指一种特定问题求解，即瞬间产生思想火花的心理过程。格式塔理论揭示，顿悟是思维中旧的格式塔（即旧的逻辑）被打破和新的格式塔（新的逻辑）被创建的过程。格式塔理论还揭示，人的顿悟能力是普遍的、先天性的，即无师自通的。现代心理学发现，任何顿悟必须以明确的思考问题为大前提，同时，人们必须对此问题经过长期、认真，甚至艰苦的思考，顿悟才可能出现。

③直觉思维能力。直觉思维能力是指对某问题未经逐步分析，仅依据内因的感知迅速地对其答案做出判断、猜想、设想，或者在对问题百思不得其解之时，突然有灵感和顿悟，甚至对未来事物的结果有预感、预言的思维能力。直觉思维是一种心理现象，在创造性思维活动的关键阶段起着极为重要的作用，这种能力是可以有意识地加以训练和培养的。直觉和灵感就像是理智与情感的孪生姊妹，和灵感比较起来，直觉更具有理智性，灵感则更具情感冲动。一般说来，灵感创造必然触及直觉，但直觉思维不完全都源于灵感。情感性的灵感相当难以捉摸，而理智性的直觉意味着可以循迹而入，即被进一步接触。

（3）灵商开发

成功与管理没有定式，单靠成文的理论是解决不了实际问题的，还得需要悟性，需要灵商的闪现。训练灵商，关键在于不断学习、观察、思考，要敢于大胆地假设，敢于突破传统思维。高灵商代表有正确的价值观，能分辨是非、辨别真伪。没有正确价值观指引、无法分辨是非黑白的人，在其他方面的能力越强，对他人的危害也就越大。只有抓住灵感出现的时机，摆脱惯性思维的束缚，灵感才有可能被捕捉。灵商的先天性很重要，但先天并不能决定全部，后天的开发也是相当重要的。为实现创新，必须开发"灵商"。

①换位思考。换个角度看问题，可以获得新的理解，做出与常规思维不一样的行为决策。变则通，通则灵。常规思维会限制视野，尤其在遇到挫折困难时，常规思维使个体无法摆脱困扰，除了造成心理上的困扰，还会导致行为上的偏差。因此，要从逻辑出发，学会变通进取，换一种立场和角度看问题，从挫折中不断总结经验，产生创造性的变革。

②学以致用。有效的学习能力，是动态衡量人力资源质量高低的重要标准。我们通过学习来开发大脑潜能，吸纳有实用价值的信息资讯。实践证明，企业或个人凡是能通过自我超越、心智模式等提高学习力，都能在原有基础上焕发活力，再铸辉煌。提高学习力，读书是有效的方法。提高自身的素质和修养，也有益于身心健康，这是古今能人共同追求的目标。模仿是从他人的成功里汲取经验的一条捷径。跟成功者在一起，模仿成功者的精神，拷贝成功者的心绪，能够获得价值不菲的知识。

③心领神会。孔子曰"学而不思则罔，思而不学则殆"，意指不仅要会学，还要勤思考、会领悟。成功人生没有定式，单靠成文的理论是解决不了实际问题的，还得需要悟性，需要灵商的闪现。开发灵商，关键在于观察、思考，要敢于大胆假设，敢于突破传统思维，表现在实际工作中，就是要把学到的东西融会贯通。工作实践能让人明白很多事理，感悟到书本外的东西。在日常的生活和工作中，不断思考的过程将促成一次次灵感的飞跃。理论联系实际，通过不断领悟，让自己的经验与理论日臻完善与成熟，由外而内从根本上升华自己。人类的大脑存在无限可待开发的潜力。因此，悟性、灵商都可以通过有计划的思考训练获得提高。

④居安思危。孟子曰"生于忧患，死于安乐"，意指人要有危机意识。一个国家如果没有危机意识，迟早会灭亡；一个企业如果没有危机意识，迟早会垮掉；一个人如果没有危机意识，难以应对不可预知的灾难。未雨绸缪是一种好习惯。未来是不可预测的，人也不会天天都交好运。因此，要在心理上和行动上有所准备，以应对突如其来的变化。有了危机意识，也许不能把问题完全消灭，却可以把出差错的概率降低。在顺境中找退路，在逆境中找出路，谨

慎行事。在这样的危机意识下，更能激发灵感与创意。缺乏危机意识是最大的危机。在生活、工作和人际关系等方面，都要有居安思危的认识和心理准备。尤其在一帆风顺时，更应随时把"万一"摆在心里。人最怕的就是过安逸的日子，在安逸中会失去反思的意识和能力。

⑤右脑开发。人类力大不如牛，奔跑不如鹿，灵敏不如猫，嗅觉不及狗，但是凭借发达的大脑，成为主宰地球的"万物之灵"。如今，"灵性"已成为备受关注的概念。与灵商相关的主要是右脑。人的大脑由左脑和右脑两部分组成。左脑主要司职分析、抽象、计算、语言等，侧重于抽象思维，被称为"科学脑"。右脑主要司职想象、虚构、感受、创造等，侧重于直觉的形象思维，被称为"艺术脑"。右脑思维在认知方面的直觉思维能力、顿悟思维能力、形象识别能力、空间判断能力，以及对复杂关系的理解能力和情绪表达能力等，远远超过左脑。产生创造性思维的能力有赖于灵感、顿悟、直觉的激发与涌现，需要将直觉顿悟与逻辑语言结合起来。故此，右脑又称为"创造脑"，其跳跃性形象思维方式是创新能力的源泉。

第八章　人力资源管理创新探索

　　人才是企业能力的载体。提升创造力和国际竞争力，最后还要落实到人才上面。而人才竞争恰恰是 21 世纪初企业管理面临的重要的课题之一。企业的竞争是产品的竞争，而产品竞争的关键是技术，技术竞争的实质则是人才。在现代社会，人力资源是一切资源中最宝贵的资源。如何吸引到优秀人才，如何使现有人力资源发挥更大的效用，支持组织战略目标的实现，是每一个领导者都必须认真考虑的问题。而企业通过确定相应的人力资源战略，制定合适的人力资源政策，在员工需求得到满足、员工满意度提高的同时，生产率或服务质量就会提高，企业的可持续发展就成为必然。中国目前是世界上人口最多的国家，开发好人力资源是提升我国创造力和国际竞争力的现实之举。

第一节　人力资源管理创新

一、人力资源管理的新特点

　　人力资源管理模式是 20 世纪 80 年代才出现的理论。在人力资源管理模式提出来之前，人力资源管理（实际上是人事管理）之所以不受重视，有许多原因。第一，人力资源管理本身不可能成为企业的目的，企业绝不会为了招聘雇员或者为了培训雇员而存在。企业存在的目的是在生产满足顾客需要的产品的同时生产利润；或者通过在一定的成本下提供服务（如治疗病人或教育孩子）来满足顾客的需要并同时生产利润；第二，人力资源管理长期以来缺乏可测量性，而商业世界从来就是讲究成本与收益的；第三，人力资源管理的效率需要比较长的时间才能发挥，而且很难测量，这大大降低了雇主对人力资源项目和活动进行投资的积极性；第四，人力资源管理者缺乏专业性技能。长期以来，从事人力资源管理的人员都是没有受过正式的人力资源管理专业教育的人，这些人员充斥人力资源管理部门，必然降低人力资源管理的水平和服务质量，使人力资源管理成本上升。

尽管如此，人们很早以前在理论上就已经形成了一个构建新的关于人的管理理论的框架和研究模式的基础。这些理论的准备包括哲学上的人本主义，经济学上的人力资本理论，会计学中的人力资源会计计量，心理学和行为科学在管理学上的广泛运用，法学对与劳动相关法律的大量理论研究等。与此同时，大量的实证研究材料也在积累、分析和出版之中。所有这些为人力资源管理研究者采取新的视角和研究框架，提出人力资源管理模式和战略性的人力资源管理都有重要的支持作用。

人力资源管理模式最早是由美国哈佛商学院的几位年轻教师提出的。这一模式一经提出就获得了广泛的国际重视，短短 20 年时间，人力资源管理就从一门新兴的学科，一跃成为当今管理科学的一门显学。这在很大程度上是因为它比较好地解决了上述的问题。由于人力资源管理理论和实践工作者的努力，人力资源管理活动和其效益变得越来越可测量，人力资源管理越来越寻找到影响企业利润的切入点，使人力资源管理完全改变了自己的形象，越来越多的专业管理人员的出现，也大大提升了人力资源管理中企业效率的贡献。

我们认为，人力资源管理的理论研究和在企业的广泛实践，实际上实现了人类在工作地生活的一次革命。人类的生活可以分为家庭生活和工作生活两大部分。在 20 世纪初，人类就通过婚姻革命解放了在家庭生活方面的束缚，使人类的家庭生活向以人为本的方向迈进了一大步。但是，人类在工作地的生活质量却长期很低，资本家对利润的追求常常是通过对工人的超额剥削实现的。为了改变这种状况，人类有良知的研究者进行了长期的探索，许多开明的资本家也进行了许多有益的尝试，劳动者阶级也为此进行了长期的斗争，付出了惨痛的代价。人力资源管理模式的提出正是所有这些努力的结果。这一模式的提出和广泛地在企业中运用是人类对工作生活进行管理的一次革命，对人类在生活中全面实现以人为本的管理具有重大意义。

人力资源管理使对人的管理在企业管理中的地位获得了一种重新定位。第一，人力资源管理者成了企业战略的参与者和制定者；第二，人力资源管理者成了工作组织和实施方面的专家，成为保证管理的有效性，从而实现降低成本和提高质量的专家；第三，人力资源管理者成为雇员利益的代表者，在高层管理者中积极地为他们代表的利益说话，同时努力增加雇员所做的贡献，也就是增进雇员对组织的效忠和雇员做出成果的能力；第四，人力资源管理部门成为一个持续变革的机构，通过对企业文化管理过程的调整来增加企业实现变革的能力。

如果人力资源管理能够真正实现这些变化，那么人力资源管理就真正是在向过去告别。在今天的大多数企业中，人力资源管理所扮演的主要还是政策警察和规章制度看门狗的角色。人力资源管理所负责的只是处理招聘和解雇的文件、执行由别人制定好的薪资决策。在一些企业，人力资源管理也许会被更多地授权，但也不过是监督招聘过程，管理培训和开发项目以及提供提高工作效率的建议。而人力资源管理与一个组织的真正的工作看上去是没有联系的。人力资源管理的新角色意味着人力资源管理的行动将有力地使企业提供的产品和服务更好，使股东的利益得到增长。

企业的人力资源部何尝不愿意实现这样的变化？但是，这不是一个人力资源部自己就能实现的变化。实际上，人力资源角色转化的主要责任不在于人力资源部自己，而在于企业的首席执行官和每一个直线经理。在企业中，直线经理对企业的生产经营过程和结果都负有最终的责任。他们对股东负着增加股利的责任，对消费者负着保证产品（或服务）质量的责任，对雇员负着增加工作地之价值的责任。实际上，正在将人力资源活动整合到企业现实工作中的也是直线经理。因此，这里就必然引出一个问题，即直线经理与人力资源管理者"抢饭碗"或"功能争夺"。为了更好地完成自己的任务，实际上直线经理也必须使自己成为人力资源的管理者。人力资源管理模式的提出，发现了企业上层管理者的人力资源管理功能，这意味着人力资源必然成为一个充满创造的领域。

二、人力资源管理创新的内容

人力资源管理的创新可以分为理论创新和实践创新两大部分。这一点，长期从事经济学研究的学者有深刻的体会。经济学的创新可以说更多的是从理论这一方向进行的。而在管理学中，实践者的创新常常占据更重要的地位，而且经常引导着理论的发展。理论与实践的相互作用在这一学科中体现得更突出。

国内近年来出版了多部人力资源管理的著作，应该说这当中是有创新之作的。但是大多数著作在概念和理论上有许多混乱，设计的体系缺乏逻辑性和周密性。许多著作只是一种低水平的重复。由于该领域与企业界有比较好的结合点，企业能够为理论研究者提供许多介入机会，这本来是有利于人力资源管理学科发展的好事，但是如果理论研究者不能从这当中跳出来，那么中国的人力资源管理理论就很难有大的进步，将永远跟在发达国家的后面。

因此，我国目前确实需要一部全面梳理国际人力资源管理理论和实践创新的著作。这样的总结有利于我们直接切入国际人力资源管理理论和实践的最新成就，有利于我们根据我国国情进行自己的人力资源管理理论和实践上的创新。

我们认为，在理论创新方面，最大的成就是人力资源管理模式的出现。在理论上的其他创新还包括对人力资源管理活动和项目效率的测量和评估；诊断性人力资源管理模型的提出；战略人力资源管理的提出；对人力资源管理工作基础的新认识；人力资源开发作为独立学科的出现；人力资源管理与竞争性优势模型的提出等。

自从人力资源管理模式提出后，发达国家在人力资源管理的实践方面进行了许多的创新，从人力资源的招聘、筛选、录用，到人力资源开发（培训与开发），从绩效评估到对产业安全和健康的新认识，从新的薪酬福利的设计到虚拟的人力资源管理等多方面都有创新。

自从出现了独立的人力资源管理学科和部门后，人力资源管理本身一直处在一个快速转变的状态，无论是在理论上还是在实践方面都是如此。

第二节　人力资源创新管理实践研究

一、当代人力资源管理的概念与研究层次

（一）当代企业人力资源管理的作用及概念

目前，人力资源管理令人关注的原因在于，企业和管理学界日益认识到对组织员工的管理方式可能是企业获取持续竞争优势的重要源泉。拉多（Lado）与威尔苏（Wilsoo）认为，组织通过适当的人力资源管理系统可以在管理、投入、转换以及产出方面创造竞争优势。斯内尔（Snell）等指出，一方面，组织人力资源管理系统的作用方式非常复杂，对竞争对手而言，具有因果模糊性和难以模仿性；另一方面，组织通过人力资源管理活动，可以通过改变员工的态度、行为来提升组织人力资本的贡献度，从而创造更多价值，因此组织人力资源管理是塑造竞争优势的重要途径。

传统的人事管理观念，强调的是员工个体的技能、对于特定任务的培训、职能专业化以及个体工作效率。其管理重心并不放在"人"上，而是以人的利益和发展为代价更多地关注任务的完成。普费弗（Pfeffer）指出，传统人力资源管理的优势在现代变革性的市场环境下不复存在。随着时代的发展，组织智力资本在组织全部资产中越来越占有更为重要的地位，人力资源管理角色的转

变也变得十分关键。逐渐兴起的现代人力资源管理观点，更加强调组织资源的总体对企业绩效的全面贡献，它关注员工的创造性和创新行为以及组织职能系统的有效性和跨职能的整合。与其他组织资产不同，作为组织智力资本的战略性人力资源在很大程度上具有无形性，也不能反映在组织资产平衡表上。它存储于那些具备熟练技能、具有灵活的适应性、可以激发出工作动机的组织员工群体中。只有通过组织的人力资源管理系统，这种具有重要价值的智力资产才能被不断地开发和保持。人力资源管理系统将推动组织不断学习，并为公司带来更多可以发展的机会。

关于现代人力资源管理的概念，不同的学者从决策活动、工具技术以及管理系统等不同视角，提出了各自的理解。偏重于决策的观点，如斯配克特（Spector）和劳伦斯（Lawrence）等人将人力资源管理定义为，所有会影响组织与员工关系本质的相关管理决策及行为。与此类似，米勒（Miller）和米尔科维奇（Milkovich）等人认为人力资源管理包括组织所有层次上关于员工管理的决策和行动，以及人力资源管理是影响组织员工与组织效能之间一系列决策的整合。偏重于技术的观点指出，所谓人力资源管理是一系列关于组织绩效的业务管理干预技术。戴斯勒（Dessler）也指出了人力资源管理的技术性定义：在组织管理工作任务中涉及员工或人事相关部分的管理观念与技术的采纳。持管理系统观点的学者，如尼欧（Noe）等人指出，人力资源管理是影响员工行为、态度与绩效的政策、活动、措施的总和，它形成了一个相互关联的要素系统。谢尔曼（Sherman）等人认为，人力资源管理就是使人员招聘、甄选、培训、报酬等活动与组织人员及组织战略、规划目标之间形成的互动系统。虽然，不同学者对人力资源管理内涵理解的侧重不同，但是有一点大家都取得了一致，那就是如果组织能够通过有效的人力资源管理措施激发出员工的最大潜能，就可以获得不易被竞争者模仿的竞争优势。

（二）人力资源管理的分析层次与研究线索

目前，在对组织人力资源系统的研究中，具有不同的抽象分析层次。贝克尔（Becker）和格尔哈特（Gerhart）建立起了一个组织人力资源管理的研究框架，他们认为，组织人力资源系统可以划分为3个研究层次，即人力资源管理原则、人力资源管理政策和人力资源管理实践，这种抽象化的分析框架不同于传统的组织研究中以个体、团队、组织和产业等进行的层次划分，前者与抽象的概括化定义方式和思维方式有关，而后者通常指向客观的结构变量。贝克尔（Becker）和格尔哈特（Gerhart）认为，以往的那些关于人力资源管理研究中混乱的，或相互冲突的分析结论应该归结于对这3个抽象分析层次中研究构思和概念上的混淆。在这个理论框架下，以往有关人力资源管理方面的研究都可以归结为，在探索组织人力资源系统内位于3个层次上的不同管理组件对组织产出产生的作用及效果。

目前，关于人力资源管理的研究有两条主要线索。第一条线索基于如下观点，即人力资源管理将会形成一种承诺导向的员工管理模式。它将人力资源管理视为一种具有组织特色化的管理活动。这方面的研究者关注的问题是，什么样的人力资源实践导致了员工的高度承诺，什么样的人力资源管理模式在组织情景下最易产生，以及这种人力资源管理模式是否将会导致组织有较高的产出。第二条研究线索则聚焦于组织员工关系与战略管理的关联关系上。关于战略管理和人力资源管理的争论，揭示出理论界关于组织成功和组织有效性的关注。在战略管理领域，组织资源管理对组织的影响一直是研究的热点，而这种观点逐渐形成一种基于组织资源的人力资源研究模型，在理论界至少有一点已经达成一致，即公司战略和人力资源的使用之间一定存在某种关联。这方面的研究者将以上两个研究领域连接起来，形成了一种战略性人力资源管理领域。他们对人力资源管理的定义更为宽泛，并将各种独具特色的人力资源管理模式都囊括进来。应该说，后一种研究主线代表了未来人力资源管理发展的趋势。

二、战略性人力资源管理相关研究

（一）战略性人力资源管理的内涵及特征

目前，战略性人力资源管理引起了人们的广泛关注，有相当多的学者在此方面展开研究。阿姆斯特朗（Armstrong）认为最早的战略人力资源管理思想源自富姆布通（Fombrun），因为他指出了组织职能有效运作的3个核心要素，即使命和战略、组织结构、人力资源管理。

作为人力资源管理研究的一个分支，战略性人力资源管理研究致力于探讨组织人力资源管理职能在支持公司业务战略中发挥作用和体现价值的方法途径。亨利（Henry）等人认为，所谓战略性人力资源管理就是将组织的人力资源活动、政策与组织的外在业务战略相匹配。赖特（Wright）和麦克·马汉（McMahan）则将战略人力资源管理定义为，为促进组织目标的达成，在人力资源方面的规划设计及其相关的管理活动模式。斯内尔（Snell）、温特（Youndt）等人认为，战略人力资源管理是为获取企业竞争优势而为组织员工所设计的人力资源管理整合系统。赖特和斯内尔强调战略性人力资源管理的两个核心特征，即适配性和适应性，其中包括纵向适配和横向适配。前者指人力资源管理活动与组织系统其他管理层面间的协同交互效应，后者则指组织所采用的人力资源管理系统内部各项政策、措施和实践活动之间的一致性和协调性。纵向和横向适配共同作用，才能保证组织提高灵活适应外部环境变化的能力，贝克尔（Becker）等人还强调了组织人力资源管理职能不仅要重视业务层次的产出，更要成为组织的核心能力的一部分，进而成为塑造、保持和提升企业竞争优势的组织管理体系。

（二）战略性人力资源管理与组织资源观

赖特等人指出，组织、资源观在人力资源管理与组织战略研究的关系之间扮演着关键角色。这种观点强调在选择、开发、整合与处置组织资源中组织的内部运作和管理者所扮演的中心角色，而不仅是在组织运作环境中确定一个竞争地位。企业资源观（RBV）将组织战略的关注点从组织的外部因素（如行业定位）转移到组织内部资源上来，将组织内部资源看作企业竞争优势的源泉。而对现代组织而言，不论是有形资本还是无形资本，都是建立在人力资本基础上的。进一步强化企业员工对企业成功的战略重要性，从而也就推动了人力资源管理职能在组织中地位的上升。战略性人力资源管理将员工视为企业的战略性资源，认为要提升公司绩效首先应投资于组织员工，而人力资源管理策略没有优劣之分，其发挥作用的关键在于人力资源管理与组织系统要素及管理情景的匹配，如果一个公司没有建立战略性人力资源系统，或者制定组织战略时未考虑组织人力资源因素都可能损害其竞争优势。

基于 RBV 的理论认为，现代组织资源观与战略性人力资源管理的联系体现于两个方面，既突出了战略问题中人力资源的角色，增加了战略性人力资源管理与实践研究的必要性，也强调了人力资源实践和管理对组织资源的影响效应。基于 RBV 观点，赖特提出了一个战略性人力资源管理系统的构件模型。赖特指出，有效的战略性人力资源管理应包括组织人力资本库（组织所具备的知识、技能与能力的总合）和人力资源管理实践（对人力资本库加以利用的相关活动的总称）两部分，只有两者进行互动作用才能产生良好的员工关系与行为，并最终导致组织竞争优势。模型表明，持续的竞争优势并不是单一的，或孤立的管理组件的函数，而是人力资本诸元素，如技能的发展、战略相关行为和员工支持管理系统等的组合。其中，组织动态能力、知识管理和智力资本可以整合在组织资源观点的框架之内，它们是人力资源管理实践构造企业竞争优势的中介变量。可以说，组织资源观点的发展持续推动了企业战略人力资源管理活动的开展。博萨尔（Boxall）深化了基于 RBV 的战略人力资源管理研究，他指出人力资源管理的优势（相对于组织其他职能而言）来自两个方面：一是人力资本的优势，即组织内部特定人才的积累和保留，将会为组织带来进一步提升生产率的潜力；二是人力过程优势，即一种模糊的、历史性的、复杂社会性的演进流程机制，如学习、协作和创新等。他在 2003 年提出了一个适用范围更广的战略人力资源管理框架，并指出，组织的一个重要任务就是通过管理相互关系（即利益调整）来建立一支高承诺的人才队伍，只有这样才能保证企业人力资本优势的建立。

第三节　人力资源管理创新研究

知识型企业在当代经济发展的浪潮下，一种新的组织形式建立和发展，而且，随着知识经济的不断发展，知识技术在经济发展中的比重逐渐增强，知识型企业将会成为未来企业发展的重要模式。在当代，知识已经逐渐成为企业管理过程中的一个最重要因素，而知识员工也将是企业发展过程中最重要的资源，知识将成为企业发展的主导性为量。因此，在这一背景下，知识型企业中对人力资源的建设和管理也必须不断创新以适应市场的发展，达到建立新机制的目的。知识型企业的生产要素往往由智力资本和物质资本两部分组成，而知识型企业对智力资本的依赖往往大于其他类型的企业。因此在当前形势下，研究企业的人力资源这一重要的知识资本的管理创新具有一定的现实意义。

国内对知识型企业人力资源管理的研究大体始于 21 世纪初，从汪治 2002 年所主编的《知识型企业管理》到冯子标、张富春在 2004 年所著的《传统企业走向知识型企业》，无不体现着对知识型企业的认知和重视，这些著作和文章无不体现着本土化视觉角度下对知识型企业的分析和探索，这些著作对知识型企业的定位及管理做了最初步的界定，但总体来说研究仍处于初级阶段，还未真正深入了解知识型企业及知识型人才的根本，总的来说，国内对知识型企业及其人力资源的研究可重点分为以下几项。

①知识型人才及知识型企业在当今社会的发展趋势。知识型企业是传统企业在信息时代背景下所发展的必然模式，而知识经济在这一过程中占主导地位。

②对知识型企业所蕴含的共通点进行分析。知识型企业以人的知识、能力作为企业发展的首要资源，知识资本的重要性在企业发展过程中逐渐凸显。

③知识型企业网络化的组织架构。知识型企业与传统企业不同，其人员组织架构更加网络化，各部门联系沟通更加方便和紧密。

④其他方面的研究。知识型企业人员的特征、知识型人员的绩效考核方法、知识型企业的发展和转化等。

一、我国知识型企业人力资源管理理论创新

（一）人本主义回归

传统人力资源管理的侧重点往往放在在有效的工作时间内提高员工的工作能效上，很少注重员工自身的发展和其主观需求。随着社会的发展和进步，新时代的知识型人力资源管理应该不断与时俱进、开拓创新，把管理重点转移到员工的价值实现上来。传统人力资源的管理方式是以教条主义的方式不断设立和健全规章制度，对员工提出工作场地的相关要求、工作时间的相关要求和工作成果的相关要求，这些要求的出发点都在于企业本身，其目的都是维护企业自身利益，如促进企业的生产和销售。虽然这一点也是现代人力资源管理必须注重的方面，但现代人力资源管理更强调在工作中人的全面发展，并以人的发展来推进企业的发展。因此，我们在现代人力资源管理过程中，主要强调人文精神的回归，将人文精神的概念引入人力资源管理。在人文精神中，"人"的概念是相对"神"和"物质"而言的。从马克思主义哲学的角度我们可以看出，"神"主要是强调精神世界，是虚无和违和的，所以我们在这里主要讨论"人"的概念和"物质"的概念。人本主义主要强调两个方面：一个是根源，一个是根本。根本在古汉语中的意思与结束和末端相对，而人本主义也是由这一意思发展而来的。"以人为本"的思想是根据人本主义的观点提出，其大意是"人"的存在作为事务发生的本源，人比物更加重要。只有对"人本主义"进行深入了解和分析，我们才能更为透彻的将"人本主义"的理论带入现代知识型企业的人力资源管理中去。但"人本主义"发展的目的不是要求企业无条件牺牲自身的发展利益为人的发展创造价值，不是全然放松对人的约束，而是把员工放在企业发展战略的首要位置，关注员工的需求，尊重员工的情感要求，而不是把员工当作劳动的机器。在企业的人力资源管理中实现"人本主义"是对人力资源的理论创新和管理实践，以这种更为创新的管理推动企业的发展。因为人具有社会性，所以其拥有不同的感情需求，这就更需要企业给员工提供尊重、信任、价值，使人们与企业产生相互作用，愿意为企业做出贡献。企业的发展全面呼唤"人文精神"的回归，而企业为了实现自身价值和战略规划，也必须注重对人才的全面培养。

知识型企业人力资源的管理创新以"以人为本"为前提，对才华横溢的员

工不进行硬性约束，尊重他们的独特个性，给他们以更大的发展空间，使他们更好地发挥自己的创造力和想象力。这种"以人为本"的管理创新说到底就是放弃传统人力资源教条化、死板化的管理模式，在工作中实现人性化和弹性化的管理，为员工构建一个更加宽松的工作环境，将更多的企业权利下放到每一位员工手上，使他们热爱工作，享受工作，在一个更加融洽的工作环境里施展才华，努力工作，以实现自身价值和企业价值。

（二）构建"全球化"和"融合性"

随着人这一资本的作用在企业中不断凸显，知识型企业的管理者也越来越重视人为资源管理的重要性，人为资源管理在当下已经成为企业发展战略的一个重要组成部分，并在企业发展过程中具有强大的不可代替性，并能调动员工在工作中的主动性和积极性。

人力资源可以说是知识型企业发展的重要依托，当下在知识型企业发展过程中我们可以从几个角度对人力资源发展战略进行创新性构建。

第一，人力资源全球化。随着经济全球化的发展，知识型企业的市场不再仅限于国内，他们要参与到更加激烈的市场竞争中来，这就要求企业所配备的人才不再限于国内，更应从国外引进新鲜血液，了解国外的知识技术和管理方式。但国际人才的成本往往数倍于普通人才，由于其生活习惯和国籍限制，国外人才在企业的发展有着很大的局限性和不确定性，因此企业在实现人力资源全球化战略的同时，应主动考虑各方面因素以实现对人才流动的风险控制。

第二，促进企业中的文化融合。促进企业中的文化融合是未来人力资源的管理趋势，国家文化和社会文化构成了人们不同的文化核心，知识型企业只有充分尊重和承认每一个人所具备的独特文化，并在企业中对这种文化进行包容，员工才能与企业共存。文化的全球化是经济全球化的表现之一，只有实现对文化的包容和融合，并真正给予这些文化生存和发展的空间，企业才能得到良性的发展。

第三，管理结构的网络化。当下网络技术的不断进步，使得企业结构也出现了巨大的变化，如果企业在发展中仍遵循传统模式不肯顺应时代潮流，则会被社会所淘汰。人力资源如果仍旧依据以前的习惯，任人唯亲，想靠家族企业来促进发展，不肯正视问题，加强创新，则会效率低下，在竞争浪潮中处于不利地位。

（三）战略性人力资源管理

对企业人力资源管理的战略性研究已经在企业发展中占据越来越重要的地

位，这方面研究也已在我国知识型企业中获得一定成果。与传统人力资源相比，战略性人力资源管理具有明显的时代特征：一是将人才战略的制定放在企业首位；二是从人的角度制定企业发展战略，而不是要求人去适应企业的发展。

通过国内外专家不懈的研究，这项理论已经达到相当高的水平，如在系统级理论分析、权变理论、生命周期理论、弹性和配套理论、实施理论等方面都有所涉猎。但这些理论研究却存在一个很严重的问题，即缺乏理论体系，缺乏实际可行性。所以当下我们更应该注重理论性的研究，并对理论的研究体系、指标性、指导性、操作性和实用性进行深层次的研究开发。

当前战略人力资源管理在国内的知识型企业有所发展，但其应用效应却与实际相差甚远，这种现象的原因：一是在于企业的战略性人力资源管理缺乏系统理论，在实际操作中更缺乏经验的指导；二是由于企业缺乏专业的战略眼光和知识，不能有效地使企业发展战略和人力资源管理相结合；三是很多企业无法从传统的人力资源管理模式中发展创新，走出一条属于自己的道路；四是很多企业的战略人力资源管理只存在于理论层面，而没有放在实践中进行检验。为保证企业当中战略人力资源管理的可行性，并能与现代企业相结合，战略性人力资源管理在发展过程中必须注意以下几点：第一是战略性人力资源的管理需要多元化的发展，只有相关理论进行创新实践，才能指导战略人力资源的发展；第二是战略性人力资源是一个不断发展创新的过程，我们只有不停地突破原有局限，对现有资源进行优化，才能达到战略性人力资源的管理创新；第三是扩充战略性人力资源管理的意义，将知识型企业的人力资源管理放在一个大的发展背景下，根据整体规划进行制定发展；第四是企业人力资源管理者应该将企业发展规划着眼于国际舞台，在世界范围内寻找合适人才。

二、我国知识型企业人力资源管理机制创新

（一）人才机制的创新

在知识型企业中，员工的离职往往是因为想更好地实现自身价值，而这对于企业来说也未必完全是一件坏事，企业可以通过人才的流动吸收新鲜的知识和血液。但是稳定的人才基础又是企业发展中不可缺少的一部分，所以如何留住知识型人才对知识型企业来讲颇为重要。

第一，良好的发展通道。在知识型企业中，员工价值的体现依托于企业的发展，企业走得越远，员工的自身需求和价值就越容易实现。因此，若知识型企业想要留住人才，建立完善的人才储备，就应该为知识性人才构建完整的上

升通道和发展通道，并将这些通道和员工的个人意愿结合起来，为每一位员工规划职业远景，使员工在工作中看到企业发展的生机和活力，更看到自身发展的空间，并主动成为企业发展中强有力的中坚力量。

第二，积极向上的文化氛围。企业文化是企业运营机制和管理机制的核心，它是凝聚员工最强大的向心力，它是一种约定俗成的力量。企业文化在企业发展过程中起到凝聚、约束、整合和引导的功能。企业文化为企业塑造了一种积极向上的文化氛围，并用这种文化氛围去感染员工，使员工认同企业，加强了员工与企业之间的联系。

第三，完善的心理疏导。知识型企业在发展中对员工的需求进行越来越细致入微的满足，而情感需求和心理疏导就是未来知识型企业人力资源发展中不可缺少的一部分。知识型员工对企业的情感需求往往比普通员工更加细腻，他们追求丰富的情感需求和情感认可，所以更容易在工作中受个人情绪的影响。现代知识型企业应该对员工提出完善的理疏导方案，解决员工与企业之间的情感交流问题，以增加员工对企业的认同感和依赖感。

（二）约束机制的创新

当代知识型企业中，企业内部架构更加系统化，员工不是进行传统的机械劳动，而是开始根据工作对自身时间进行合理分配，但对知识型员工这种自由的工作规划，企业也应进行有效管理。在传统企业运作中，员工在公司必须遵守严格的管理制度，这种约束机制能使企业向着正规化的方向发展，但在某些层面上也对员工的创新带来了约束。当代知识型企业在发展过程中吸纳了很多高素质人才，这些人才通过数十年的教育，往往形成了较高的自律能力，能在没有监督的情况下自己主动地完成自身工作，而对这类人才如果进行过多约束，他们会产生逆反心理，并会做出逆反行为，这样的现象更不利于企业对员工的管理。对于知识型员工的管理，人力资源部门应该建立一个更加适合其发展的管理机制，并促使他们实现内部监督，让他们在宽松的环境下，发挥自身的最大潜能。对知识型员工管理机制进行革新，给他们宽松工作环境的同时又能主动加强其自身约束，有利于建立横向的人员管理平台，更有利于企业的健康发展。

（三）激励机制的创新

相较于发达国家，我国知识型企业的人工成本普遍较低，外企进驻国内后，比本土企业更容易吸引具备高超水平的管理人才和技术人才，在与外企的人才竞争中，本土企业往往处于不利地位。在这种情况下，我国本土企业就更应该弥补自身激励机制的不足，防止优秀人才的外流。我国大部分知识型企业的薪酬制度都是传统企业的延续，对知识型员工并不适用，只有对薪酬制度进行创新，才能真正对知识型企业的人力资源管理产生有利影响，更加容易地进行人才招聘，并将有能力的员工留在企业，激发员工的主动性和积极性，鼓励员工在竞争中发挥自身潜力。因此，现代人力资源管理应该依据传统人力资源管理方法，以留住知识型人才为目的，充分发挥激励机制对人力资源管理中的作用。

对知识型企业的激励机制进行创新可分为两个方面。一方面，使薪酬待遇满足员工生存和发展的需要。在现代企业中，大部分员工都是以收入为基本生活来源，合理设计员工的薪酬福利可以在保证员工基本需求的同时，增强企业的凝聚力，加强员工对企业的依赖感。除开基本工资，员工的薪酬福利还可以包括：养老保险、生育保险、医疗保险、商业保险、失业保险、住房公积金、住房补贴、交通补贴、通信补贴、资助教育、企业补充养老保险等。企业在发展过程中适当地对优秀员工进行薪酬福利分配，可以激发员工的主动性，以更加饱满的心态参与到企业的战略规划和发展中来。股权激励的最大作用是可以将员工的自身利益和企业发展关联起来，一荣俱荣，一损俱损，使员工主动为企业的生存发展做出最大努力。另一方面，非物质激励也是激励机制中的重要组成部分，也是人力资源创新中的重要表现。非物质激励方式多种多样：带薪休假可以使员工对紧张的精神进行舒缓，更好地投入工作中来；荣誉称号可以使优秀员工的事迹被更多人熟知，形成榜样力量；心理疏导可以使员工抒发自身负面情绪，不将私人情绪带入工作中，而企业也能够更加了解员工的真实想法，创造更加和谐的工作氛围。具体来说，激励方式有以下几种。

第一，权力分配式激励。知识型企业的发展，依靠的是人力资本，物化之后就是知识型企业的管理者和付出脑力劳动的知识型员工。因其特殊的属性，故很难对其进行全面的监管和约束，这个时候就只能依靠知识型人员之间的自我调节机制。这种自我调节建立在自我约束和回报收益之上，如要获得更高的回报收益，则应该付出更多的自我约束，并在此过程中掌握更多的管理权力，以在企业财务分配中获得更多的收入。因此知识型企业往往不是一人独大，而是由多个管理者分别掌控不同区域，而企业的发展业绩也跟全员的收益挂钩，这样的权力分配更有利于企业的发展。个人在获得企业权力的过程中，不仅实现了个人财富的满足，更实现了对企业的自治，更愿意为企业出谋划策。

第二，股权式激励。股权式激励是现在知识型企业中一种行之有效的激励员工的做法。知识型企业中项目或任务实现的基础是知识的共享，而后再由员工组成团队以各种形式来完成，这种分享信息、共创成功的激励方式，成就了他们利益共享的激励模式，而股权的共享，则是把团队业绩的分享扩大到公司业绩的分享。股权的分配可使员工自主对企业进行管理，而股权的升值空间使员工愿意长久持股，这种行为也利于保持员工的稳定性。知识型员工的需求虽然随着经济的发展变得更加多元化，但经济利益依然是他们追求的主要方向，而股权在保证员工经济利益的同时，也赋予了其管理者的意义。在知识型企业创立初期，管理者很难许给员工高额的经济回报，但股权这种随着企业发展增值的资本却可以成为重要的激励手段，企业发展得越迅速，员工对企业的投入就更加丰富，在企业后续发展中股权持有者也获得的越多，因此这种激励方式能够很好地激发员工的主动性以提高企业的经济效益。

第三，知识共享式激励。在知识型企业中，知识取代了劳动和自然资源成了企业最重要的发展资本。根据企业重心的变化，对企业当中资金、劳动力、自然资源的合理调配变为以知识分配为主的管理方式，对知识的收集、挖掘、利用、分类、储存形成企业中有效的知识管理。因为企业的发展变得以知识为依托，而人又是重要的知识载体，所以对人的激励成为人力资源的重要管理行为。在旧的工业经济时代，企业的发展由其劳动力反应，而企业的管理重点往往放在如何提高劳动生产率和如何增加资本增值率上，而在新的经济时代，企业的发展已转变到人的身上。要考核知识型员工，单纯的考核其绩效是不够的，考核机制应该更为丰富和完善，考核重点应放在他们是否为公司带来新的知识，他们在团队中是否起到应有的作用，他们是否愿意向其他员工传授知识，他们是否在工作中发挥了自己的创新能力。这一切就需要在激励机制中引进知识管理，以促进创新研发和知识共享，从而使知识型员工在完成自身工作的同时，将自身知识分享和传授给其他员工，这也是知识型企业在发展过程中一直致力于解决的问题。这就需要企业人力资源建立相关的奖励机制，并加大对知识共享行为的资金投入，培养员工"知识共享"和"利益共荣"的观念，改变传统企业中绩效只与个人工作和个人成果挂钩的局面。只有使员工享受到知识共享带来的福利，认识到集体利益主导个人利益，知识共享行为才能得到延续。为了促进知识共享，企业可以通过鼓励学习小组的创立而实现。学习小组的建立可以使员工获得稳定的知识分享与获取的渠道，并以一定形式规定下来，根据知识和需求的不同类别分组，并还能将所分享的各种知识记录下来，形成系统的知识体系。而这些知识型的文本和媒体在日积月累之后，可以汇聚成企业的知识库，真正实现各类知识资源在企业内部的流通，供员工无障碍学习，这样员工在第一时间就可获得自己工作中所需要的知识，知识型员工所拥有的知识的资源利用率也被提高，这一切的结果就是企业员工的创新能力和工作能为不断加强，企业得以朝着更好的方向发展。这种基于激励机制建立起来的知识共享行为，可以使企业的发展更加扁平化，每一位员工都能获得更好的发展空间，而企业也以最小的投入使员工收获最广阔的学习环境，从而发挥员工的主动性和创造性。

（四）竞争机制的创新

知识型企业人才的培养需要依托良好的竞争机制，如果缺乏相应的竞争环境，企业在发展过程中可能更容易遭受风险的打击。故在知识型企业人力资源应主动建立企业人才的竞争机制，并培养员工的竞争意识，鼓励员工参与到企业的外部竞争和内部竞争中来，以发现他人长处和自身不足，提高自身能力。

建立竞争机制需要给员工提供平等的竞争环境，创造更多公平竞争的机会。平等的竞争环境就需要人力资源对自身工作进行创新，建立更多公平公开的展示平台，使员工能够主动展示自身能力，企业也能通过这一平台挖掘潜力员工，培养合适人才，这样才能使每一位员工都能获得同等的展示机遇和发展机遇。

设立轮岗机制也是推动员工竞争的一个重要手段，鼓励知识型人员在各个岗位之间流动，熟悉公司各岗位工作流程，不仅能扩大员工之间的内部联系，更能使工在自己的工作中进行思维发散，考虑多方面权益。员工在岗位流动中还可以激发自身潜能，发掘更适合自身的岗位，企业管理者也可以从员工轮岗过程中根据岗位挑选合适的人才。

众多研究者都对战略人力资源管理进行了理论性研究，而其中最为著名的则是博克索尔（Boxall）提出的人力资源的优势来源。博克索尔在研究中表述，人力资源的优势主要来自两个方面：一是人员这一资源本身的价值；二是可以对人员资本进行整合从而发挥最大化效益。当企业在发展过程中所获得的技术手段和团队资源优于竞争对手时，企业在人力资源竞争中就占有一定优势。知识型企业的人才由两类人组成：一类是有管理才能的组织管理人才，这类人才负责公司的运营管理工作、宏观指挥；另一类是有专业技术的技术性人才，这些人负责对产品进行创新，保证公司产出的竞争性。人力资源制定战略性目标最大的优势就是要将这两类人才进行整合，发挥他们在工作中的最大效用，使优质的管理推动技术的创新，技术的创新又带来优势的发展，这种对知识型人才的策略整合和利益整合，能使企业更好地凌驾于竞争对手之上。

三、我国知识型企业人力资源管理实践

（一）人员培训手段的创新

美国著名管理学大师彼得·圣吉这样告诫年轻人，只有更新自身70%以上的知识，才会适应日益变化的社会以不至于被社会淘汰。世界上流通的知识和信息更新换代的速度不断加快，而以知识作为第一生产力的知识型企业，如果想要谋求更加长远的发展，就必须不断地更新自身的知识资源，以提升企业竞争力。知识型企业的知识来源是人，所以只有对企业中的员工进行培训，并且不断更新培训方式，才能更快地提高企业绩效，促进企业发展。

首先，要加大对人才资本的投资，使人才在企业中得到良好的培养。企业应根据员工特质、员工个性与岗位设置，开发适合员工发展的培训计划，加大对人才的关注和投资。而开发这一系列培训计划前，应该根据培训人员、培训时间、培训地点、培训课程、培训考核机制的实际情况进行制订，并对培训过程进行监督，同时对培训结果进行分析，实现培训效率的最大化，并通过培训在提升员工工作能力的同时，满足员工自身需求，为员工的进步和企业的发展创造条件。

其次，合理的训练方式。在知识型企业的成长与发展过程中，对企业起到推动作用的员工往往有着较高的文化教育水平，所以他们在自身发展中所追求的不仅仅是物质利益，更是丰富的精神世界和自我价值的实现。而传统的人力资源训练方式往往不能与知识型员工的需求相匹配，这些培训对他们来说往往枯燥而毫无意义。在面对知识型员工训练时，人力资源管理部门应该注重对培训方式的革新，加大对培训的投入，以创新的培训机制吸引知识型员工主动参与其中。人力资源部门可以更多地利用互联网、多媒体、远程教育、云计算等先进手段和平台，实现知识的交互性运用，使员工能够随时随地、不受空间和时间的约束进行自助学习，并且能够通过以上方式与企业进行互动。

最后，使培训机制与实际应用相结合。培训员工不是企业发展的最终目的，企业的目的是以培训为手段和通道，在有限的人员配备当中实现人的潜能最大化。要使培训与实际应用相结合，必须了解员工的个人发展需求，并对企业欠缺的部分和岗位做出分析，找出共通点，此为基点，在实现员工自身价值的同时完成企业发展的目标。

而在具体的培训手段方面，应该从以下几个方面进行创新。

第一，培训理念的创新。如果知识型企业想通过对员工的培养，使员工发挥最大潜能，以促进企业的发展，就应该加大对培训工作的重视。当前很多企业都不注重对新员工的培养，在对员工的招聘过程中，也根据同一经验和同一流程进行招聘，并不根据同一岗位的不同效用进行区分，未将人力资源管理的理论付诸实践。如要改变这一现状，就必须在将员工进入企业之后，对其岗位职责进行培训，帮助其了解企业文化，使其融入团队，真正使培训达到应有效用。

第二，各部门对员工培训进行细化。在传统人力资源范畴中，仅仅由人力资源部门担任培训的责任，对新员工进行专业技能、企业文化、工作流程、岗位职责、管理规定等各个方面的培训。但这种培训方式往往会出现很多问题。例如，人力资源部门对员工进行的培训只是表层理论上的培训，很少会对员工的工作产生实际效用，同时人力资源的培训课件也不一定能与部门实际工作相匹配，故培训效率会大打折扣。因此，知识型企业在对员工的培训中，可以选择让人力资源管理部门进行企业文化方向的培训，而将专业技能方向的培训交给员工的相关任职部门，这样有利于知识技能的直接传授，也减轻了人力资源部门不必要的工作。

第三，使员工在培训中的角色从接收者变为参与者。在传统的人力资源培训过程中，员工只是被动接受人力资源部门的培训，按照培训师的要求完成各项任务，培训师在培训中扮演主要角色，通过现场培训的方式将相关内容传授给员工，这种情况下，员工往往亦步亦趋，很少有主动性思维，并不愿意主动考虑问题。知识型企业人力资源在发展过程中，强调员工参与培训的主动性，要求人力资源部门在员工培训中起引导作用，使员工主动参与到培训中来，主动学习技能，提高自身素养。在培训中，新型人力资源管理往往会主动调动员工积极性，让员工主动参与到培训中来，并就培训内容咨询员工意见，使员工在培训中得到发展和成长。

第四，改变培训方式。传统人力资源的培训模式是在办公室中利用视频播放器等媒体进行一对多的教学，这种教学方式较为枯燥，不易为员工所接受，员工只是单纯地接受知识，很少进行反思或实践，故这种培训方式的培训效果往往小于预期。知识型企业人力资源的培训方式应该多元化，并在培训中加强多方面内容，培训地点也可以从室内转变为室外，每一位员工都可以成为培训的讲师，主动参与到企业培训中来。

（二）绩效管理创新

对绩效的管理主要是为了激发员工的潜力，使他们能全身也的投入工作中去，使企业的效能达到最大化，而知识型企业的绩效能力更应该以科学为前提，使员工感受到公平与公正，这样企业的管理才能达到激励员工的目的，鼓励员工发挥自身的最大价值，帮助企业的发展。建立合理的企业绩效管理：第一，必须建立与员工实际需求和企业发展相符的绩效管理制度，并制定详细的细则，在绩效管理的制定过程中，还需要企业的管理者和员工共同讨论，使所制定的绩效能够最大限度地满足企业和员工双方的利益；第二，企业的绩效管理还需要建立良好的工作平台和工作环境，并对员工的合理要求进行满足，以鼓励员工认真工作；第三，绩效管理考核的科学性，合理的绩效考核管理有助于提高员工工作的积极性，促进企业的发展；第四，绩效管理不仅仅只与员工的薪酬挂钩，在绩效考评阶段，可以通过对员工的各方面评估，鼓励员工纠正自身问题，弥补欠缺，提高不足，以期待其在未来工作中有更好的表现。

在传统企业管理中，财务数据是评估绩效的考核依据，但当下企业的发展受到外部环境的重要影响，企业已不能单单依据财务数据进行评估，因此改变企业绩效的考核方式成为知识型企业人力资源管理的当务之急。随着我国经济的高速发展，社会环境多元化，企业的生存发展与更多的指标息息相关，只有从多方面对企业进行评估，才能更有效地把握企业当前和未来的发展指标，而这些现代化的考评指标包括经济环境、企业状态、行业背景、发展现状、生产能力、财务状况、客户满意度等。

首先，从企业的生产能力评估企业的基础数据。企业的生产能力是基于社会稳定和企业发展的基础能力，是企业生存的基本条件之一。具有良好的生产能力，才能更好地促进企业的长远发展，而要想获得更高的生产能力，企业就必须对设备的数量和质量进行投资。

其次，从企业的盈利情况评估员工的既得利益。从企业月度或季度的财务数据不难看出，企业的发展是否符合企业的战略目标，并真正实现自身的发展。如果资本在企业中得到灵活有效的运转，股东的利益得到了保证，企业在未来的方向也会更加明晰。而财务数据就在企业绩效指标中起到最直观最有效的作用，而一直以来，财务数据也被放在企业中最重要的地位，但随着现代企业管理的发展，企业的发展也不能单单以财务数据为唯一依据。

再次，客户的满意程度是评估企业管理能力的重要指标。企业推出产品或者服务后，顾客是最直观的受众，顾客的体验感与反馈是企业需要重视的地方。通过对顾客对产品和服务的满意程度和使用体验的调查，有利于企业对产品或服务的更新，这便使其更适应市场发展的需求。

最后，企业的学习能力和创新能力是评估企业能否长远发展的重要因素，评估一个企业能否适应激烈的市场竞争，就要看企业是否拥有足够的优秀人才，这些人才是否有足够的学习能力和创新能力。只有自主创新才能使企业树立自身品牌，在竞争中获得不可替代的地位。

（三）人力资源保养与维护创新

人力资源管理的服务范围不仅限于养老保险、医疗保险、工伤保险等一系列国家规定的福利保险，还包括对员工的心理疏导。在企业生产过程中，员工无论是生理还是心理上都会产生疲倦，如腰部、颈部的疼痛、眼睛的酸涩、整个身体的疲劳和乏力，这些身体状况上的不适都会引起员工精神状态上的问题，从而会对其工作效率产生影响。除开常见的身体疲劳，长时间重复同一种工作而产生的心理疲劳更容易对企业和员工产生不利影响，但员工精神上的疲劳往往得不到企业的重视。企业人力资源管理的缺乏，使企业对员工心理问题不重视，而企业内部劳动组织设立的不合理和对公民心理健康的维护宣传不到位，导致激烈的市场竞争给员工带来更多的压力。

知识型企业如果想对人力资源管理进行创新，就必须注重员工的生理和心理健康，因此需要做到以下几点：第一，将对企业员工的心理健康维护形成条文，定期对企业员工的心理状况进行检查；第二，对企业相关管理制度进行规范，加强对员工劳动时间和休息时间的管理，让员工在工作的同时得到充分的休息；第三，加强对心理健康的宣传，呼吁员工对自身健康的重视，提升员工在工作中的安全意识，保证员工有一个健康的体魄。健康的身体和心理是员工积极工作的基础，只有有了健康的心灵和体魄才能保证企业的长久发展。

（四）管理方式与方法的创新

在当今社会环境下，企业面临各个方面的竞争，其中经济竞争、文化竞争、品牌竞争、市场竞争、人才竞争这几个方面最为强烈。而知识型企业的外部竞争往往推动了其内部竞争的发展，促使企业提高对产品质量和服务理念的要求，以增强自身核心竞争力。当下企业核心的竞争是人才的竞争，知识型企业人力资源管理只有形成良性的管理方法并在多方面进行创新，才能使企业在竞争中占据先机。

第一，对企业文化进行创新。创新是知识型企业人力资源管理的必备前提，更是推动企业发展的不懈动力和强有力保障。随着互联网浪潮的不断发展，很多传统企业的发展也走入了新的模式，如服装行业通过网络进行售卖，餐饮行业依托网络进行送餐，家装行业通过网络进行设计图的规划，传统行业通过互联网又焕发出新的生机和活力。这些发展是人们可以通过数据发现的，通过生活感受到的，而网络对于人力资源的发展更具有深层次的意义。知识型企业发展的先决条件是文化的创新，而文化创新更是企业招聘人才的首要条件。知识型人才往往受过高等教育，有良好的自身素质和自控能力，他们的思维更具有创新意识，他们有更专业的眼光和更强的工作能力，他们敢于为企业开疆破土敢于承担领导的岗位和责任，怎样维护知识型人才并使他们在企业中发挥最大效益，是当今所有企业思考的问题之一。知识型企业应致力于为知识型人才打造一个充满激情和创新精神的工作氛围，为他们提供良好的工作环境和竞争空间，并开通公平的晋升通道，使他们能够参与到企业的管理中来，并愿意为企业奉献自身，使自身价值与企业发展目标相结合，这样才能实现个人与企业的双赢。

第二，增加人力资源管理中的知识性。知识型企业在管理过程中，可向所有员工咨询发展意见，聚集集体的智慧。而知识管理就是要通过管理，使企业智慧的汇聚更加合理，使企业的发展创新更加具有意义。实现知识性管理：首先，要给员工提供良好的知识培训平台，使企业员工的知识能够共同分享；其次，要鼓励员工进行创新，敢于打破传统做法，以新的手段推动企业的发展；最后，人力资源在管理过程中必须对人员的发展进行规划，重视对人员的知识储备，促进个人和企业的发展，达到双赢的效果。

第三，提高人力资源的管理质量和管理效率，使员工在竞争中发挥自身的主动性和积极性。这里就要提到分层竞争法。分层竞争可以划分为横向竞争和纵向竞争两大板块。横向竞争是员工之间在企业内部的竞争，如工作表现、服务态度、学习能力、协作能为，使员工的薪酬绩效与这些非直观的数据进行挂钩，而纵向竞争就是各个部门之间在提升业绩方面所做的竞争，并可以提出相应的竞赛管理指标，对同类型部门之间的团队合作能力、创新能力、提升潜力、客户满意度等进行比较，使员工发现相互之间的优势和自身的不足，取长补短，提升自身能力。分层竞争法在实施过程中应该做到根据企业的不同方向提出不同的竞争办法，同时企业的分层竞争法应该覆盖到企业内部的每一位员工，而每一个层次的部门员工所使用的竞争办法也应该根据实际情况有所不同，不能整个企业以一套竞争办法为标准，而在人力资源部门制定分层竞争法的同时，需要咨询员工意见，使考核办法建立在可以实施、可以执行的基础上。分层竞争能够在多方面对企业人力资源管理进行提升，最重要的是能够提升人力资源管理的效率，可以将相关算法引入计算机系统，借助计算机对员工的绩效考核进行核算，以提高人力资源管理者的工作效率，得出更为科学的结论。同时，分层竞争改变了传统人力资源中对不同人才的笼统性评判，多层次、多元化地从各个角度帮助人力资源管理者发掘员工的不足和潜力，提高了员工的业务能力和创新能力。分层竞争还能使企业在国内和国际竞争中处于不败之地，但分层竞争也会造成企业内部员工压力过大，从而引发恶性竞争。因此知识型企业在采用分层竞争的同时，也要对其不断优化，与时俱进。

第四节　人力资源管理创新案例研究

微软公司的总部位于美国，是一家以研发、制造、授权和提供广泛的电脑软件服务业务为主的跨国科技公司。由于其所处竞争领域中产品更新换代速度极快，促使其不得不制定出高效的人力资源规划为其提供源源不断的高层次人才。基于组织的经营业务战略导向，微软公司制定出了与组织文化相适应、与组织目标和谐统一的人力资源规划，不仅保证了适时、适量、适质地为公司发展提供所需的各类人力资源，还通过具体的人力资本分析、人才培养开发计划、创新激励措施有效地推动了组织的知识管理，使组织知识资本不断增加。目前，高智商、强能力的员工以及高效率的知识管理都已成为微软公司的核心竞争优势，为微软公司成为世界个人计算机软件开发的先导奠定了坚实的基础。

一、微软人力资本分析对知识管理的推动作用

（一）微软公司的人力资本分析

微软公司为了更加深刻而准确地理解组织内部劳动力的规模和本质，成立了一支人力资本分析团队。该团队由不同领域的专家组成，包括统计学专家、心理学专家以及财务管理专家等。人力资本分析团队每年通过对公司的员工进行调研，深入分析微软人才库，进而提出对应的人才发展措施。这种深层次的人才分析也被称为四步分析法，主要包括四个步骤。

①数据收集。为了强有力地支持研究结果，微软并不支持小于50人的样本量，微软所设定的临界雇员取样量一般大于100人。微软人力资本分析团队为了收集数据，用九年多的时间追踪了90 000名雇员，并且为了让人力资本的研究结果具有意义，微软人力资本分析团队在研究时对雇员进行了分组，这样就可以区分员工被雇佣后行为成就的结果差异。同时，微软公司还建立了精确完整的人力资源数据库，大大提高了数据的质量和数量，为管理人员获取员工信息提供了技术支撑。

②关键定义。微软人力资本分析团队在初步完成数据收集之后，会依据雇员所归属的样本组对其不同的行为特征进行区分，这一过程就是定义员工特征。

例如，微软人力资本分析团队将"早期离职成本"定义为两年内对新员工的高投入成本，包括招聘成本、签约奖金、新员工低效率的适应时间，雇佣其他长久型优秀雇员的机会成本等。

③分析研究。在发现特定问题的基础上，微软人力资本分析团队通过有效地提炼一手观察数据，进而提出相应的研究议题以及预测性分析，再依次结合不同的分析工具进行研究。

④采取措施。在对大量人力资本数据分析之后，微软人力资本分析团队会提出对应的人才发展措施。比如，微软通过数据检验已雇员工的工作水准和行为表现，进而预测该员工在微软早期离职的可能性。对应评价结果，人力资本分析团队会提出相关的防范措施。

（二）微软人力资本分析如何推动知识管理

微软的人力资本分析推动了组织的知识获取、知识存储、知识应用和知识创造。微软人力资本分析团队通过对公司 90 000 名员工的追踪调查，收集了大量数据。在对这些初始数据进行分类和定义之后，存入公司的人力资源数据库，从而增加了微软公司的知识存储，并为以后其他部门或员工获取和使用该数据信息提供了基础。同时，微软人力资本分析团队在获取相关数据和知识信息之后，会对其进行深入分析并提出研究议题，并依据已有的知识经验去解决有关的问题，实现了对知识的有效应用。当人力资本分析团队通过分析发现组织人力资本中存在的问题时，会提出相应的解决措施。这些措施和建议就是团队成员运用自己的专家知识并结合从外部获取的知识所创造出的新知识，有利于组织知识资本的增加。而且这些措施在形成文档存入公司人力资源数据库之后，可以方便公司应用该类知识去解决其他类似的问题。

微软公司的人力资本分析可以有效地减少组织关键知识的流失。微软人力资本分析团队会对已雇员工的工作水准和行为表现进行评估，判断其离职的可能性，并根据预测结果提出针对性的防范措施，如给予员工公司股票认购权、奖金等物质激励，为员工提供完善的职业生涯发展规划。这些防范措施在一定程度上可以减少企业的"早期离职成本"以及因人事变动和流动导致的知识流失，有利于组织更好地留住那些经验丰富的、专业技能很强的员工，进而使某些关键客户的知识、与岗位相关的技能知识以及应急处理特殊情况的能力等核心隐性知识留驻微软公司。

二、微软人才培训开发计划和创新激励措施对知识管理的推动作用

（一）微软人才培训开发计划以及创新激励措施

微软的人才培训开发计划以"职业模式＋技能差距＋业务需要"为中心，通过人力资本分析团队对员工职业发展需求的调查分析，为员工制订相应的职业生涯规划和学习培训计划。职业模式包括职业阶梯、职业能力与职业经验。员工首先根据自己的实际情况和职业目标选择出适合自己职业阶梯，如管理路径或者专业路径，然后公司会根据员工不同的职业路径，参考他们所需要积累的职业能力和职业经验来决定培训的具体内容、时间和方式。在明确职业模式之后，微软会根据员工的技能差距与业务需求提供针对性的人才培训计划。微软的人才培训开发计划遵循"70—20—10"的原则：员工通过授课、讲座的方式可以获得 10% 的基础专业技能；导师的一对一辅导可以帮助员工实现 20% 的能力提升；其余 70% 的知识和技能则需要员工通过直接工作经验和在职培训获得。首先，新员工进入微软公司的第一年为基础学习期，微软会对这些新员工提供脱产培训，包括讲座和课堂讲课。这种培训有助于实现员工 10% 的技能发展。同时，导师制也在微软人才培训开发计划中起着关键的作用。被指导者选择一位资深员工作为自己的导师，双方自愿建立关系、提供指导、结束关系。即使双方不在同一个地方，也可以通过公司电话或视频会议保持密切联系。通过指导体系，导师可以帮助其他员工提高专业素质、达成发展目标，为新员工提供更好的职业发展机会。其次，微软还为员工提供一定的在职培训，鼓励员工在工作中学习和掌握新技术、新方法。员工可以提出自己的假设，并与其他员工组成跨职能部门的工作团队，通过实验进行技术攻关，最终基于实验结果检验假设。为了激励员工不断创新，微软赋予员工充分的自主权，让员工意识到公司对他们的信任，进而满足其更高层次的心理需求。当员工的责任感和参与感不断增强时，更愿意接受挑战性的工作。并且，微软还提出了激励员工创新的业余项目计划，允许员工抽出一定的工作时间和精力去从事一些有助于公司发展的创新活动。比如，在微软车库中，任何微软员工，无论位于哪国、何种岗位、层级高低、正式或实习，均可以在微软车库寻求一个"工位"，着手打造自己感兴趣的创新项目。

（二）微软人才培训开发计划以及创新激励措施如何推动知识管理

微软公司根据不同员工的职业发展需求为其提出相应的职业生涯规划，有利于帮助员工明确其需要学习的知识技能，进而制订学习计划。这在一定程度上为员工指明了其应该获取的知识种类，为以后的知识应用和知识创造奠定了基础。

以员工的职业发展路径为基础，微软公司遵循"70—20—10"的原则为员工提供人才培训开发计划。在脱产培训中，微软通过安排本公司杰出的高级工程师、系统工程师、软件咨询师等专家举办定期的讲座，传授基础技能知识、介绍前沿技术、探讨软件开发难题，推动了显性知识由专家向员工的转移，使技能较低的员工获取了一定的专业基础知识。导师制的实施基于导师的言传身教。导师通过一对一的指导，训练员工与业务相关的专业技能，教授员工先进的工作经验，实现了显性知识与隐性知识从导师向被指导者的转移。而被指导者通过不断的知识积累也可以成为一名资深的技术骨干，继续为其他员工提供专业指导。这样知识转移就会一直持续下去，为微软的持续发展提供连绵不断的知识源，有利于提高微软的知识存储量以及知识应用的效率。剩下的70%的知识主要是来自在职培训以及工作经验的积累，这种培训方式获得的知识一般都是隐性知识，也是组织核心竞争力的宝贵来源。员工通过应用从脱产培训和导师那里获得的知识，在工作中不断提出假设、检验假设，进而创造出新的知识。

在创新激励措施方面，微软通过给员工授权增强员工的参与感和责任感，大大激发了员工的创新动力，有利于产生头脑风暴的效果。同时，微软还利用业余项目计划激励员工创新。由于微软车库是微软内部的"全民创新社群"，因此能更加广泛地推动微软公司的知识创造。在车库中，人们可以从事非自身专业领域的项目，如从事市场工作的员工可以参与到产品的美术设计中来。这种方式鼓励了员工基于自己的兴趣爱好获取知识，并将自己积累的知识应用到实际工作中，实现以兴趣爱好为基础的知识创新。

组织应该构建一支由不同领域专家组成的人力资源分析团队，包括数据分析专家、人力资源战略专家、心理学专家、财务管理专家等。基于知识管理的基本流程，通过数据收集、关键定义、分析研究雇员特征来预测员工的工作表现，或者员工早期离职的可能性，并将有效的数据存入组织人力资源数据库，完成知识的存储。最后根据研究结果采取措施加以防范，最大限度地减少知识流失给组织发展带来的损害。依据组织的发展要求，制订相应的人才培训开发计划。组织在制订人才培养计划时可以借鉴微软公司的"70—20—10"原则，将脱产培训、导师辅导和在职培训相结合。利用讲座或课堂讲课等方式实现基础专业知识由专家向新员工的转移；鼓励员工在导师一对一的辅导下不断提高专业技能，并争取成为新的导师，推动组织知识的转移和应用；组织更要重视员工在工作中获得的经验和能力，不断提高员工提出假设、检验假设的实践能力，为组织知识创造提供动力。同时，在制订人力资源规划时，应该涵盖相关的创新激励措施。组织可以通过给予员工充分的自主权调动他们的创新积极性。还可以通过营造一种轻松的工作环境，建立"全民创新社群"并实施一些业余项目计划，鼓励员工基于自身的兴趣爱好进行跨职能领域的创新，进而实现组织知识的高效应用以及新知识的持续创造。

人是知识的载体，知识的获取、存储、转移、应用和创造都依附于人的行为，因此组织的人力资源规划会影响知识管理的实施。以微软公司为案例研究对象，通过分析微软公司人力资源规划中的人力资本分析流程、人才培训开发计划和创新激励措施，发现：微软的人力资本分析流程不仅推动了组织知识的获取、存储、应用和创造，还能有效地减少组织知识流失的发生；微软的人才培训开发计划通过将脱产培训、导师辅导和在职培训相结合，推动了组织知识的转移、应用和创造；以授权和微软车库为核心的创新激励措施，大大增强了员工的参与感和责任感，为组织不断创造新知识提供了动力。由此可见，人力资源规划在减少组织知识流失、整合知识管理基本流程方面具有显著的推动作用。由于本研究采用的是单案例分析方法，因而具有一定的局限性。未来的研究可以采用多案例分析或者比较分析的方法，通过覆盖不同地域以及不同组织类型，加强研究的深入性和普遍性。

参考文献

[1] 李莉，岳玉珠. 人力资源管理基础 [M]. 2 版. 北京：电子工业出版社，2010.

[2] 汪昕宇. 人力资源管理理论创新与实践 [M]. 北京：中央民族大学出版社，2018.

[3] 刘磊，张淑芳. 人力资源管理创新最佳实践 [M]. 上海：上海交通大学出版社，2012.

[4] 钟凯. 人力资源管理实务 [M]. 北京：北京理工大学出版社，2017.

[5] 欧阳远晃，王子涵，熊晶远. 现代人力资源管理 [M]. 长沙：湖南师范大学出版社，2018.

[6] 祁雄，刘雪飞，肖东. 人力资源管理实务 [M]. 北京：北京理工大学出版社，2019.

[7] 穆胜. 人力资源管理新逻辑 [M]. 北京：新华出版社，2015.

[8] 王林雪. 新编人力资源管理概论 [M]. 西安：西安电子科技大学出版社，2016.

[9] 陶建宏. 人力资源管理理论与实务 [M]. 北京：中国经济出版社，2016.

[10] 胡羚燕. 跨文化人力资源管理 [M]. 武汉：武汉大学出版社，2018.

[11] 曹海英. 人力资源管理概论 [M]. 北京：中国金融出版社，2016.

[12] 林雪莹，王永丽. 人力资源管理：理论、案例、实务 [M]. 北京：中国传媒大学出版社，2016.

[13] 庄素媚. 人力资源管理模拟实训 [M]. 北京：对外经济贸易大学出版社，2014.

[14] 刘冬蕾. 人力资源管理概论 [M]. 成都：西南财经大学出版社，2008.

［15］赵曙明．人力资源战略与规划［M］．北京：中国人民大学出版社，2004．

［16］凌瑶，张钠．现代人力资源开发与管理［M］．北京：北京交通大学出版社，2015．

［17］赵锡斌．企业环境分析与调试：理论与方法［M］．北京：中国社会科学出版社，2007